我的手绘不可能这么萌

萌系手帐插画教程

菊长大人 著

人民邮电出版社
北京

图书在版编目（CIP）数据

我的手绘不可能这么萌！：萌系手帐插画教程 / 菊长大人著. -- 北京：人民邮电出版社，2017.11（2018.11重印）
ISBN 978-7-115-46970-0

Ⅰ. ①我… Ⅱ. ①菊… Ⅲ. ①插图(绘画)—绘画技法—教材 Ⅳ. ①J218.5

中国版本图书馆CIP数据核字(2017)第249099号

内容提要

“我的手绘不可能这么萌”原本是菊长大人的粉丝发出的感叹，作为一个没有绘画基础的普通人，他认为自己“不可能画出这么萌的画来”。但是，菊长大人想通过这本书告诉你，哪怕是零基础、从未学习过绘画的人，只要心中自然萌，一样能画出令人惊艳的手绘插画！

本书分为 6 个部分，分别讲述了线条的绘制、萌物的变形与塑造、模仿绘制生活中的萌物、可爱的动物和人物的绘制，还有用于手帐的萌系插画的绘制方法，以及菊长大人自己喜欢使用的绘画工具等。在书的最后，还贴心地附上了各种线条、花边和图案的资料。

本书画风简练、有爱，适合任何对手绘插画有兴趣，打算通过绘画表达心情、记录故事，或为手帐增色、为生活缓解压力的读者朋友，也适合相关专业的插画师作为参考资料。

◆ 著　　　　菊长大人
策划编辑　许　菁
责任编辑　易　舟
责任印制　陈　犇

◆ 人民邮电出版社出版发行　　北京市丰台区成寿寺路 11 号
邮编　100164　　电子邮件　315@ptpress.com.cn
网址　http://www.ptpress.com.cn
北京富诚彩色印刷有限公司印刷

◆ 开本：700×1000　1/16
印张：9.25　　　　2017 年 11 月第 1 版
字数：254 千字　　2018 年 11 月北京第 11 次印刷

定价：46.80 元

读者服务热线：(010)81055296　印装质量热线：(010)81055316
反盗版热线：(010)81055315
广告经营许可证：京东工商广登字 20170147 号

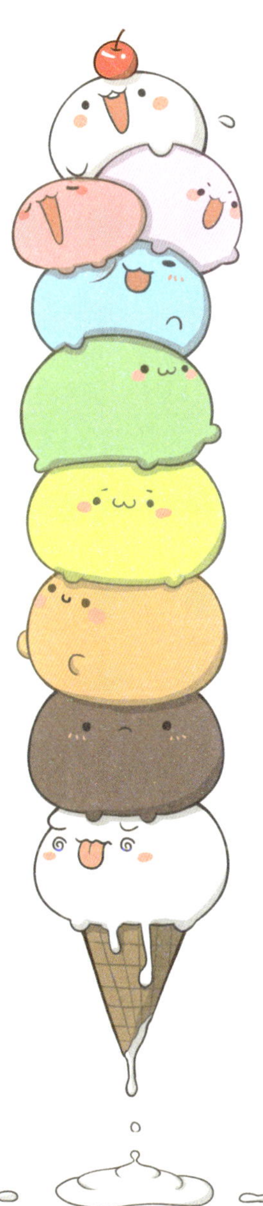

大家好！

我是菊长，

请多多关照！

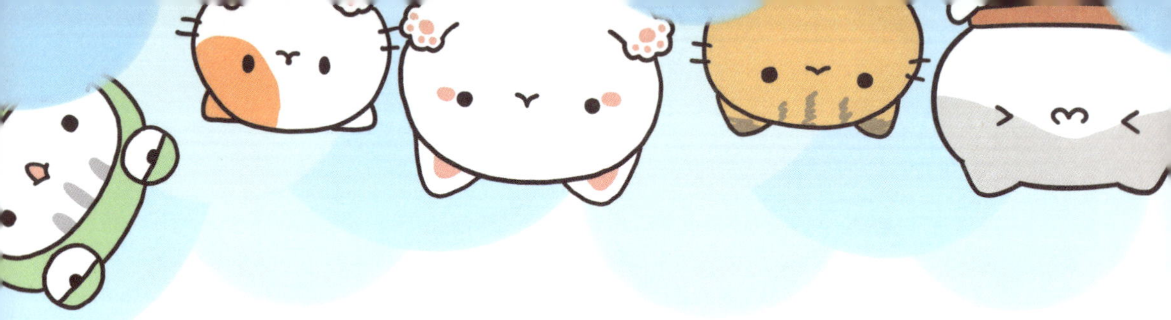

目录

lesson1

萌画基础入门

前言 6

线条的练习 8

画一画直线 8

曲线 10

分割线 11

点的练习 14

画一画圆点 14

画一画各种形状 16

画一画其他有趣的形状 17

圈出来的形状 18

圆的练习 20

用弧线圈着画 20

团子圆 22

lesson2

萌物是怎么诞生的

萌物的诞生 30

圆润的形状 30

萌的体型 32

拟人的神态 34

如何画创意花边 40

重复着画 40

花边主题 42

lesson3

生活中的萌物

萌萌的食物 48

画一画甜点 48

面包 49

甜甜的 50

饮品和杯子 52

中式萌食物 54

粽子宝宝 55

日式萌食物 56

早起的蔬菜 58

萌萌的日常 60

心情天气 60

办公桌 62

美美地梳妆 64

厨房大作战 66

节日萌 68

生日派对 68

过年啦 70

圣诞节 72

万圣节 74

旅行萌 76

说走就走 76

街道风光 78

环游世界 80

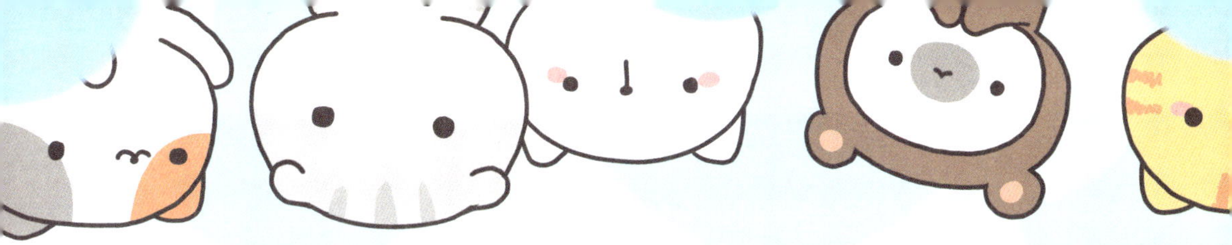

Lesson4

无比可爱的动物

画一画猫咪 84

设计猫咪 85

不同种类的猫咪 86

八喵图 88

画一画狗狗 90

各种狗狗 91

熊猫 92

兔子 93

疯狂动物城 94

十二生肖 98

方块动物 100

堆起来画 102

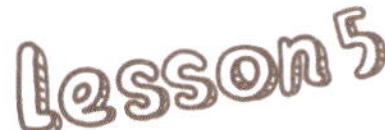

身边的人也可爱

绘制萌系人物的基本技法 106

脸型 106

五官 107

表情 108

发型 109

身形 110

火柴人 112

动作表情包 113

可爱的人们 114

化装舞会 116

Lesson6

装饰一下手帐吧

装饰文字的方法 120

画一画字母 120

萌萌的汉字 122

装饰“颜文字” 124

萌的标签 125

小标签 125

标签框框 128

用硬卡纸制作手作 135

手帐月历 138

附录

更多的萌画素材 141

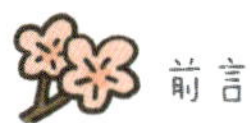

前言

大学毕业之际，因为对自己所学专业（建筑）不感兴趣，我一直在纠结自己未来要干什么。就在离开学校的前夕，我接到了一个设计卡通形象的任务，虽然是第一次通过画画赚钱，但好在磕磕碰碰地完成了。拿到稿费，我第一时间给父亲打了个电话，告诉他我不想去找与建筑专业相关的工作了，我要画画。从此，我踏上了画画的梦想之路。

我从2014年起把画画的教程发布到网上，一直更新到现在。一开始只是为了让身边的朋友方便学习，没有想到发生了奇妙的连锁反应，有越来越多的人喜欢我的画。很多粉丝说，因为我的教程，他们开始喜欢上画画了。这让我感到无比开心。

在写书稿的过程中，我经历了严重的瓶颈期，曾经因不是专业科班出身而对自己产生过怀疑，不喜欢自己画的东西，因此删掉了100页书稿。厌恶网上疯狂的"盗图"，害怕一个人待在出租屋；长期没有灵感，加上不稳定的收入，我渐渐开始不自信。这种失落感又因为孤独而被放大，抑郁加恐惧未来，我开始怀疑最初的梦想是不是正确的。

好在有大家的陪伴，我并没有在最艰难的时候倒下。今年年初，我开始每天去图书馆写书稿。这段时间是最累的，也是我感觉最充实、最幸福的时光。画画对于我来说就是魔法，每当完成一个作品，自己的心情都会豁然开朗。后来，我发现自己的作品在国外的社交网站上被广泛传播，这个时候我更加意识到我是被大家认同的，于是重新点燃了希望。我坚信这种微不足道的事也可以汇聚成巨大的能量，指引我继续前进。在这个过程中，我慢慢发现了自己真正的个性，找到了最开始画画的感觉，同时我也找到了更明确的方向和目标，画画在我眼里终于又变成了一件幸福的事情。

如今，我也成为了拥有自己的图书作品的插画师，我为此感到无比兴奋、无比荣幸，感觉自己完成了一件伟大的事情。我深爱着支持我的朋友们，为了让你们更轻松地画出喜欢的东西，我也会一直进步，给大家带来更好的作品。

2017年9月于成都

lesson 1 萌画基础入门

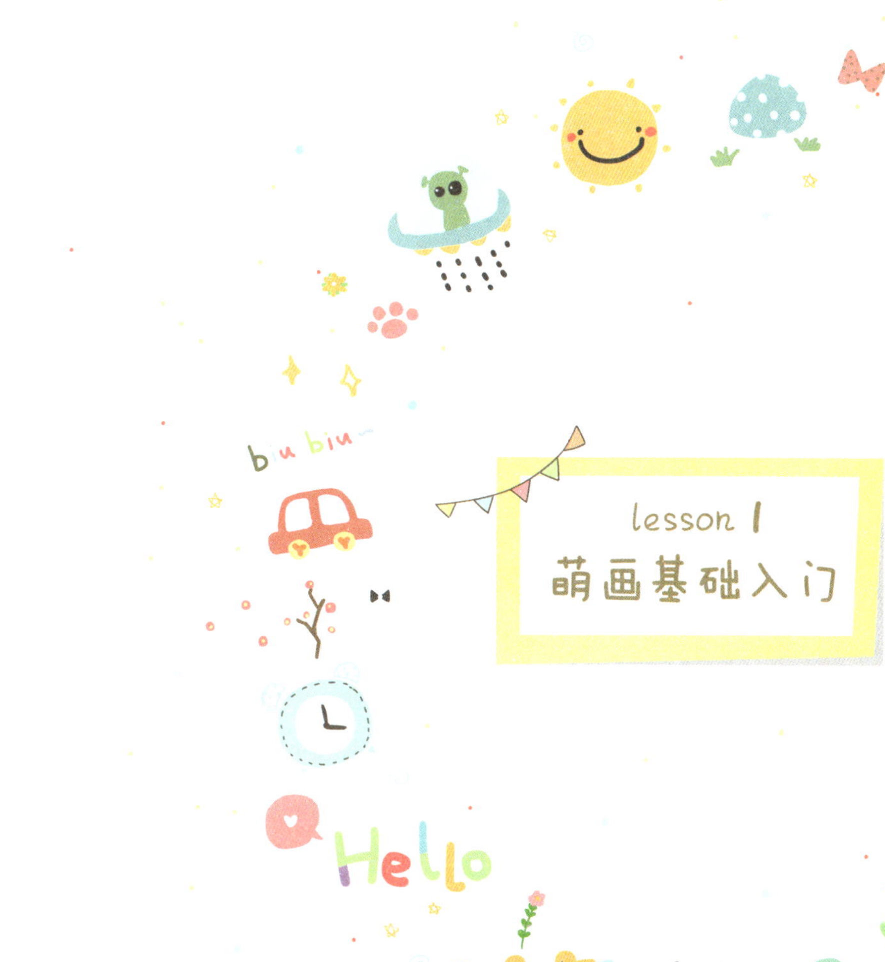

线条的练习

刚开始画画，拿起笔不知道画什么好，那就从最简单的线条开始吧。能画出流畅的线条，以后画什么都会得心应手。

画一画直线

重要的是一气呵成、流畅地画出直线。
一开始比较困难，要多多练习。

开始可以画短直线。

之后再渐渐习惯画长线。

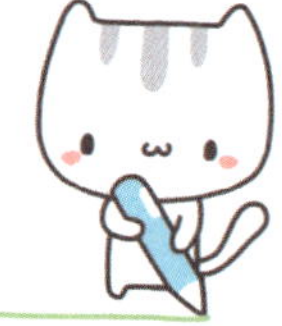

可以把线条画在框框里面，加上不同的颜色，练习就变得有趣了！

用一种颜色先画几条直线。

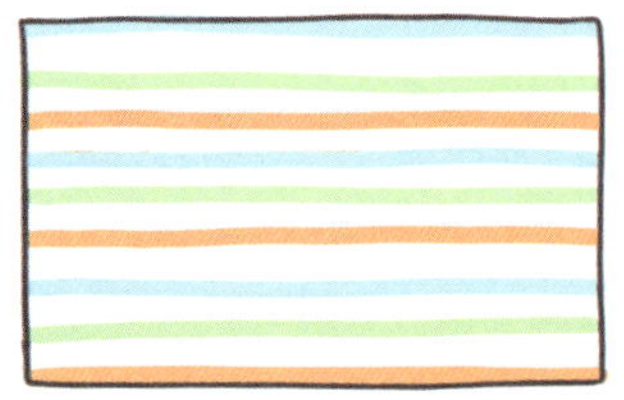

再用其他颜色在中间加直线，尽量保持线条之间的间隔一样。

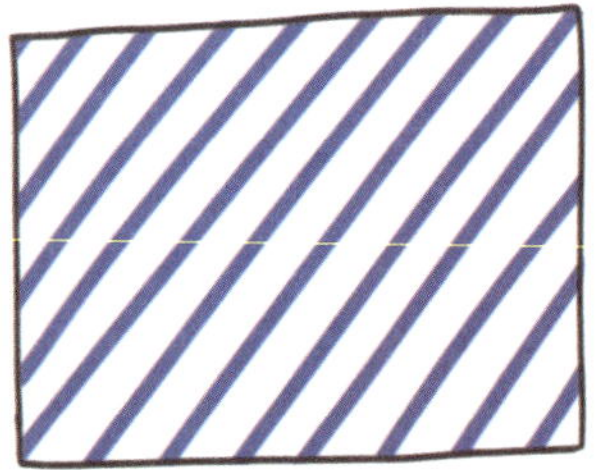

斜线也需要练习。

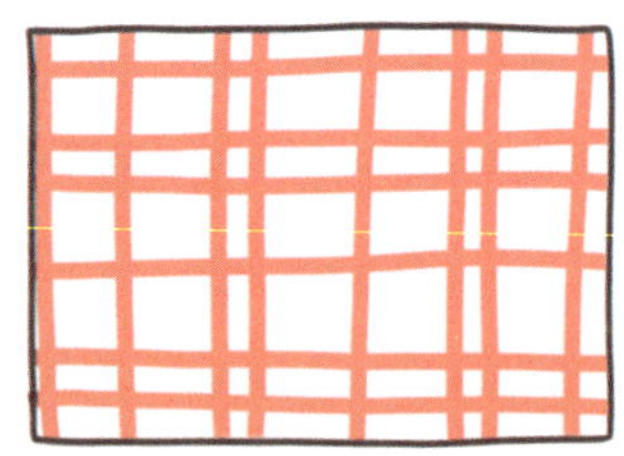

画格子可以同时练习横竖两种线条。

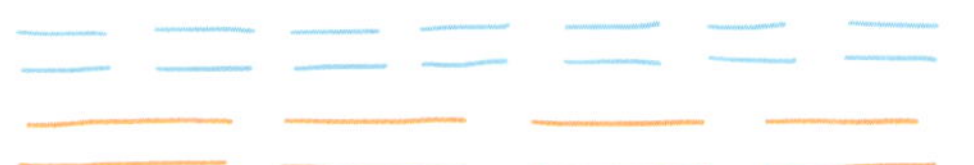

虚线最好画得均匀。

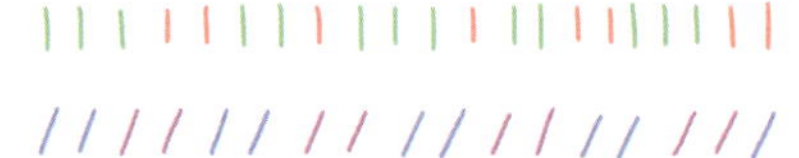

再练习竖着的短直线。

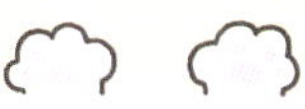

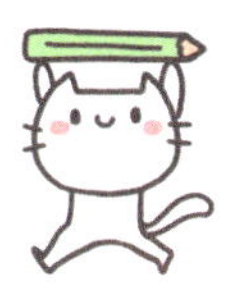

画一画各种可以练习直线的图案吧！

三角旗

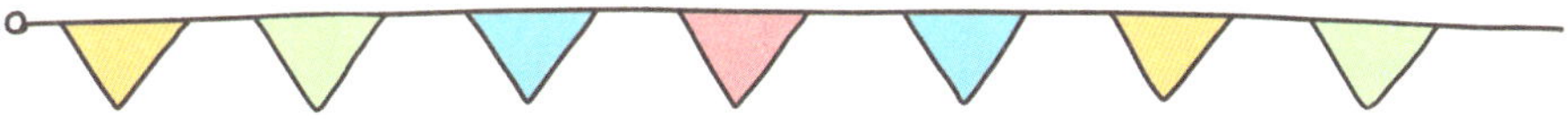

可以加上不同的花瓣！

枝丫

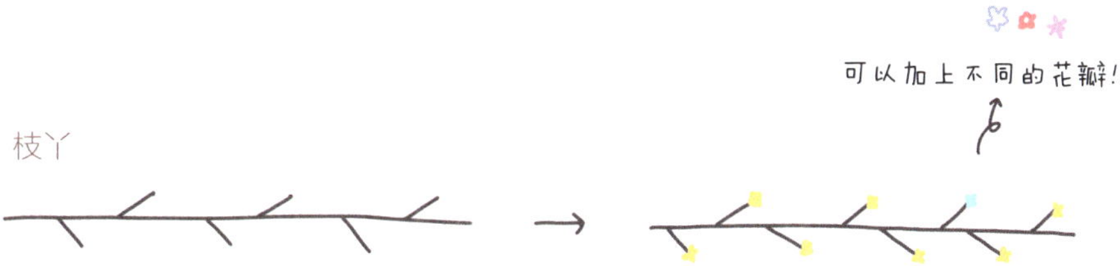

火山

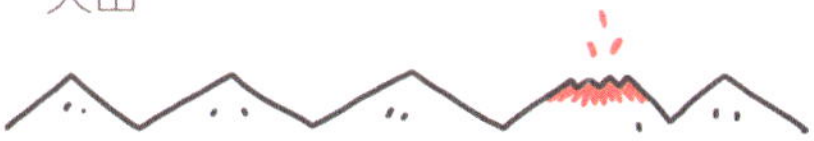

凹凸块

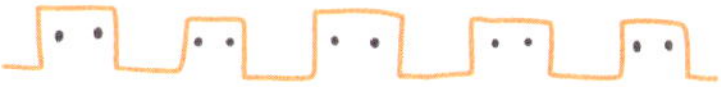

锯齿组合

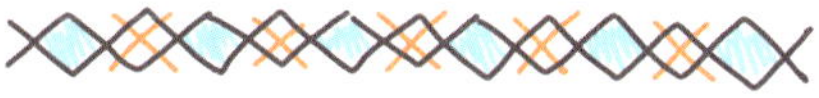

美纹胶带

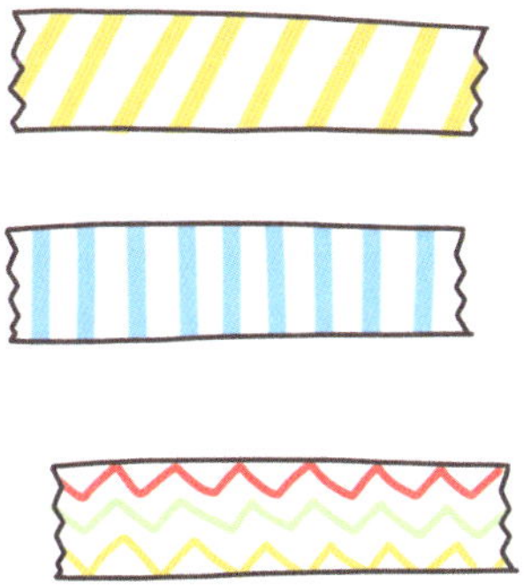

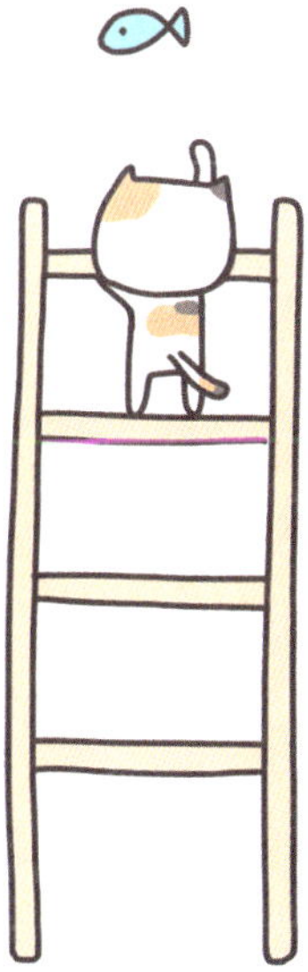

梯子

横横竖竖的梯子，是练习画直线的绝佳道具哦。在梯子上画上猫咪更可爱！

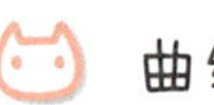

曲线

歪歪扭扭的曲线，
画起来更加随意有趣！

波浪线

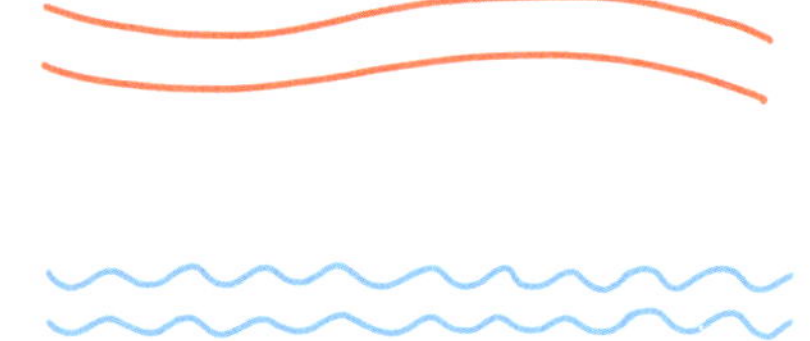

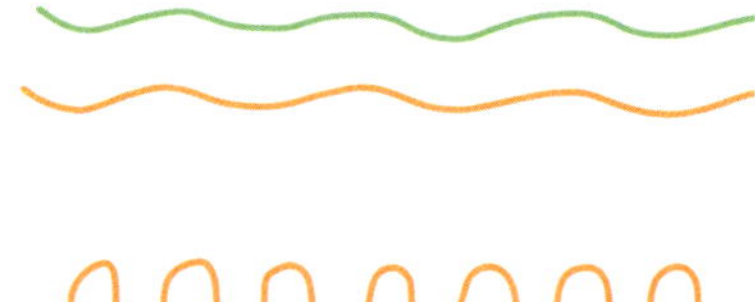

画出不同弧度的波浪线，重要的是画得均匀。

圈圈线

向上圈。　　向下圈。　　随意圈。

藤蔓线

半圆波浪

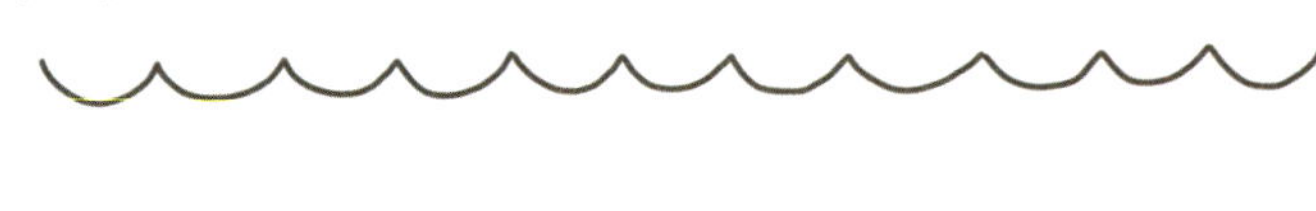

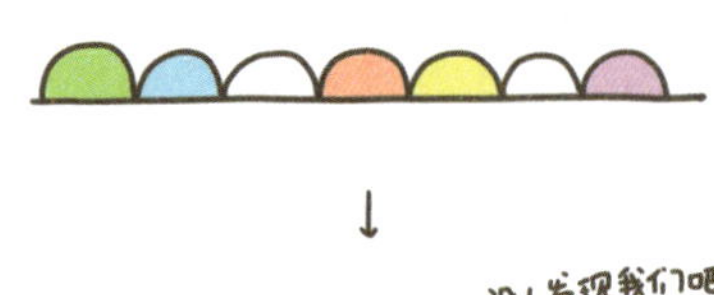

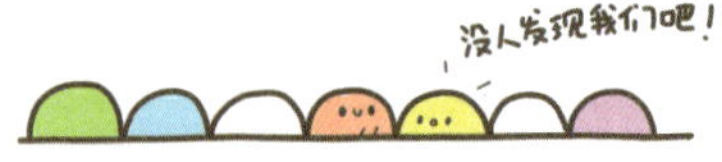

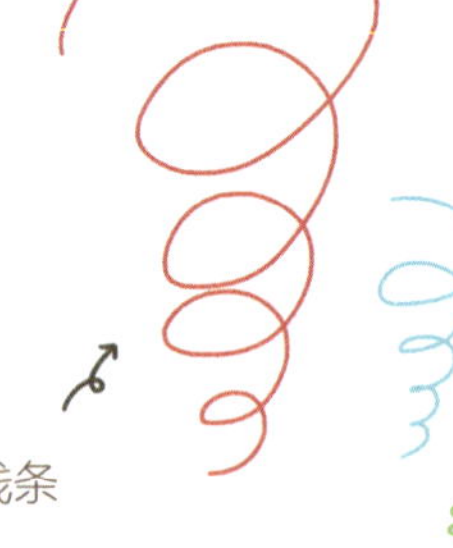

随意的线条

画得均匀能体现出对线条的熟练掌握，也是练习画线的最终目的。但是实际画的时候也会出现随意的线条。

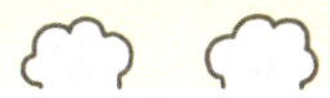

分割线

简单地装饰一下线条，就可以画出好看的分割线花边，用于装饰文字、便签都很棒。

画一条波浪线。

然后用另一种颜色的波浪线装饰。

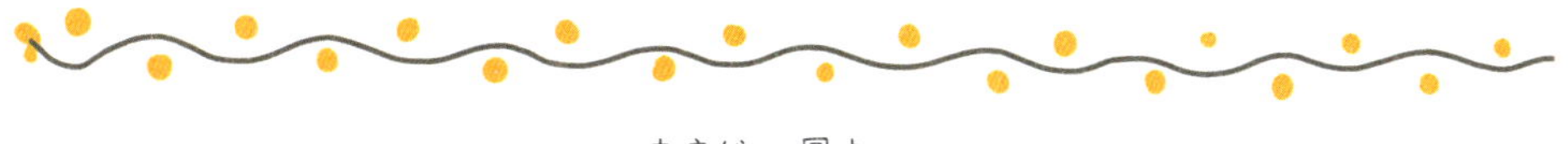

波浪线 + 圆点

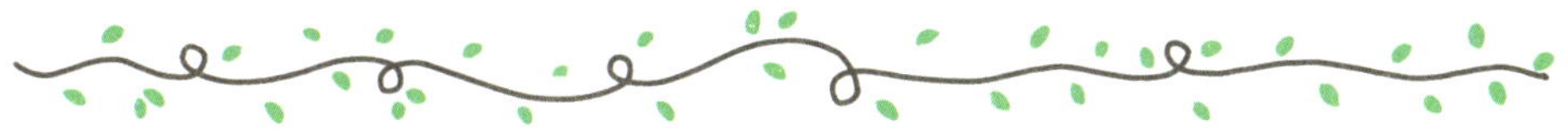

藤蔓线 + 树叶

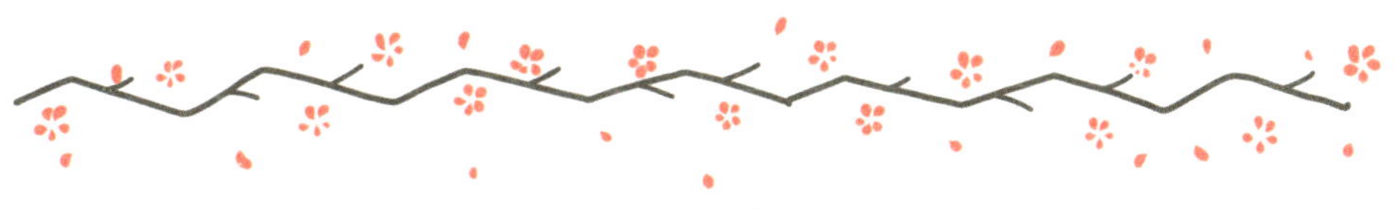

锯齿线 + 梅花

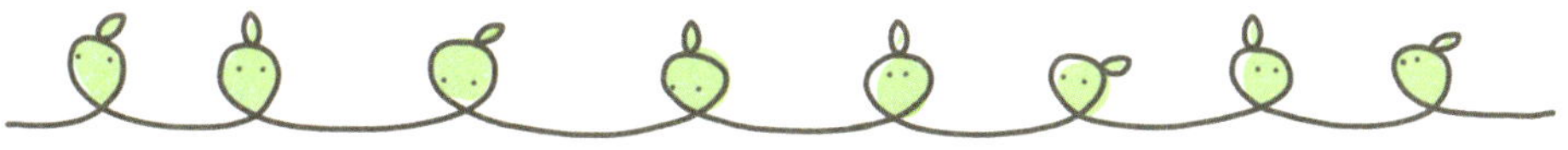

用圈圈线画的树叶精灵

大波纹 + 音乐符号

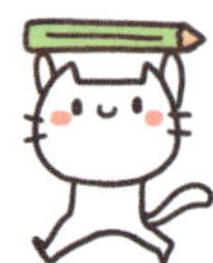

分割线举一反三

用同一种线条画出不同的分割线是一种怎么样的体验呢?

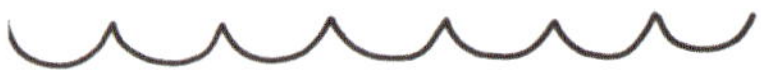

半圆波浪花边

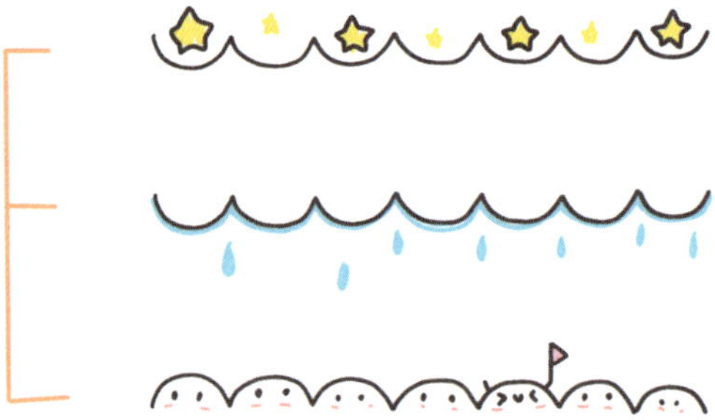

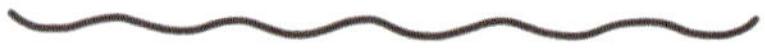

波浪花边

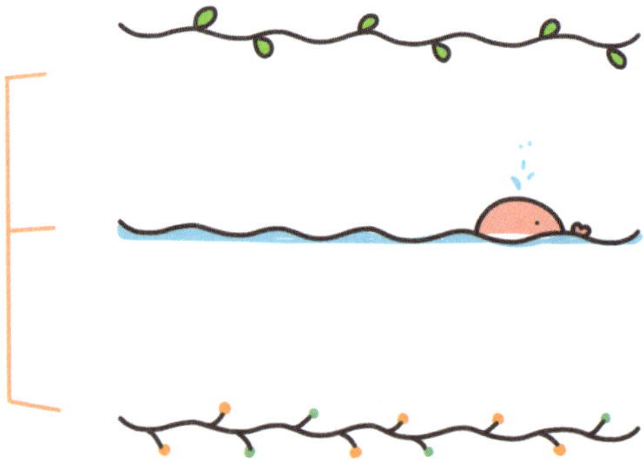

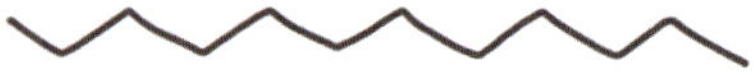

锯齿线花边

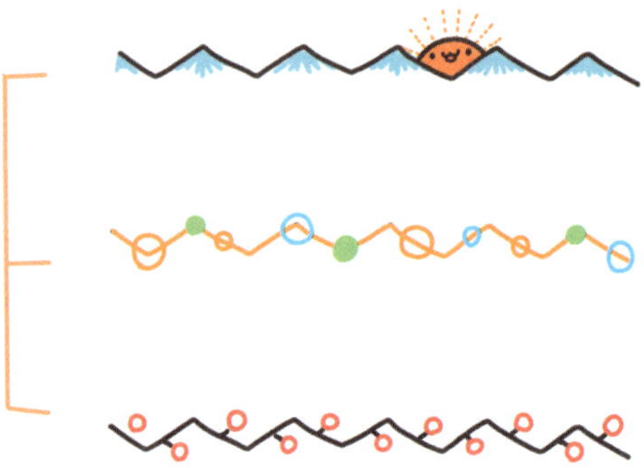

制作秘密留言卡

给朋友、家人的留言卡，加上一些图案的话，会变得更温馨哦！

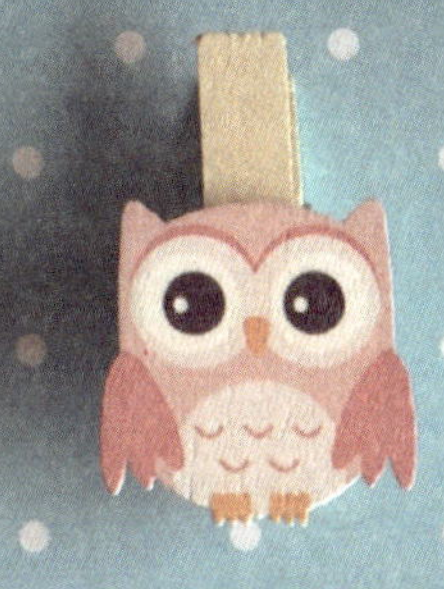

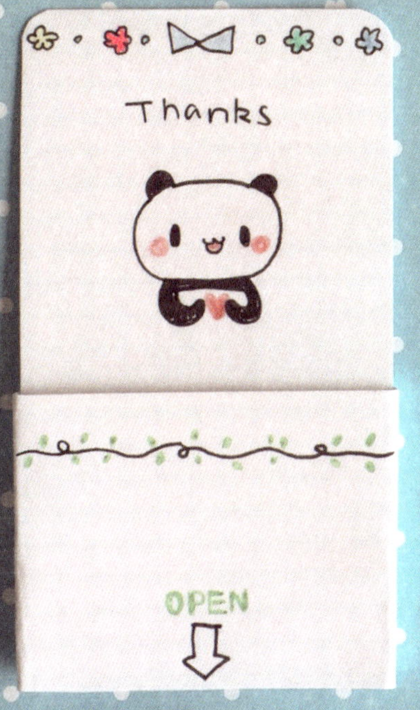

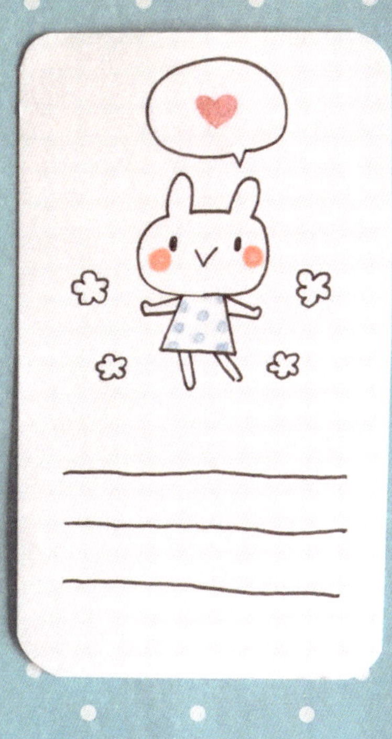

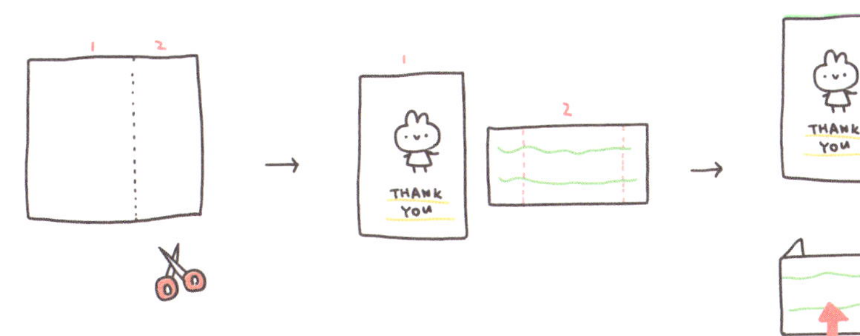

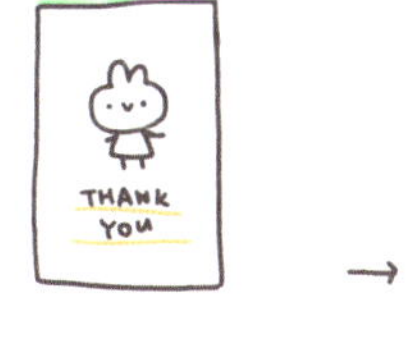

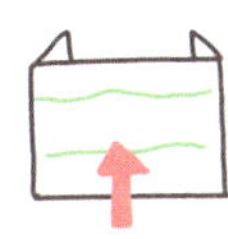

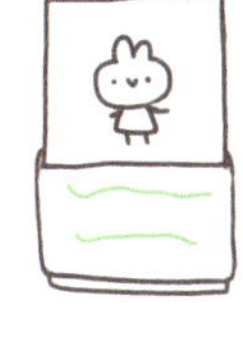

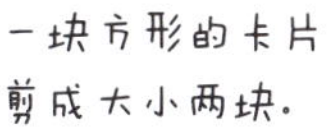

一块方形的卡片剪成大小两块。

在大卡上画上图案和留言，小卡用花边装饰一下。

用小卡片关住大卡片。

这样留言的内容打开才能看见哦！

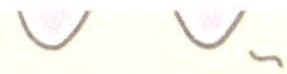

点的练习

这里练习点和圆，加上已经掌握好的线条，以后不管画什么图案都不会觉得太困难了。

单独的圆点按照从小到大的顺序画！

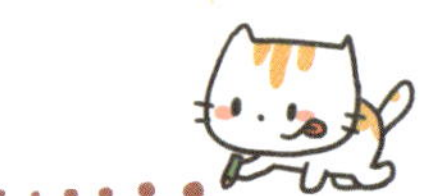

画一画圆点

练习圆点，
就从规律排列的波点开始吧！

1

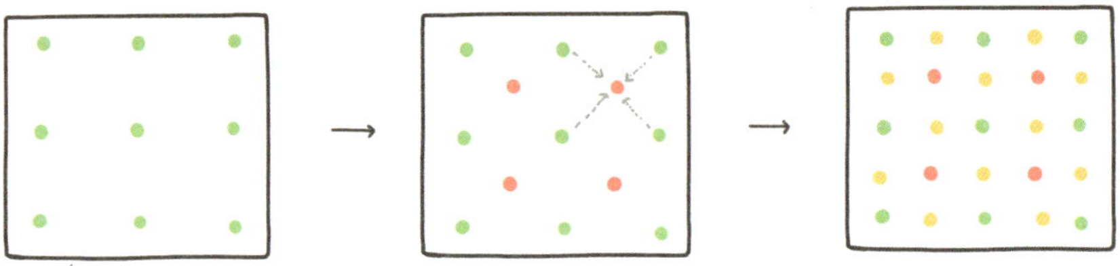

均匀画出九个点。 → 在绿色圆点十字交叉处加上红点。 → 在所有相邻的两个点中间加上黄色的点。

2

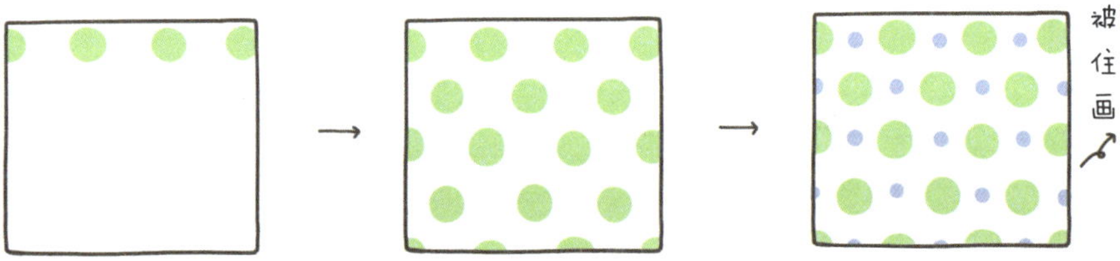

画一排大波点。 → 用交叉的方式画出其他大波点。 → 在中间加上小波点。

被边线挡住的圆不画完。

3

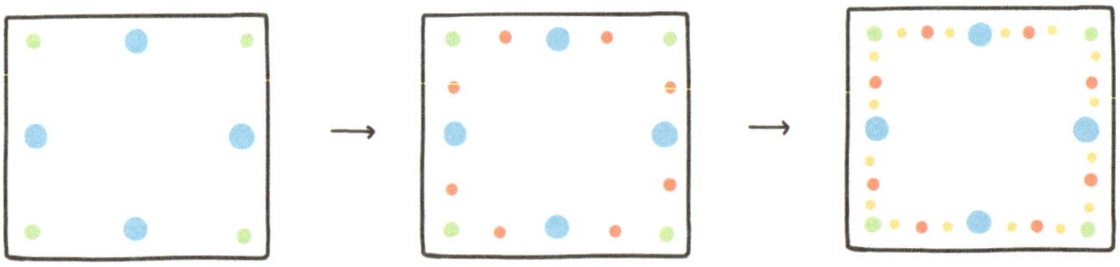

先画四个角的绿点，再画中间的蓝点。 → 继续加上红点。 → 重复之前的步骤，加上其他颜色。

4

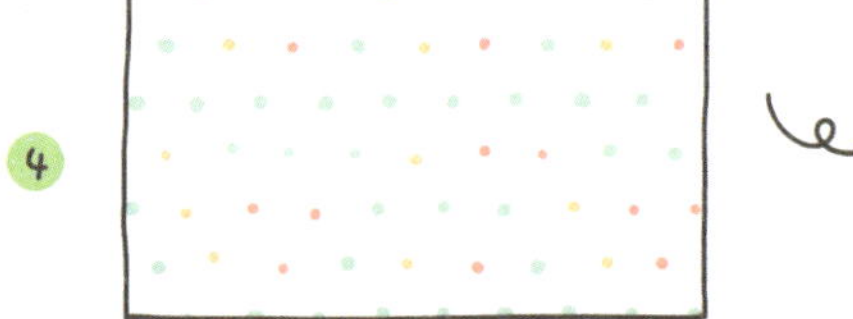

随机画上不同的颜色。

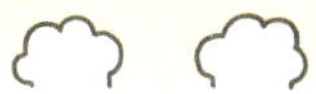

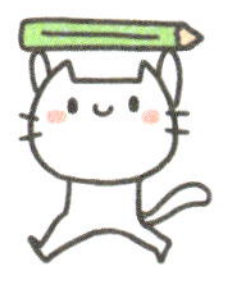

练习一下用点画的图案

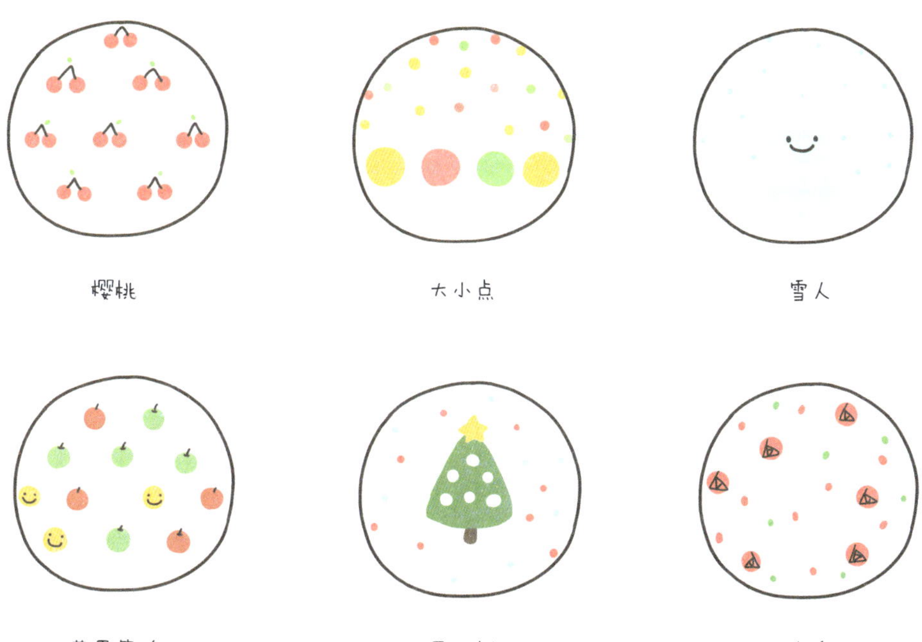

很多物件的花纹也是波点样式的。

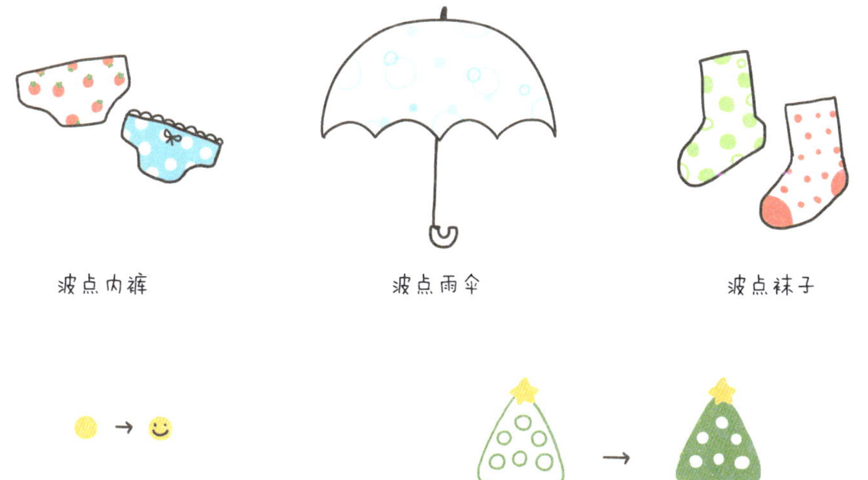

画一画各种形状

三角形、心形、方形，
每一种都可以组合出好看的图案。

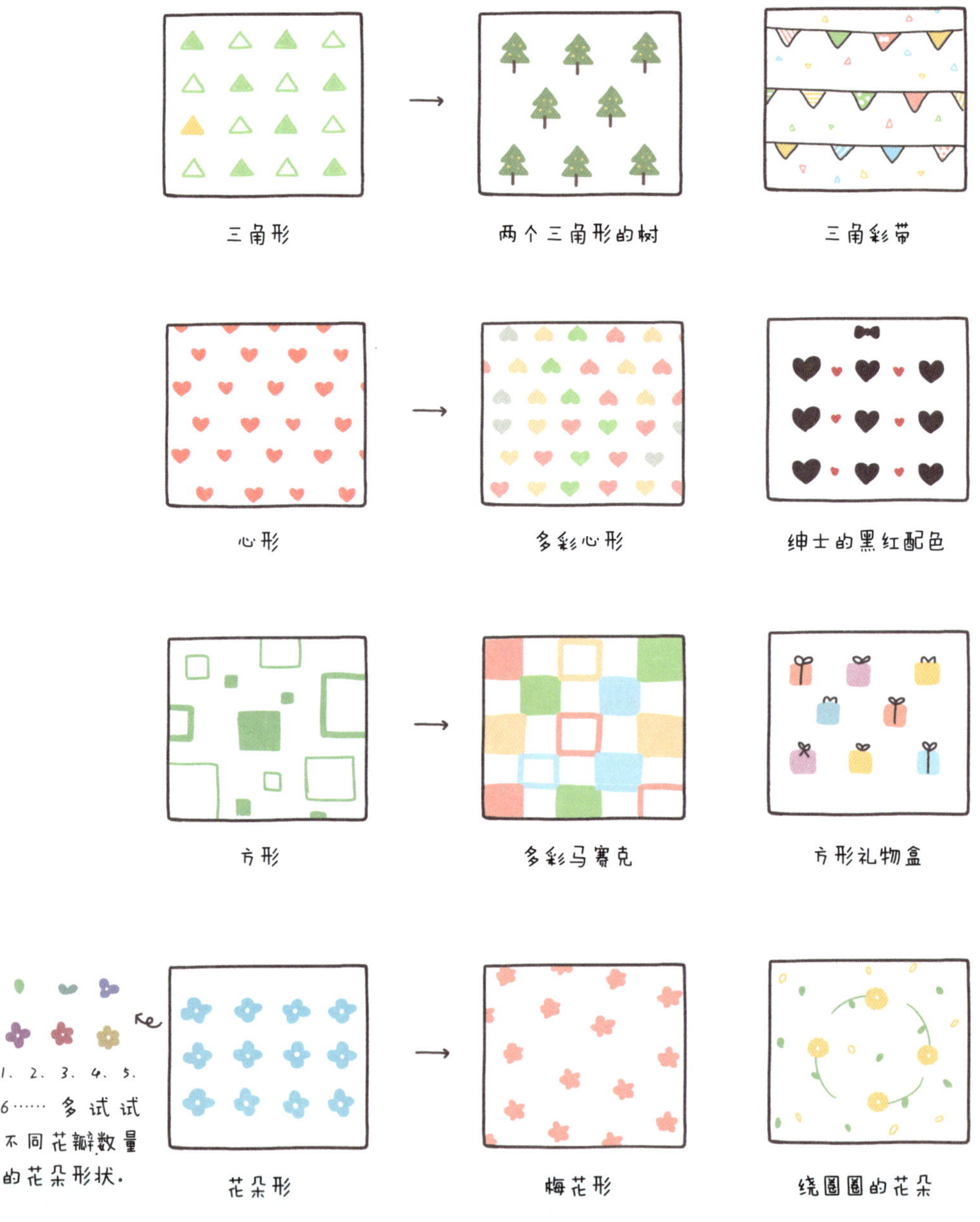

画一画其他有趣的形状

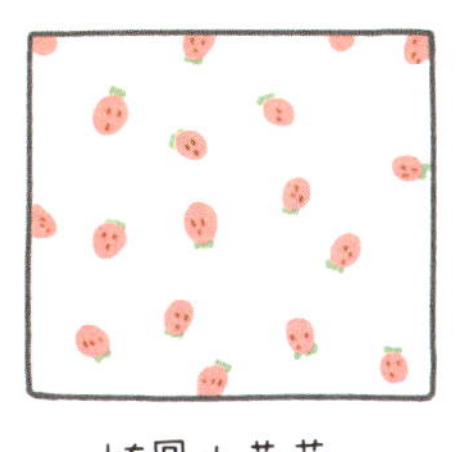
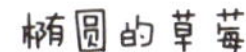
椭圆的草莓

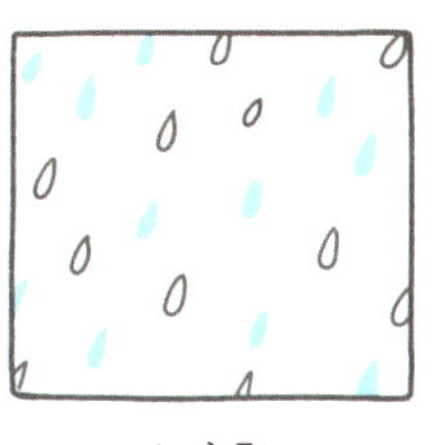
水滴形

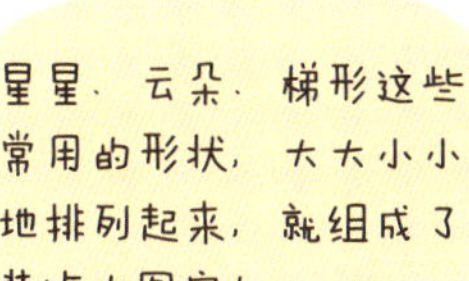

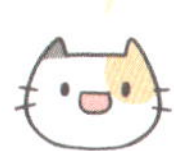

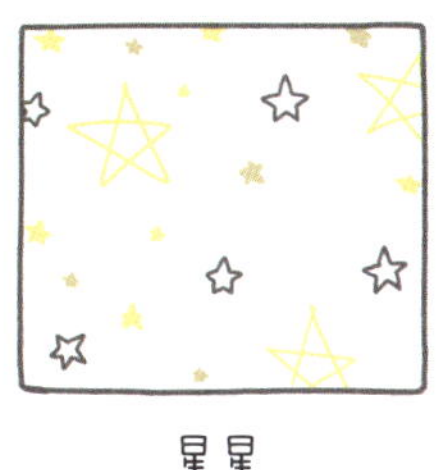
星星

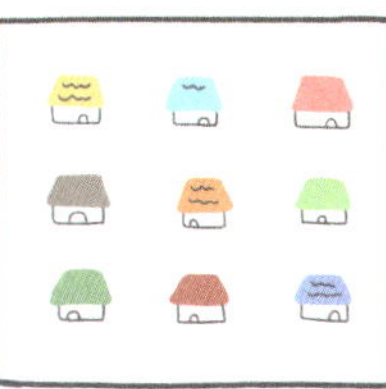
梯形的屋顶

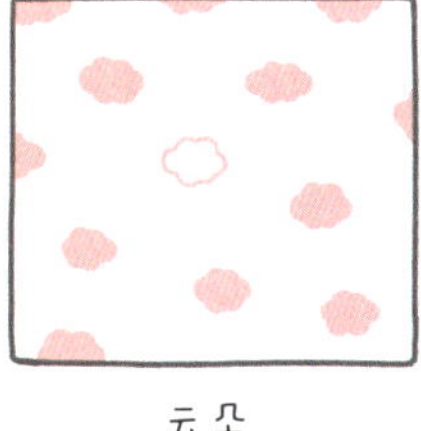

云朵

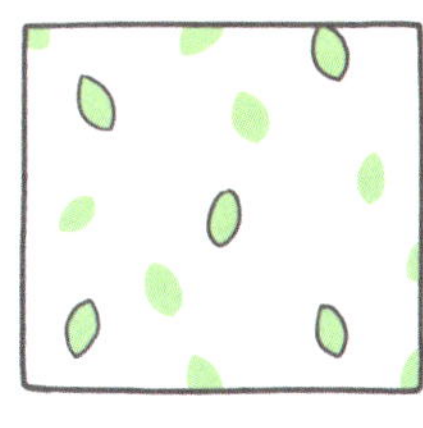
叶子

如何让图案活泼

在规律排列的图案里，不妨做一点小小的改变。

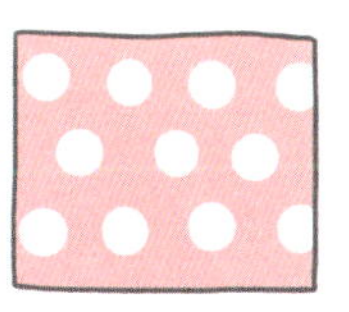
普通的波点图案。

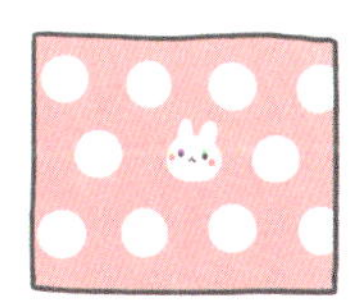
把其中一个波点换成兔子，可爱了吧！

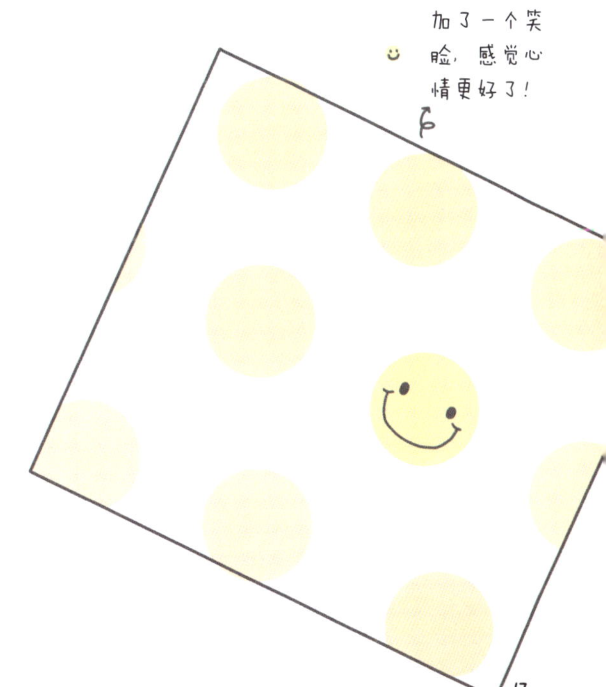
加了一个笑脸，感觉心情更好了！

圈出来的形状

把不同的线条咕噜咕噜地圈着画，各种形状就诞生了，画的时候要掌握好节奏。

波浪线圈着画

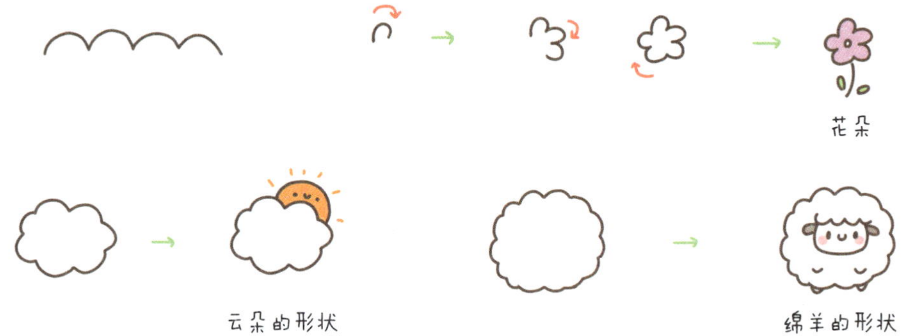

锯齿线圈着画

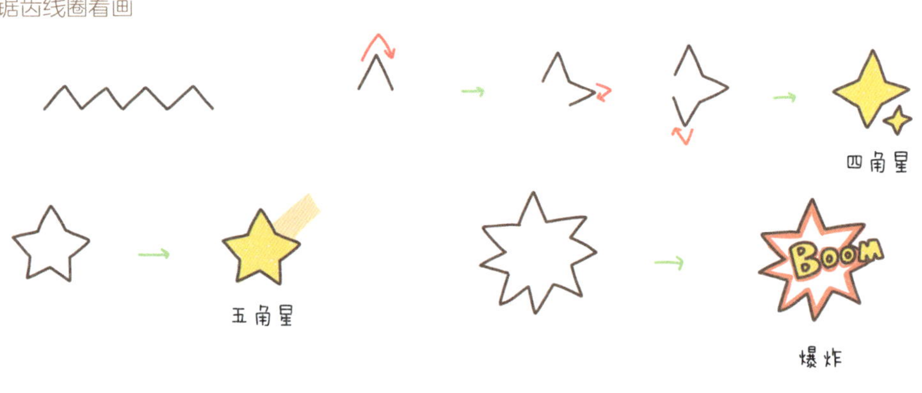

凹凸线圈着画

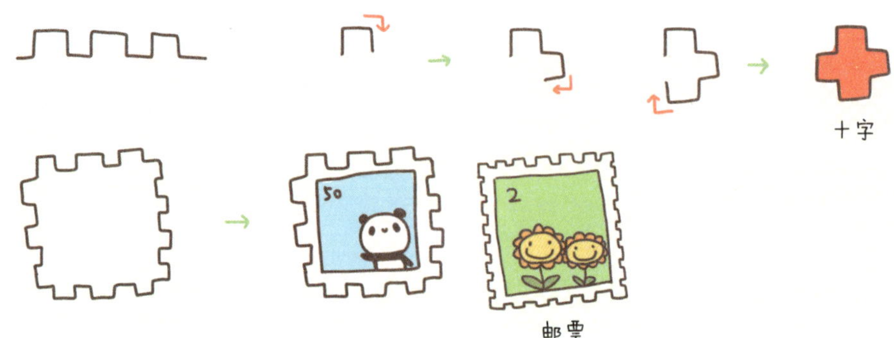

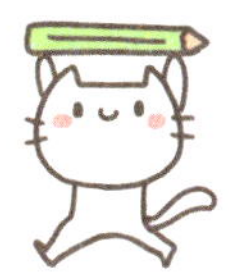

如何画标准的绵羊圈圈

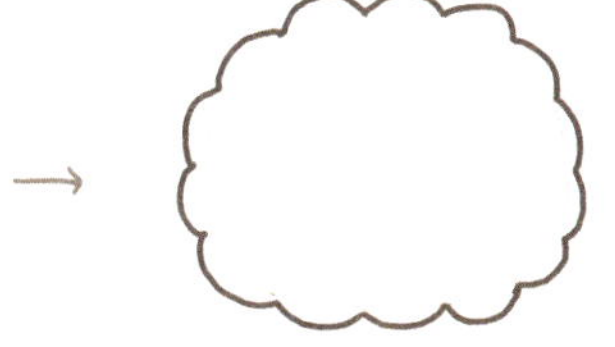

先用铅笔画出大致的外形。

跟着铅笔的痕迹圈着画出波浪线。

擦掉铅笔痕迹，完成！

用这种方法可以画出很多难以掌握的形状，如爆炸形状、海绵形状等。

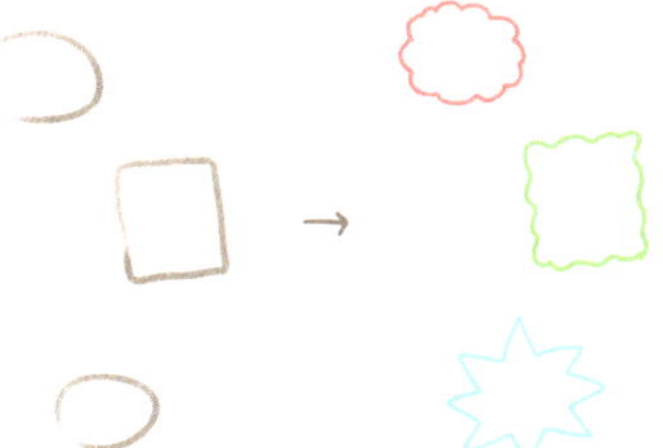

绵羊

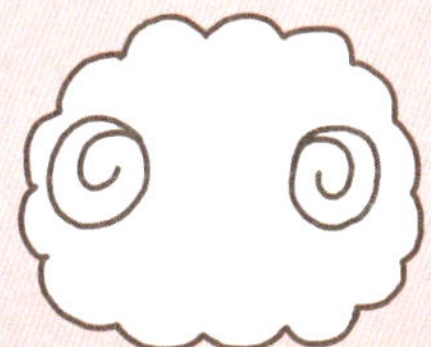

画出螺旋形的羊角。

画出脑袋。

加上眼睛和腿。

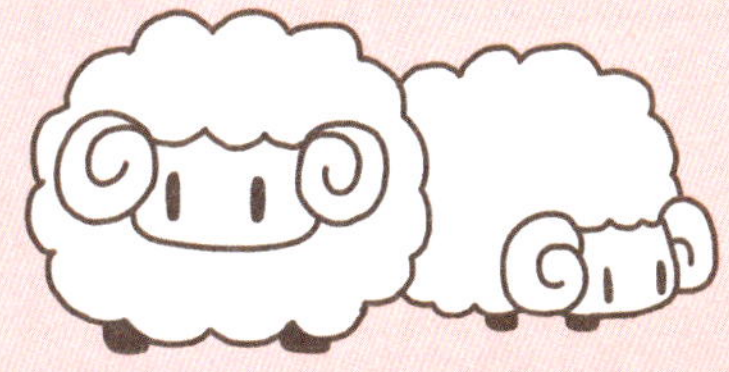

用同样的方法画另一只。

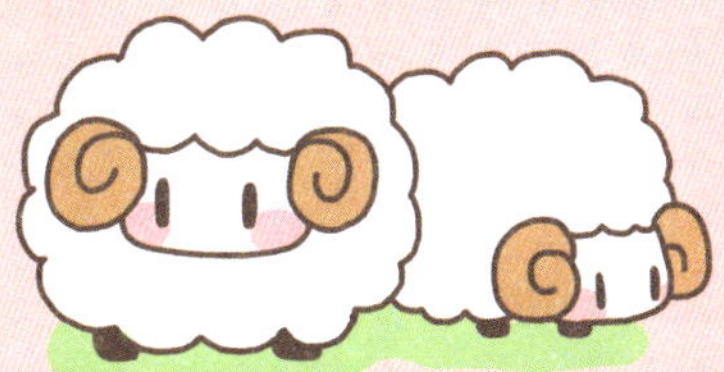

涂上颜色，完成。

圆的练习

总是听到小伙伴说画不好圆，其实要画好圆也真的是不容易的事情，但是运用好的方法可以让我们快速掌握画圆的技巧。

画画是一种熟能生巧的技能，并没有什么捷径，唯有通过刻苦练习，才能得心应手。

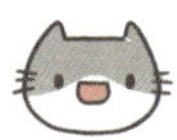

用弧线圈着画

不要急于求成，
先从弧线或者半圆开始着手。

先从四个方向练习半圆

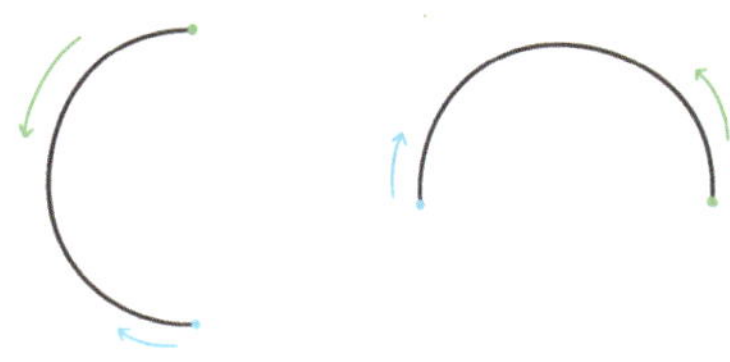

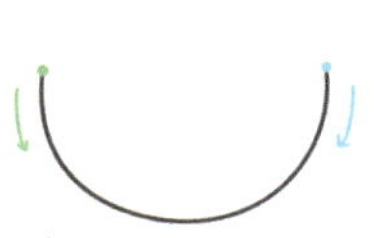

同时试试顺时针和逆时针两个方向，看看自己习惯怎么画。

用半圆组成圆

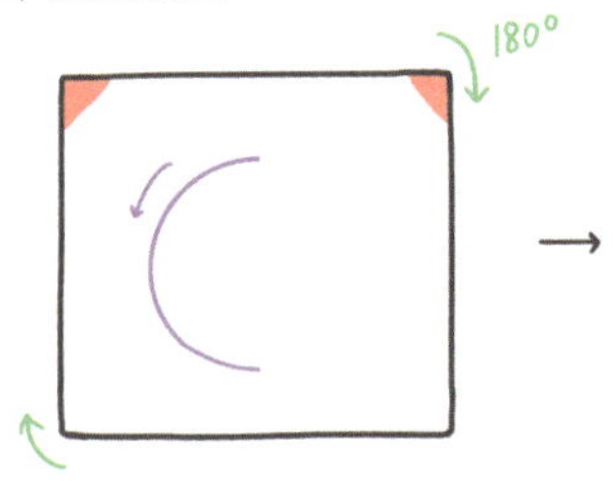

在顺手的方向画半个圆。

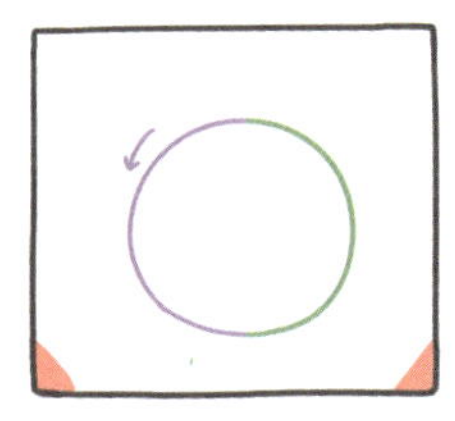

旋转画纸180°，这样剩下的半个圆依然在顺手的方向。

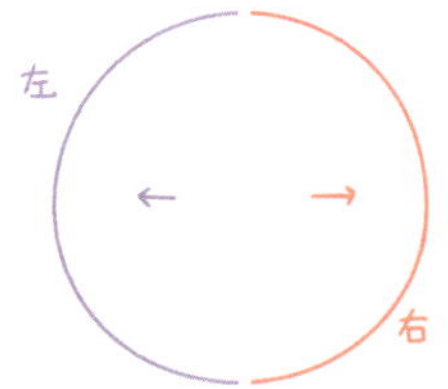

一般右撇子觉得画左边更顺手，左撇子觉得画右边更顺手。

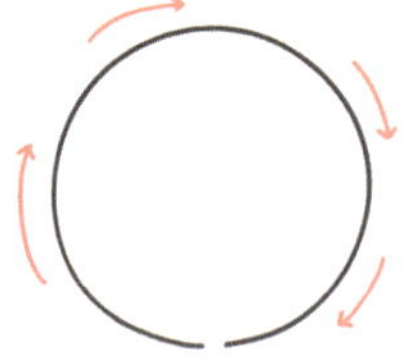

对画弧线掌握到一定程度，再试试一笔画出一个圆。

短一点的弧线，就练习画西瓜吧！

从小圆练习到大圆

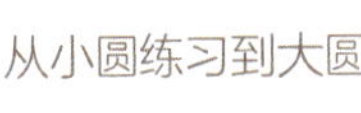

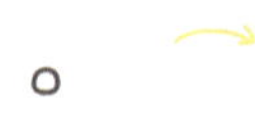

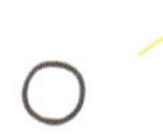

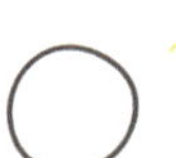

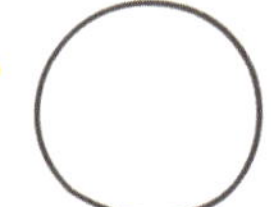

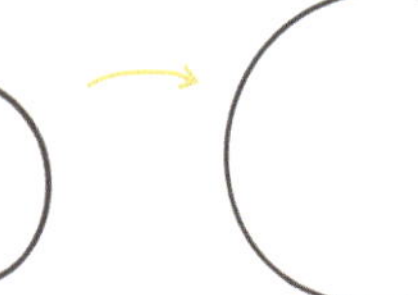

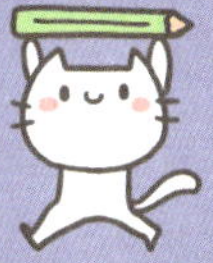

画一画这些圆形的图案

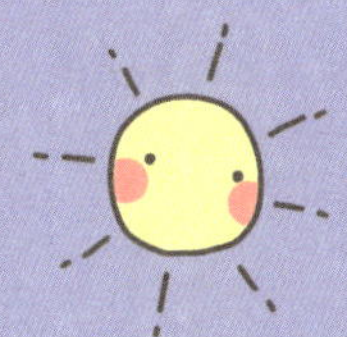

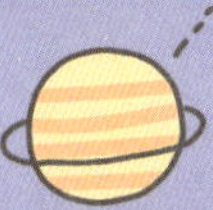

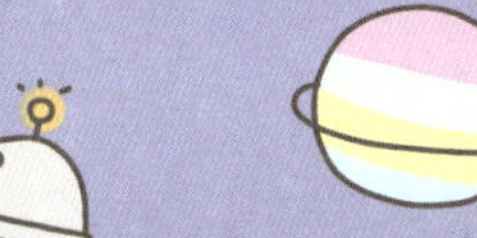

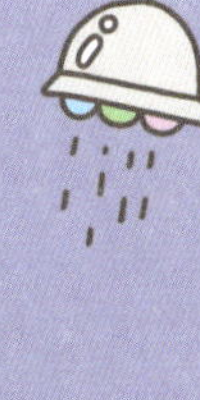

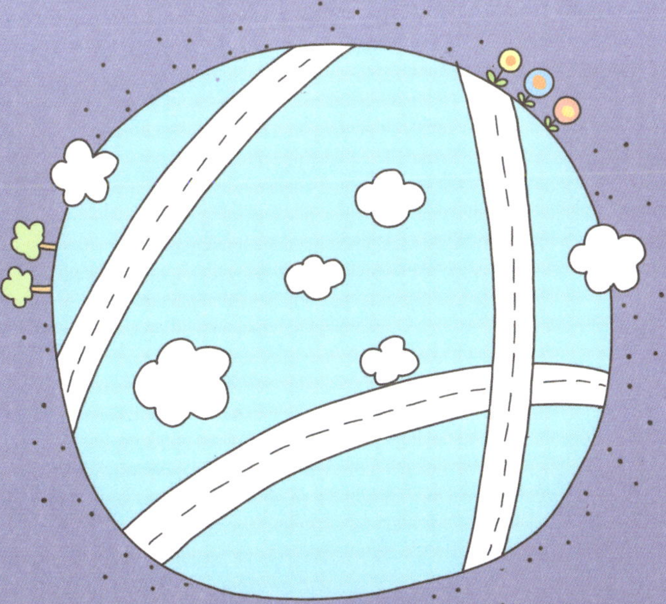

歪歪扭扭的圆和标准的圆

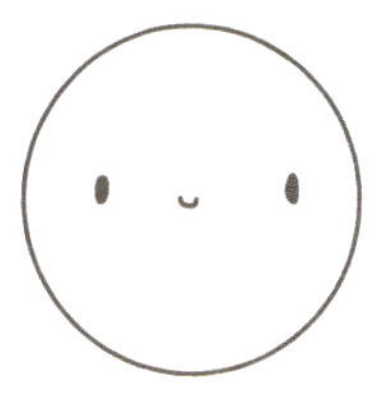

有时候需要标准的圆，利用圆规这样的工具画就可以了。手绘不用刻意追求这种效果。

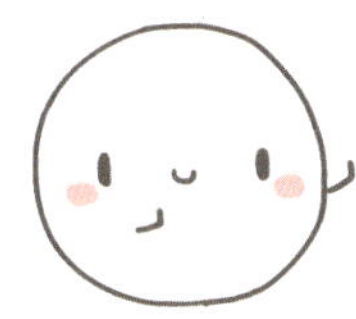

歪歪扭扭的圆，满满的手绘感，亲切又可爱。

不要因为画不好圆就失去信心哦！

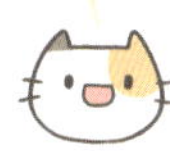

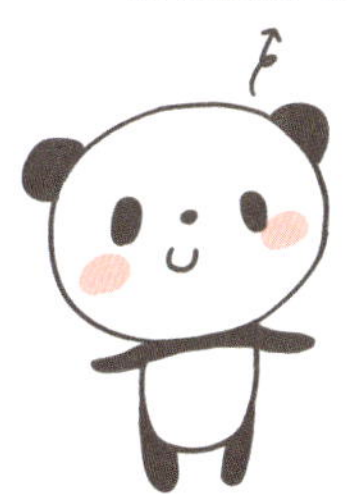

就算熊猫的脑袋是一个歪着的椭圆，一样可以画得可爱！

团子圆

除了画一般的圆，
萌画里经常出现一种类似“团子”形状的圆形。

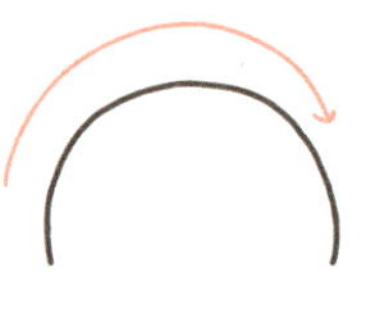

团子圆上半部分
是一个半圆。

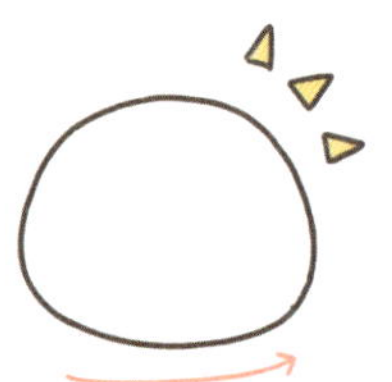

下面是一条弧度
更平缓的弧线。

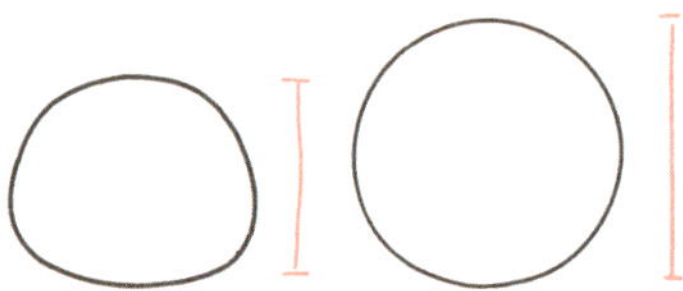

团子圆比一般的圆“矮一些”。

当软软的球形“◯”被放
在地上，受到重力的影响，
就会塌下去变成“◠”，
所以团子圆给人一种软萌
的感觉。

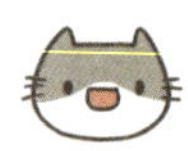

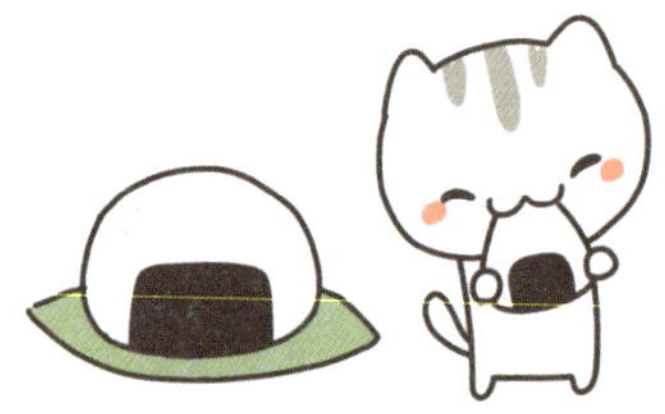

饭团

最常见的团子形状，包子、
馒头都是同类。

史莱姆

电子游戏里常见的怪物，
由粘液变成，因为软萌的
外形，看起来很好欺负。

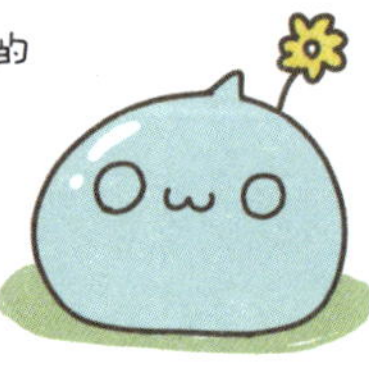

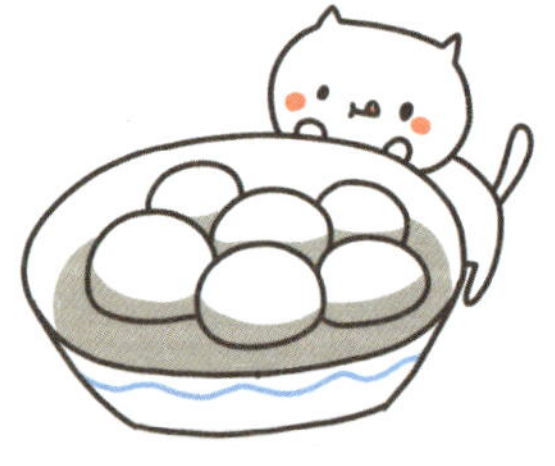

汤圆

软软的，用筷子夹起
来很容易变形！

团子猫咪

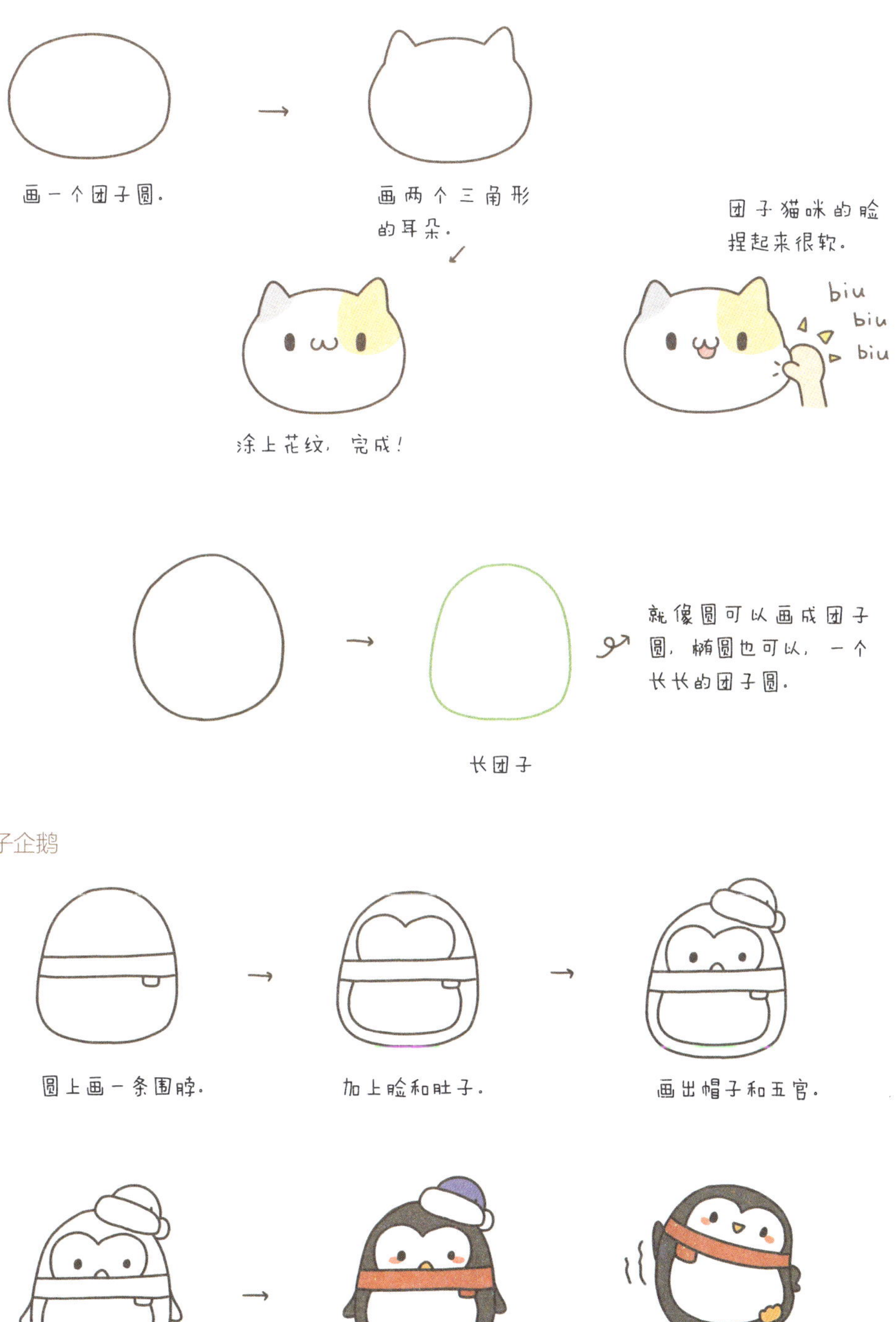

画出手和脚。

涂上颜色，完成。

软萌的企鹅，运动的时候也很可爱！

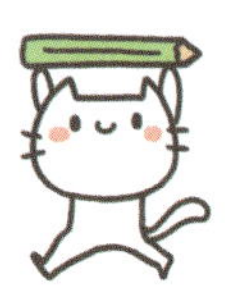

一个圆画小动物

用团子圆画出不同的动物，组成一套图标，看起来很有趣！

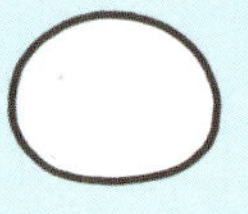

用不同特征区分动物，这里先画耳朵。

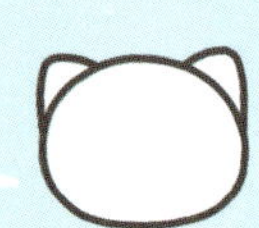
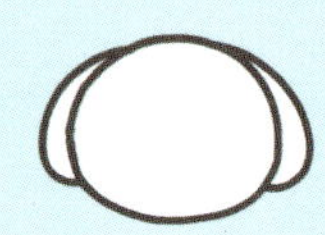
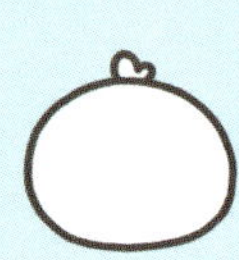
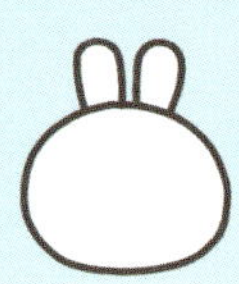
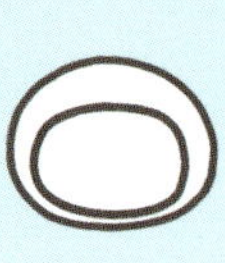

画出五官。

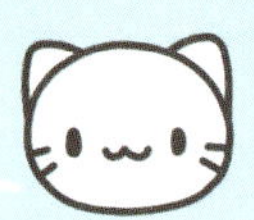
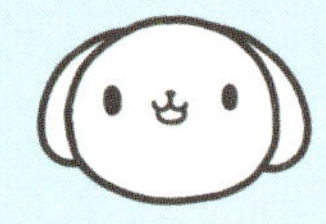
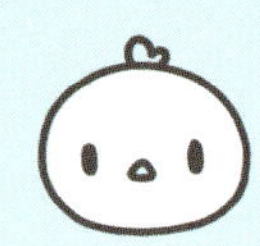
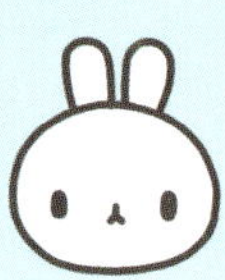

涂上颜色，完成！

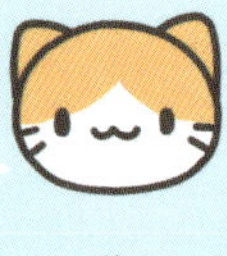
猫

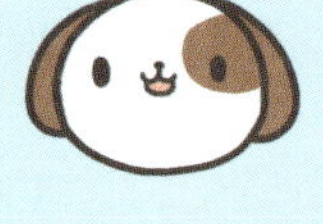
狗

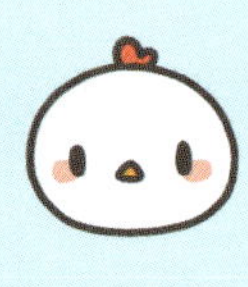
小鸡

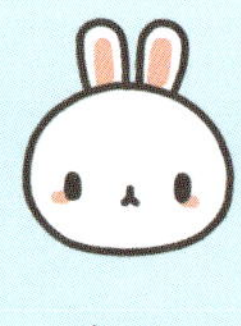
兔子

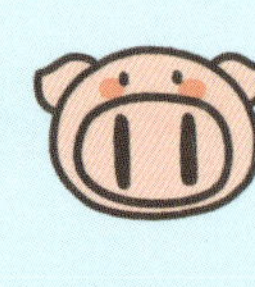
猪

用类似的方法画一画其他小动物吧。

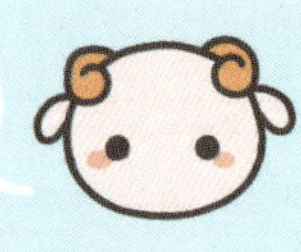
山羊

熊

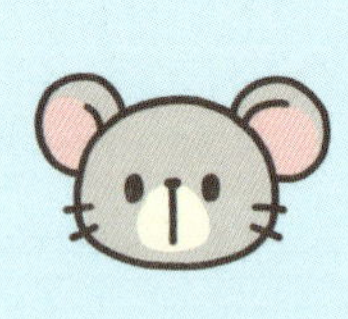
老鼠

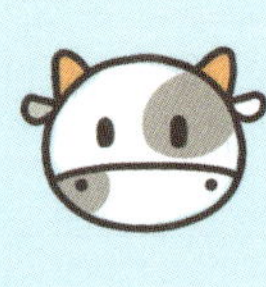
奶牛

鸭子

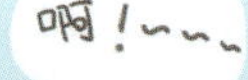

啊！~~~

团子上帝

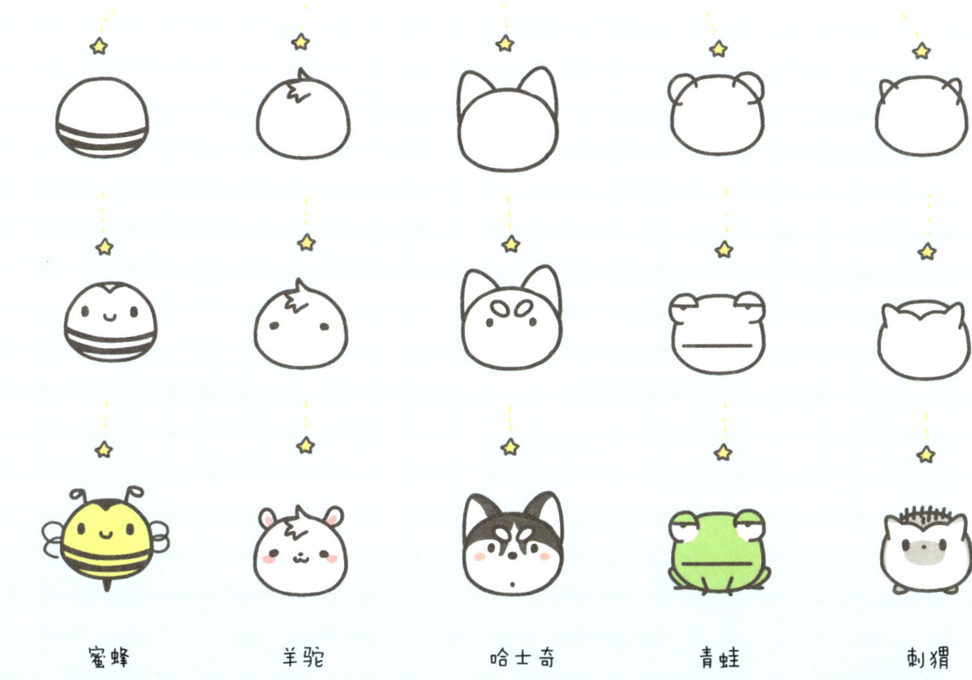

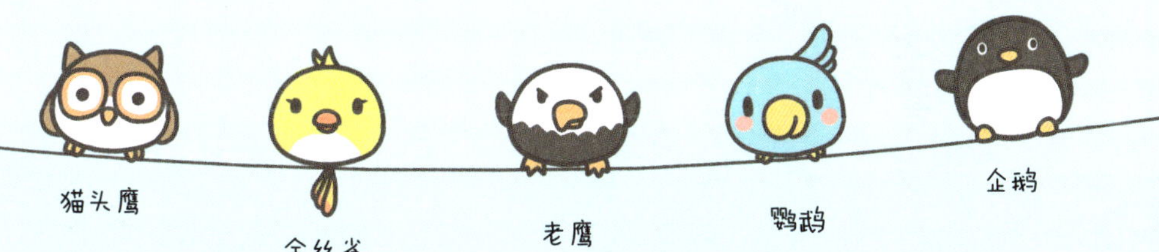

企鹅不会飞，
在此凑数……

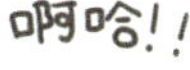

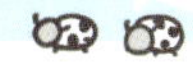

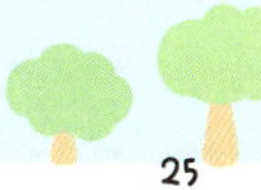

非洲大草原的动物

地球上有一个地方，那里仍然处于生命的最初阶段，庞大的兽群在那里自由奔驰。

——《非洲大草原》

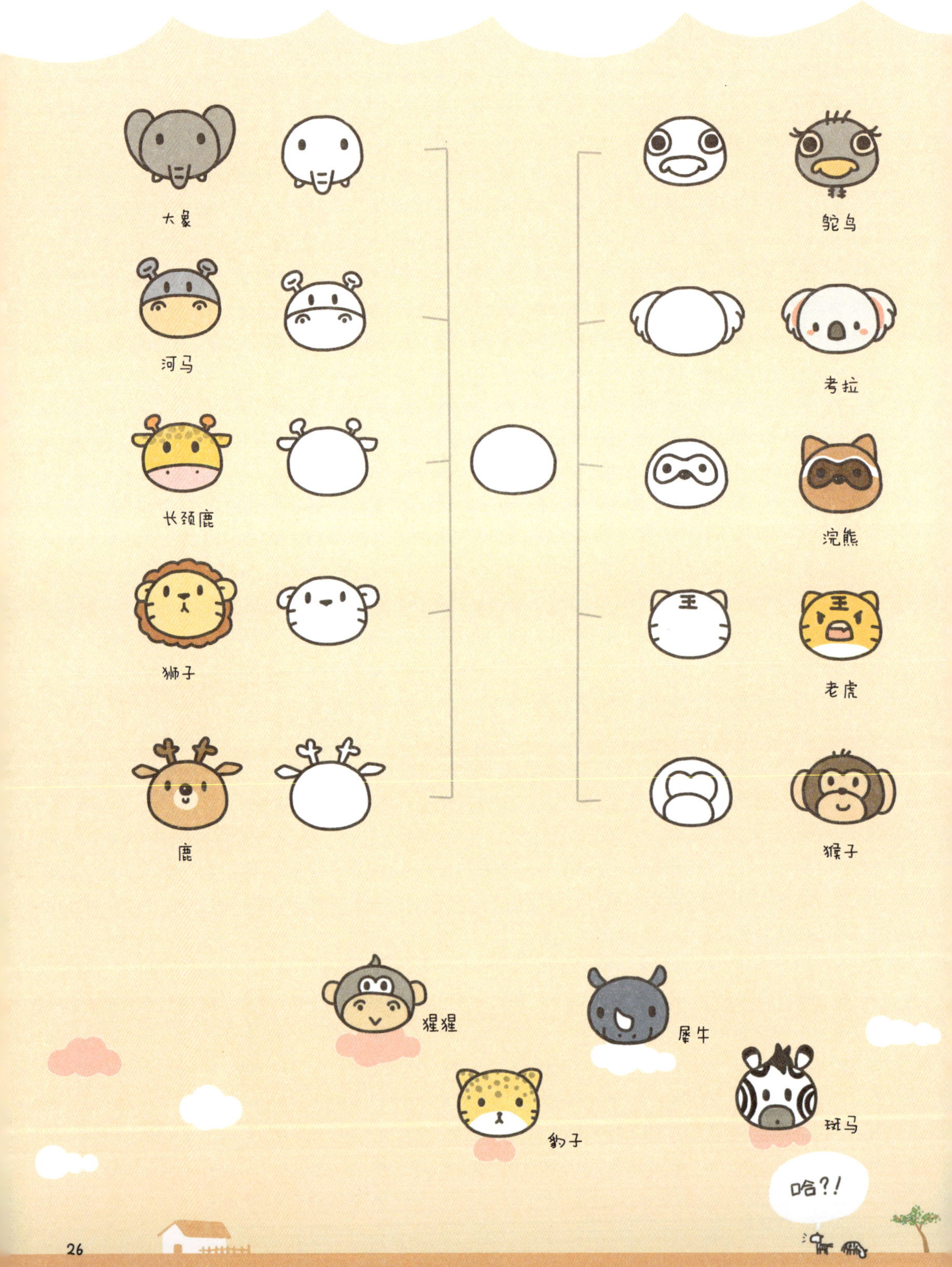

大象

河马

长颈鹿

狮子

鹿

鸵鸟

考拉

浣熊

老虎

猴子

猩猩

犀牛

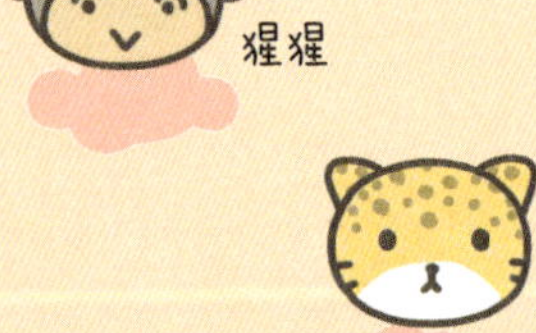

豹子

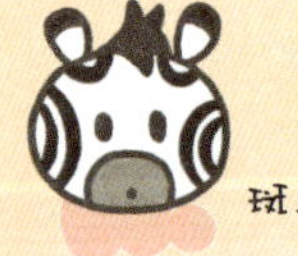

斑马

哈?!

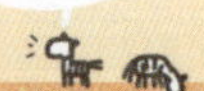

传说在最深的海底，住着很恐怖的深海怪兽。

——海绵宝宝和派大星

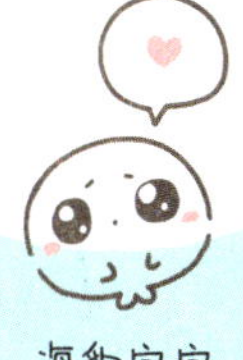

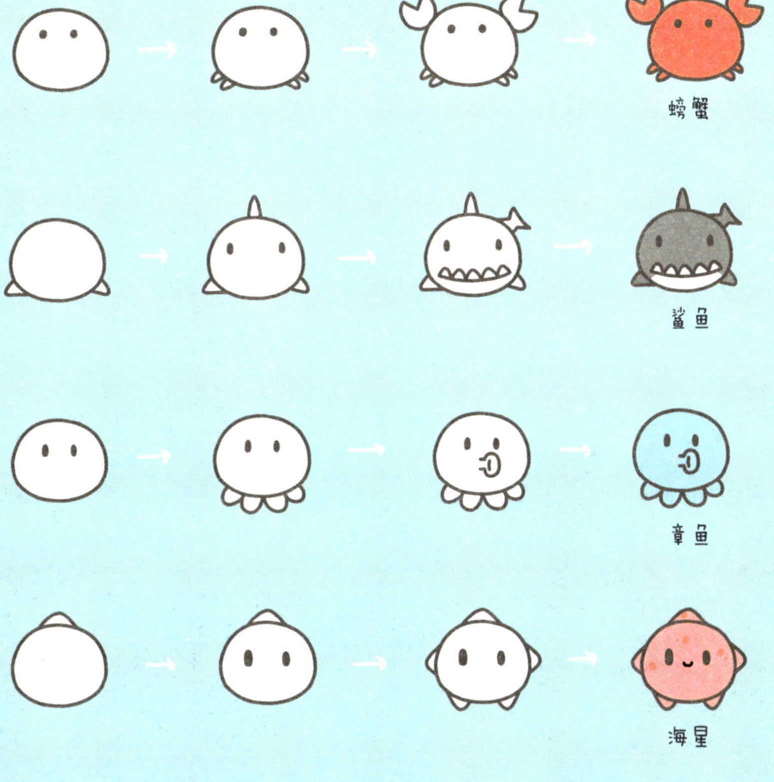

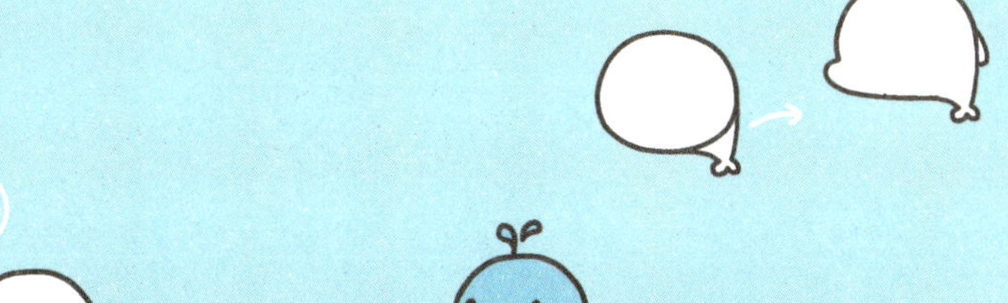

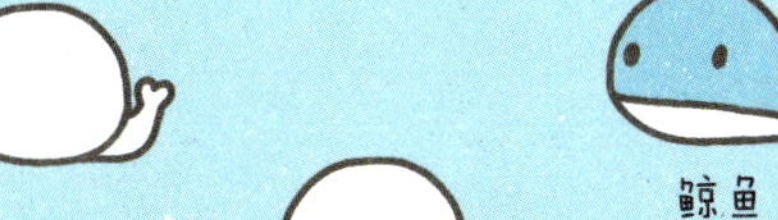

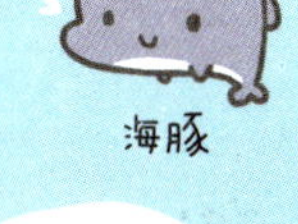

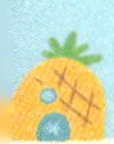

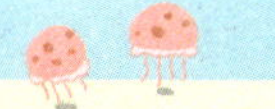

吓人的动物

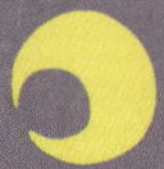

每一种动物都有它的萌点，在人们印象中很可怕的动物，也可以画得很可爱。

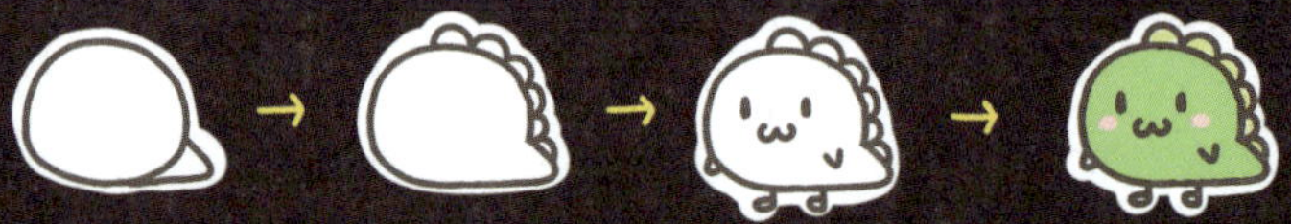

恐龙

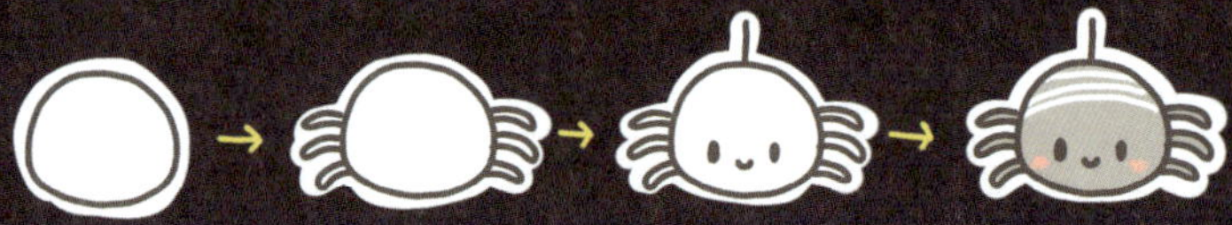

蜘蛛

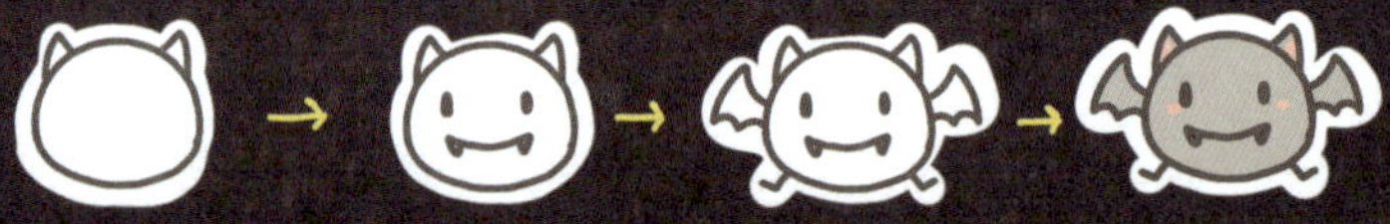

蝙蝠

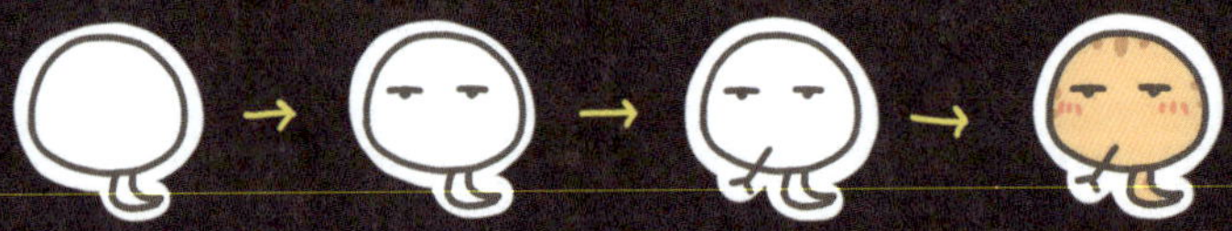

蛇

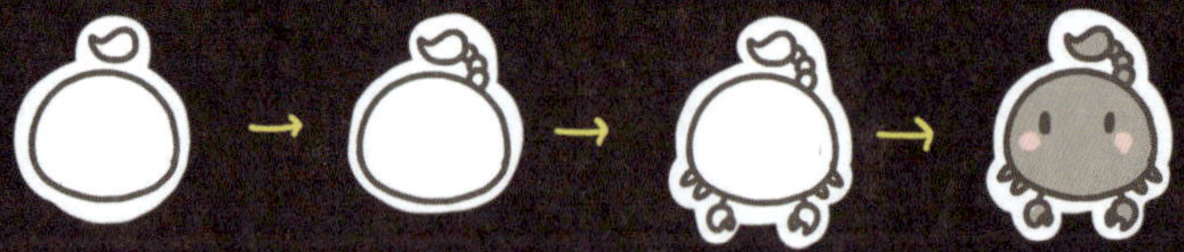

蝎子

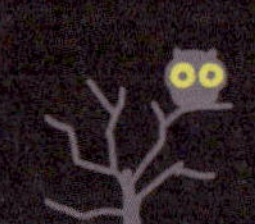

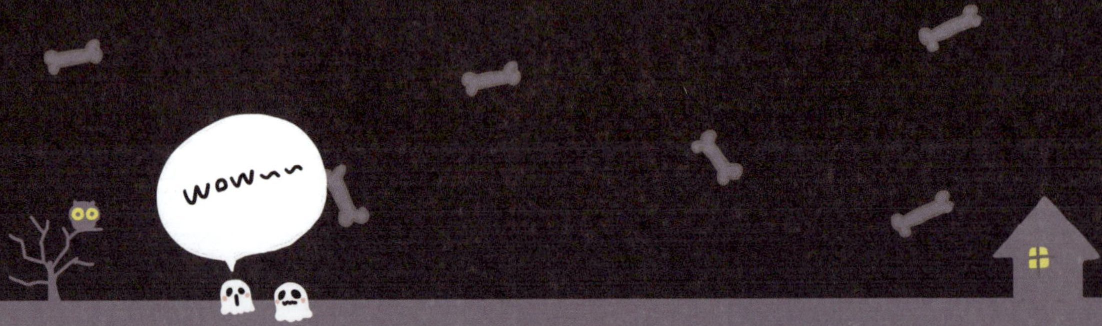

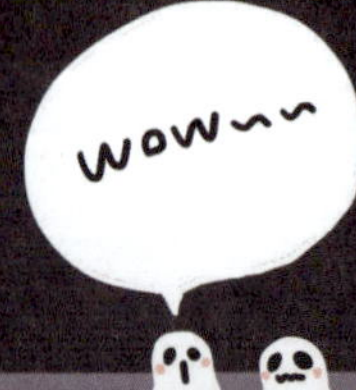

lesson 2 萌物是怎么诞生的

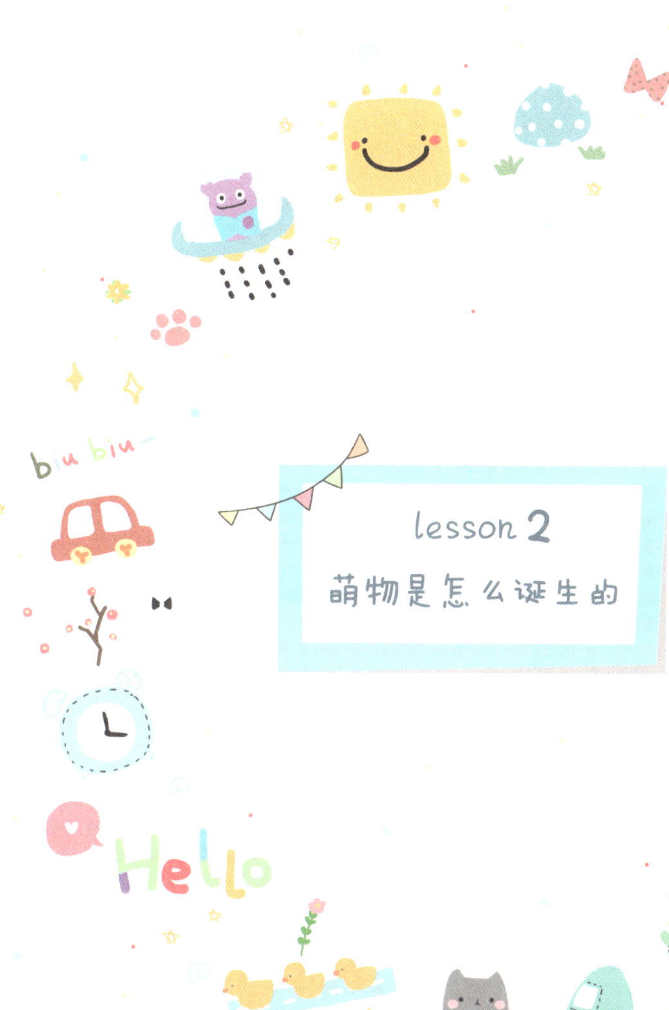

萌物的诞生

萌物不仅在视觉上给人可爱、有亲和力的感觉，画起来也不会费很大的力气，就算没有绘画基础也能轻松掌握。

就像普通小草和多肉植物，因为更圆润，多肉会更受欢迎一些哦。

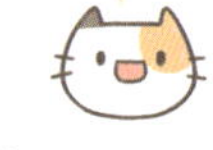

圆润的形状

萌的特质是建立在线条的基础上，可以通过画出好看、圆润的线条，让物品萌起来。

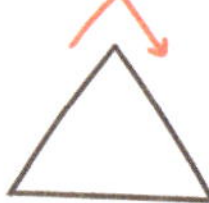

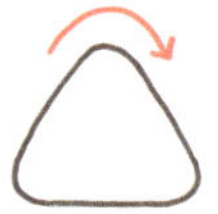

画形状的时候将转角处画成弧形，这样画出来的形状更萌！

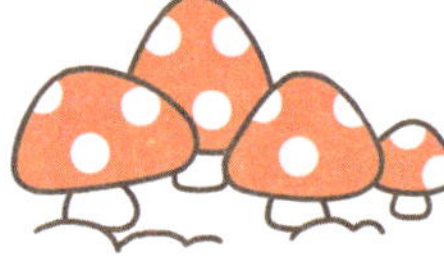

蘑菇盖圆圆的，所以是萌画里经常用到的素材。

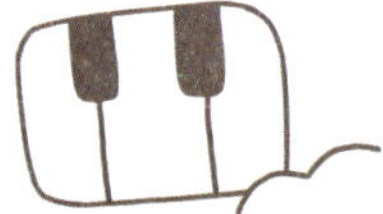

圆润的钢琴键

圆润的魔法棒

圆润的对话框

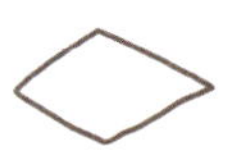

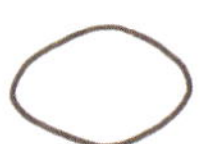

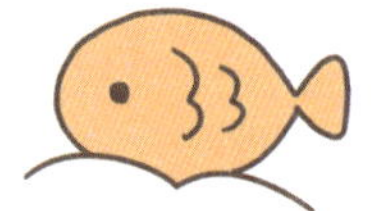

圆润的小鱼饼干

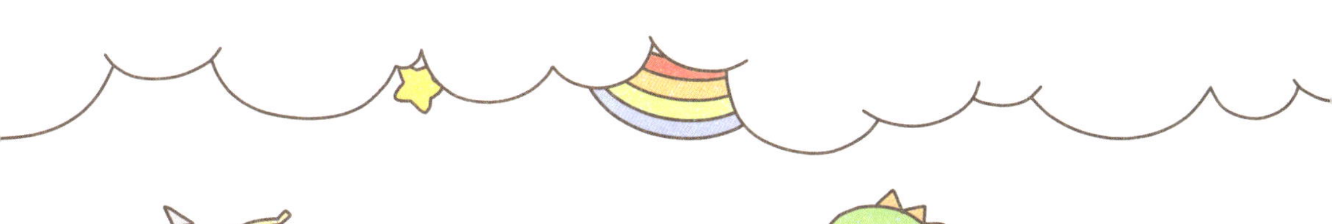

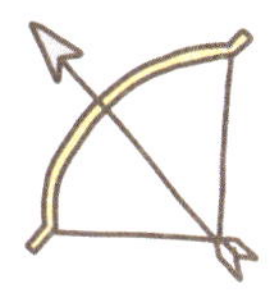

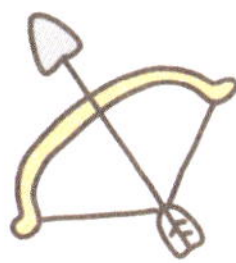

引箭

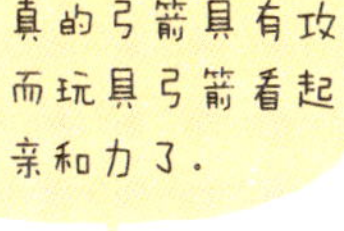

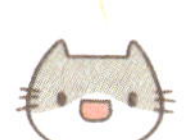

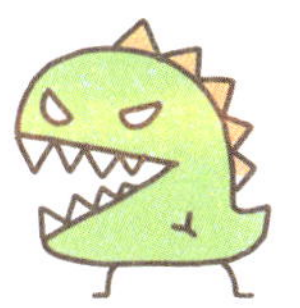

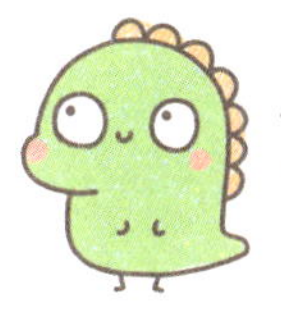

小恐龙

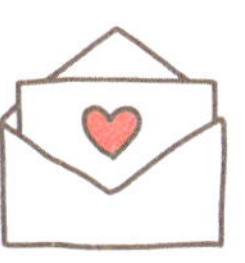

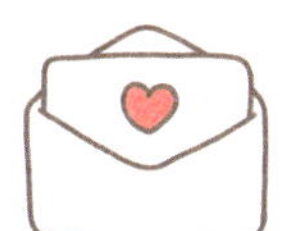

信封

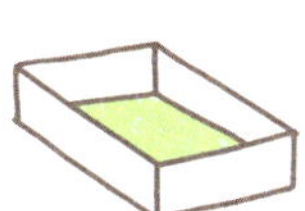

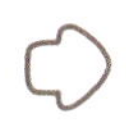

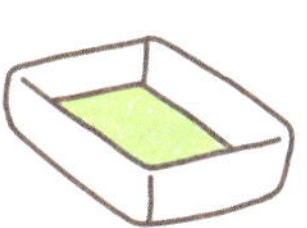

便当盒

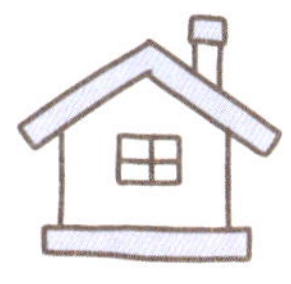

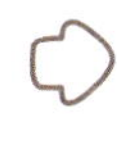

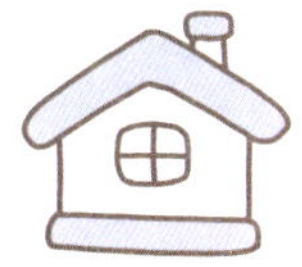

小屋

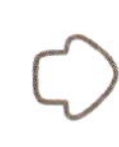

闪电

叉子

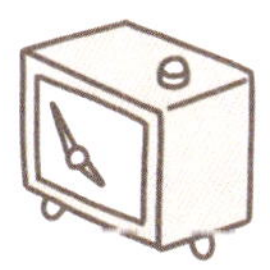

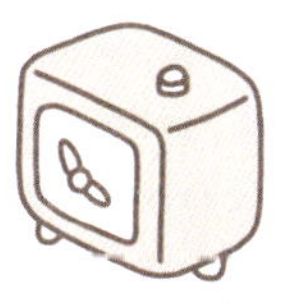

微波炉

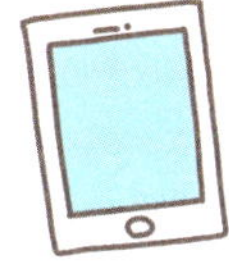

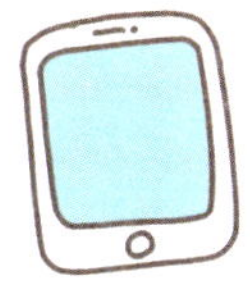

手机

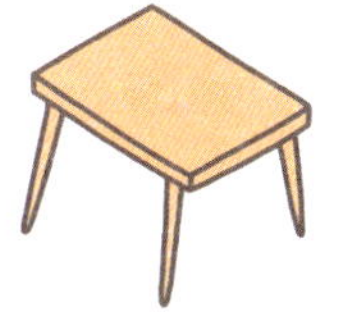

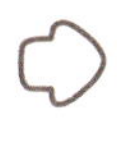

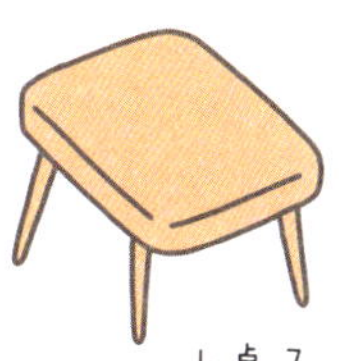

小桌子

萌的体型

体型比例也决定着物体的萌化程度，通过简化物体和改变物体的长短比例就可以画出萌的感觉。

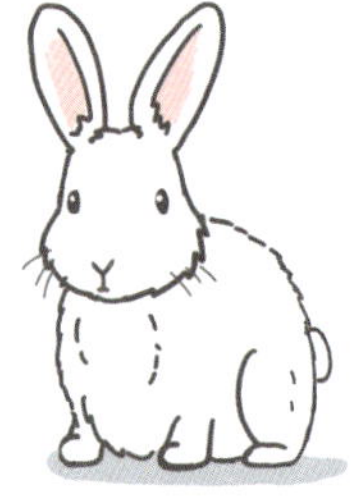

写实的兔子

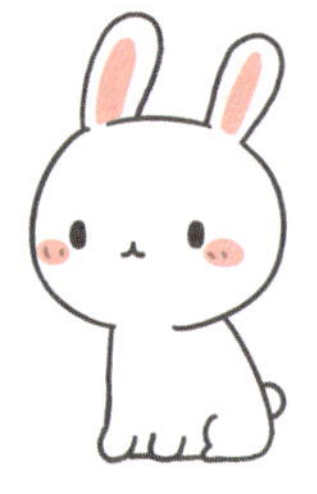

萌化的兔子

在写实的基础上，我们只要保留物体最重要的特征（比如这里兔子的长耳朵），其他部位都可以尽量简化（比如毛发还有复杂的五官）。

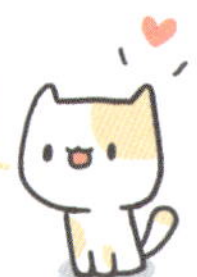

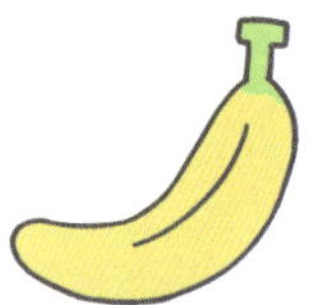

把香蕉画得更短更萌

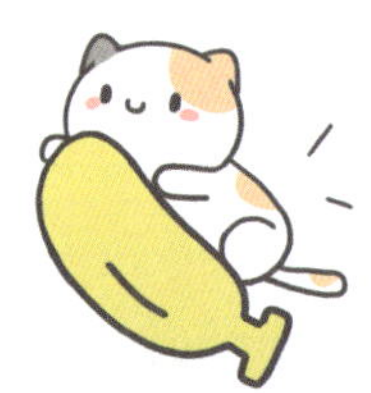

萌化的香蕉可以当成毛绒玩具哦！

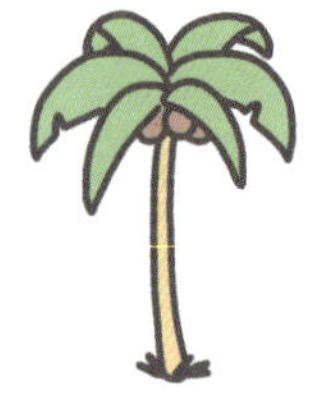

萌化的椰子树

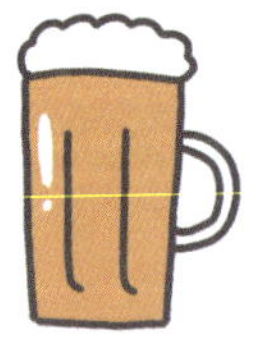

萌化的啤酒

它们都变短了哦！

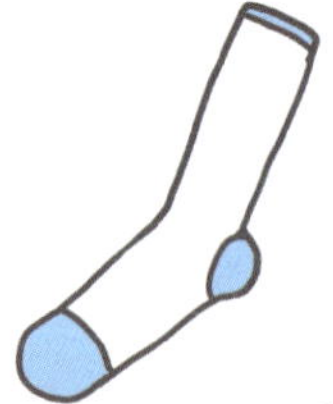

萌化的袜子

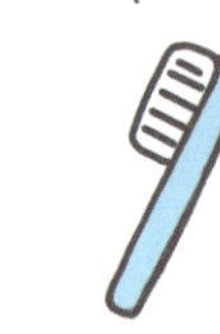

萌化的牙刷

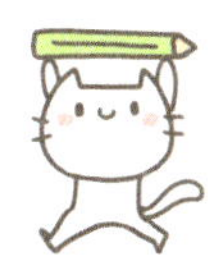

画一画这些比实际物品比例更短萌的物品

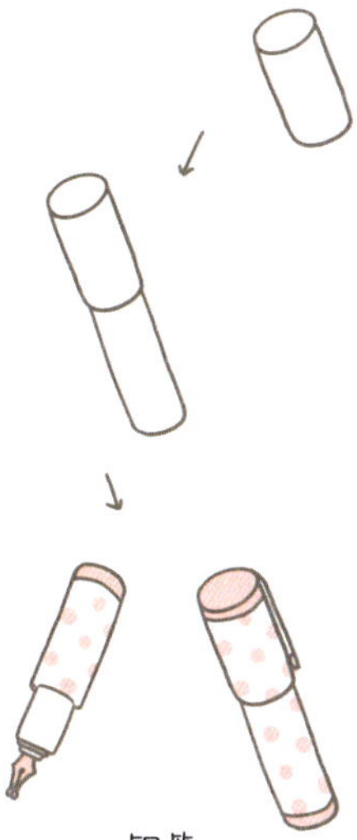

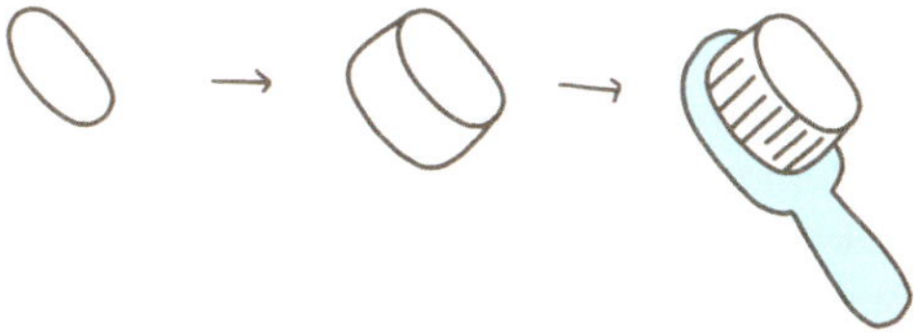

刷子

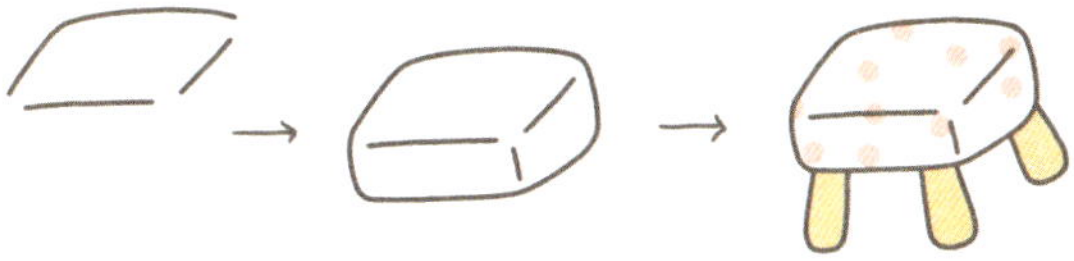

钢笔

板凳

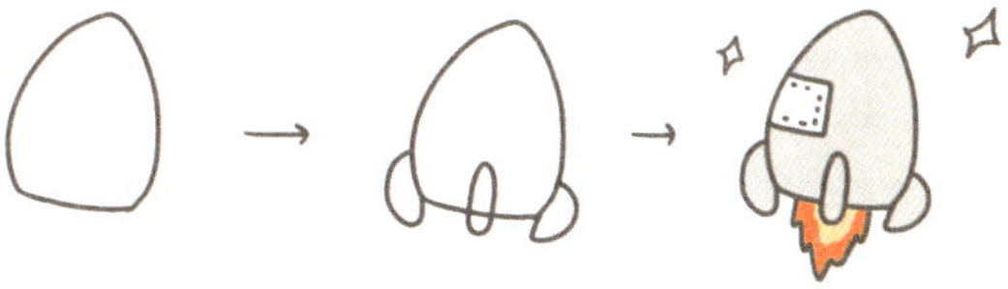

火箭

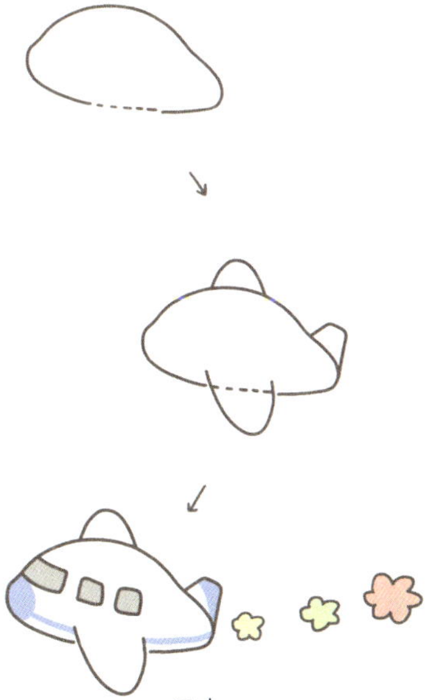

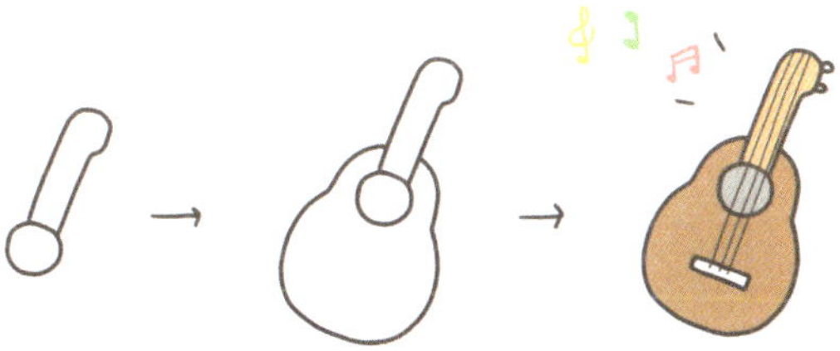

吉他

飞机

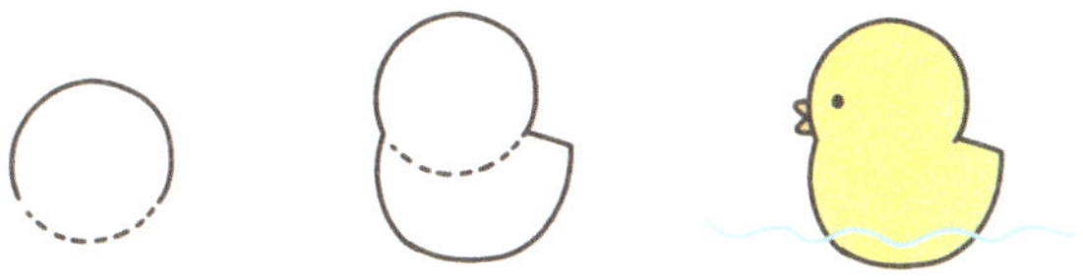

小鸭子

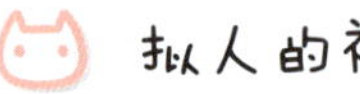

拟人的神态

通过拟人化，给没有生命力的物品加上人的表情，立马就变得不一样了！

就算是最简单的几何图形，加上表情之后就萌化了，像变魔术般的神奇过程！

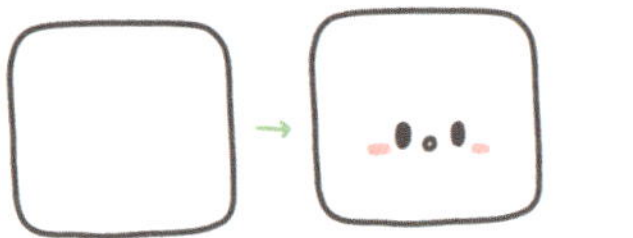

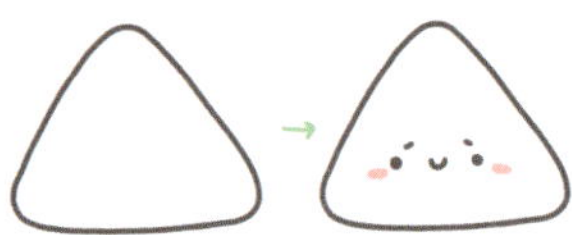

表情给物品赋予了生命力

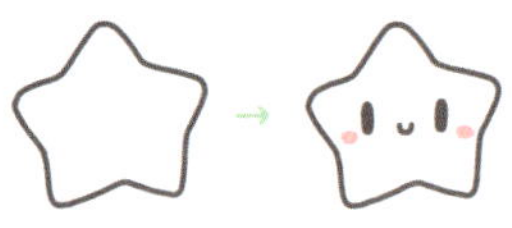

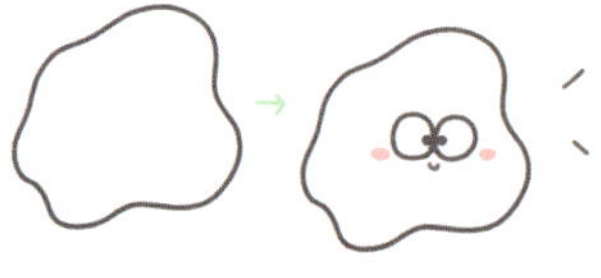

虽然不知道自己是什么形状，但还是觉得自己萌萌哒！

尽情给物品加上不同表情

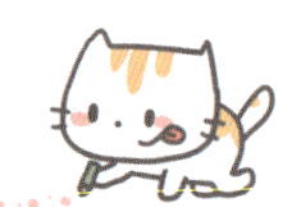

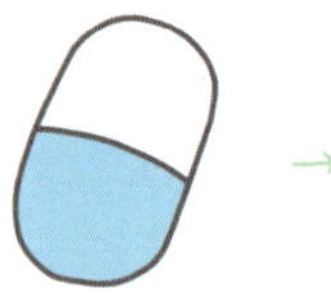

胶囊

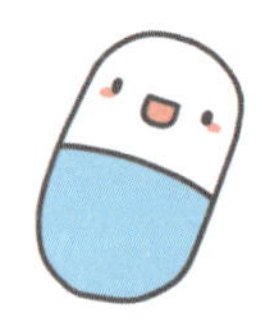

有表情的胶囊

月球

有表情的月球

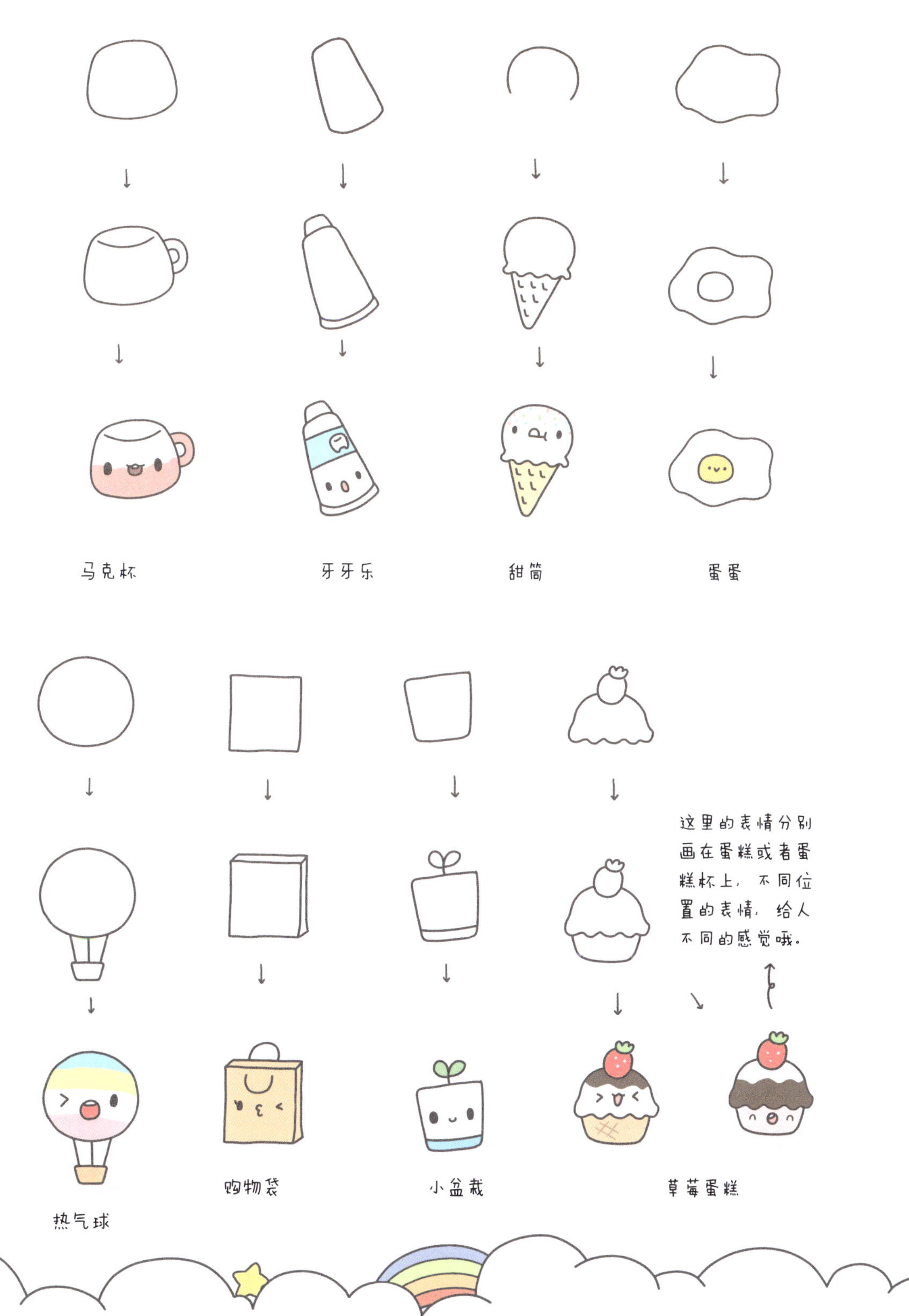
马克杯
牙牙乐
甜筒
蛋蛋
这里的表情分别画在蛋糕或者蛋糕杯上，不同位置的表情，给人不同的感觉哦。
热气球
购物袋
小盆栽
草莓蛋糕

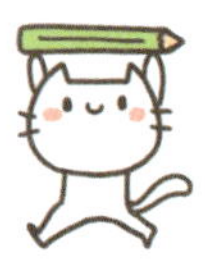

如何画出圆润的形状

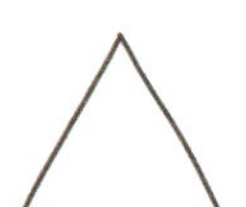

以三角形为例子

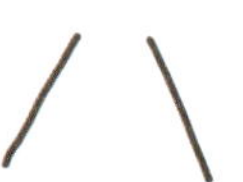

先把所有直线画出来。

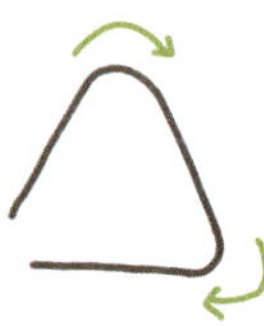

在转角处画出弧线。

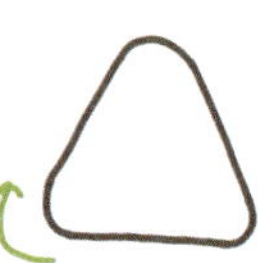

这样形状就出来了。

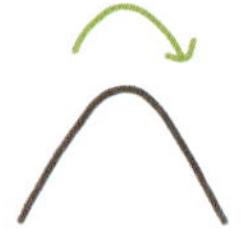

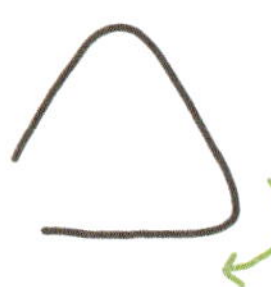

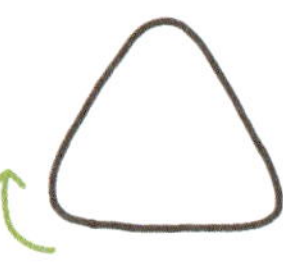

当对线条的掌握比较熟练了，就可以按照正常顺序一笔画出形状。

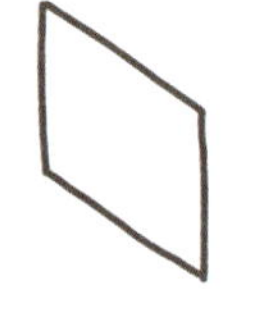

以四边形为例子

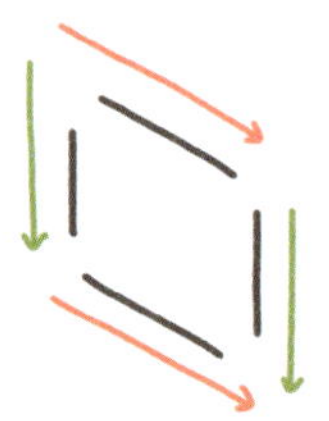

当我们画的形状有对称的线条，就先画对称的地方。

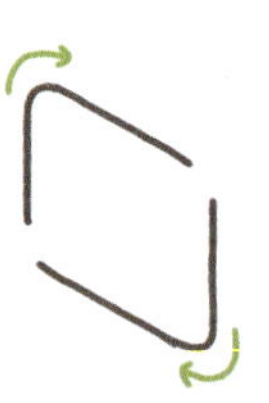

画出对角的弧线。

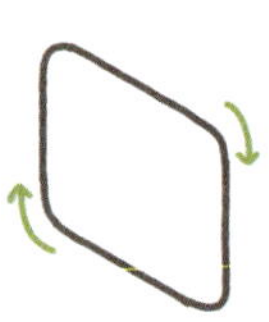

这样更容易画好对称的形状。

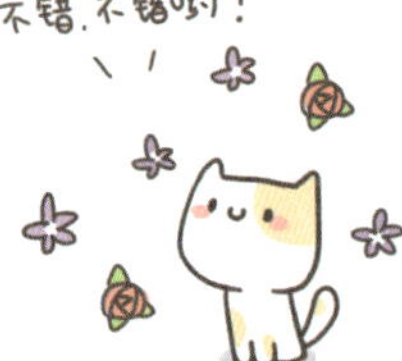

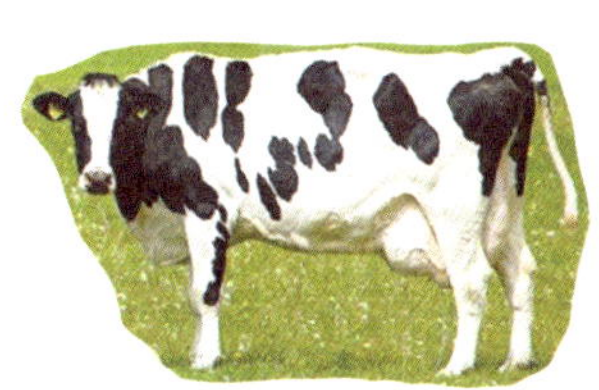

萌化的奶牛

利用之前说的萌化过程，试着萌化一头奶牛。

萌化的比例

把奶牛的身体画小，脑袋画大。头大身小，是萌物的常见身体比例。

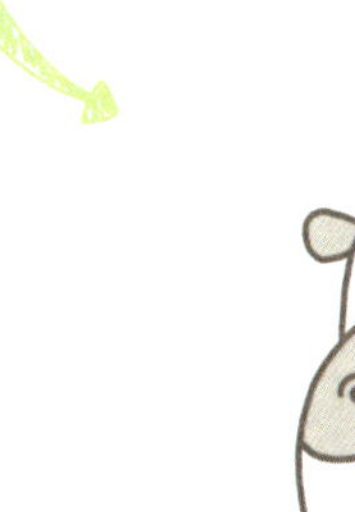

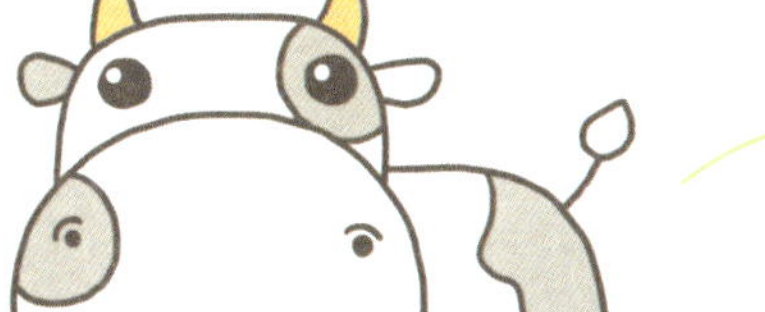

圆润的线条

画出流畅圆润的线条，看起来很Q。

简化的细节

将身体的每个部位都尽量画得简单，保留奶牛的明显特征就好，如身上的黑白斑纹。

拟人的表情

奶牛本身可不会笑，但加上笑脸会更加有亲和力。

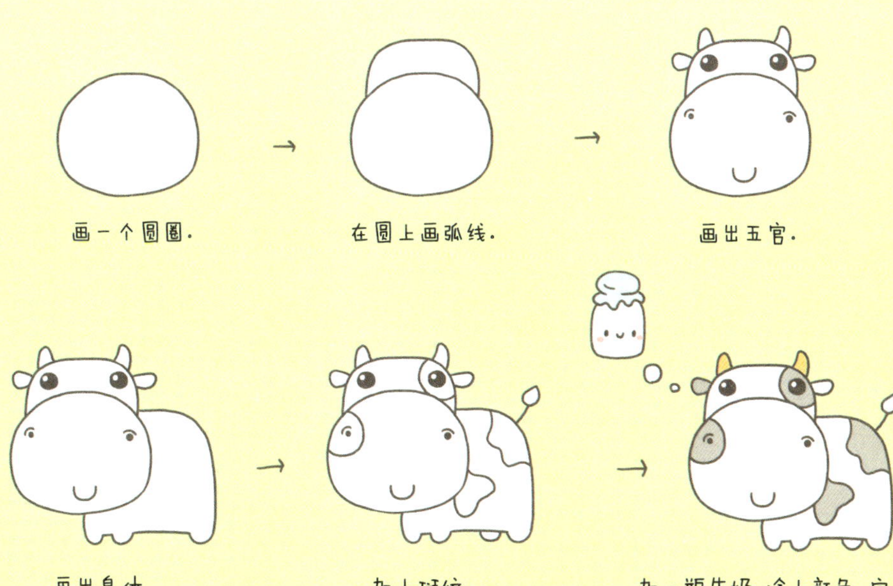

画一个圆圈。→ 在圆上画弧线。→ 画出五官。

画出身体。→ 加上斑纹。→ 加一瓶牛奶，涂上颜色，完成！

如何画简单的插画

把图标组合在一起，在设计上稍微下一点工夫，就能画出充满趣味的小插画。

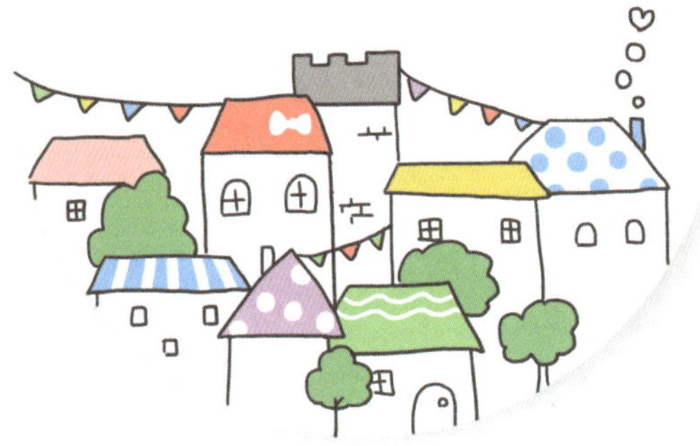

插画：HOME

重复的秘密

有一个想法，就尽情地将它们展现在插画里，重复地画出来，简单又有趣。

主次的关系

插画里有不同的物件，就分出它们的主次关系，大体分为主角配角和背景。

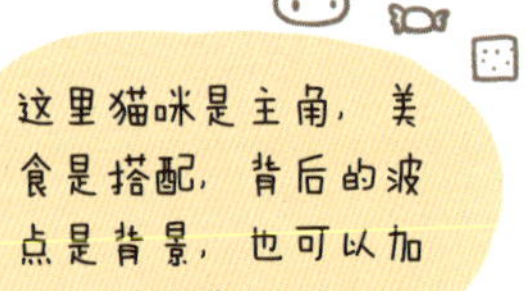

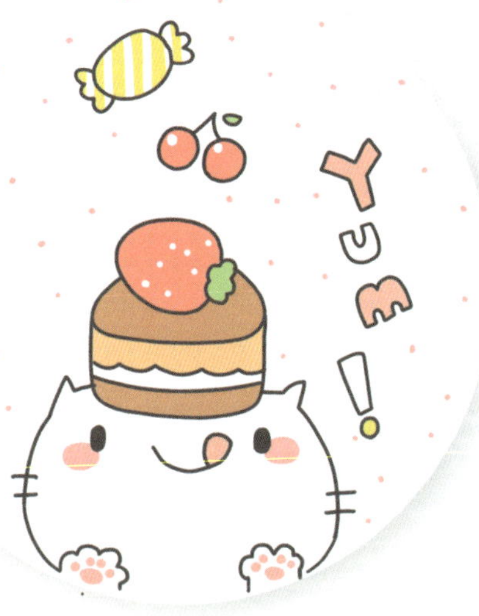

插画：美食猫咪

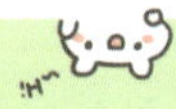

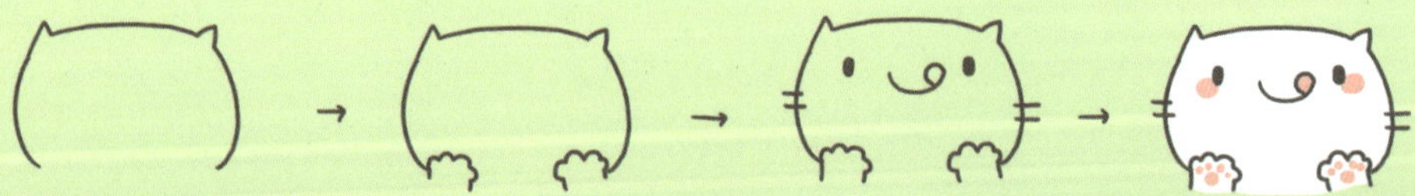

多试试一些方案

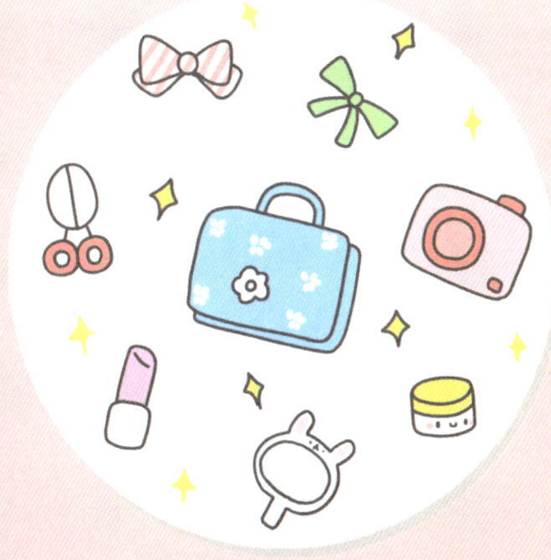

以女生的包包为主题，里面会装一些什么呢？

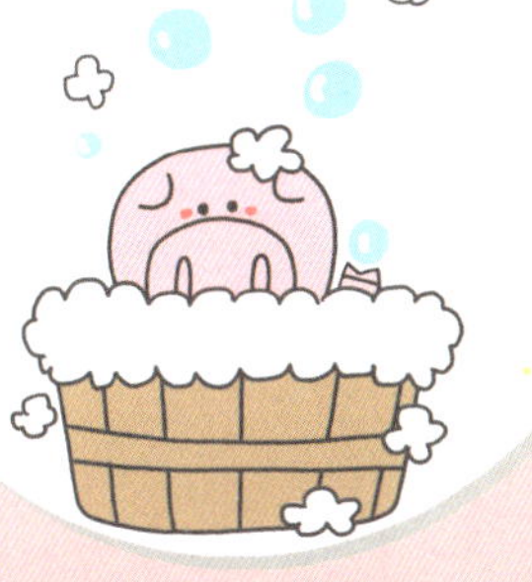

这里的小鸭子可以当成额外的点缀，嗯~就像是电影里的彩蛋。

小猪洗澡，上面的泡泡和泡沫就是搭配。

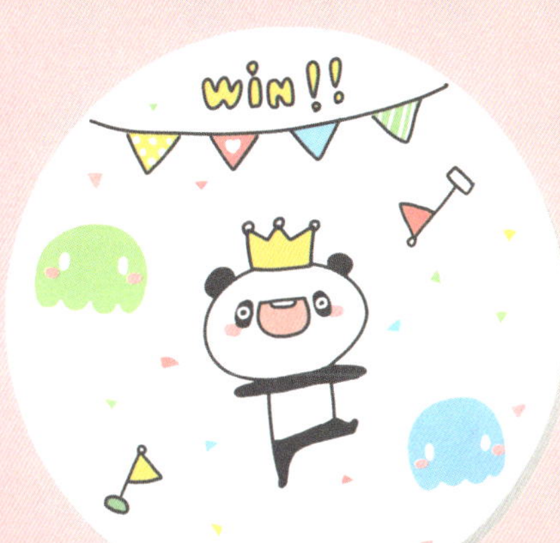

赢得游戏的熊猫，画出庆祝的感觉。

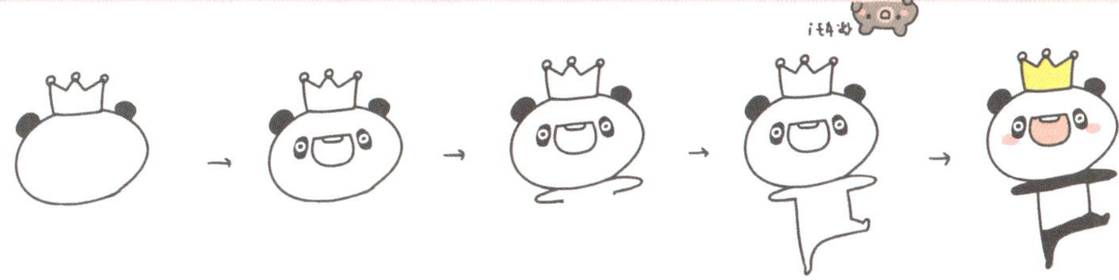

如何画创意花边

上一章已经用线条画过花边分割线，这里尝试利用图案和线条，画出更有创意的花边，重要的是激发想象力，举一反三。

重复着画

只需要用不同颜色的画笔重复着画同一种图案，就能画出好看的花边。

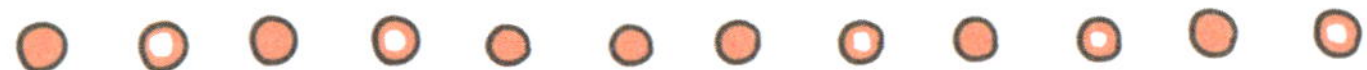

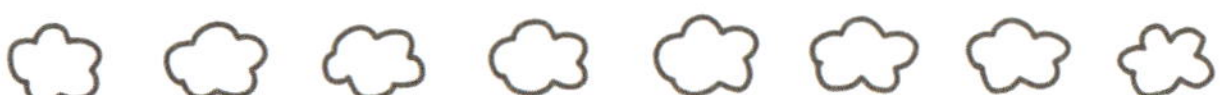

根据不同需要，也可以竖着画。

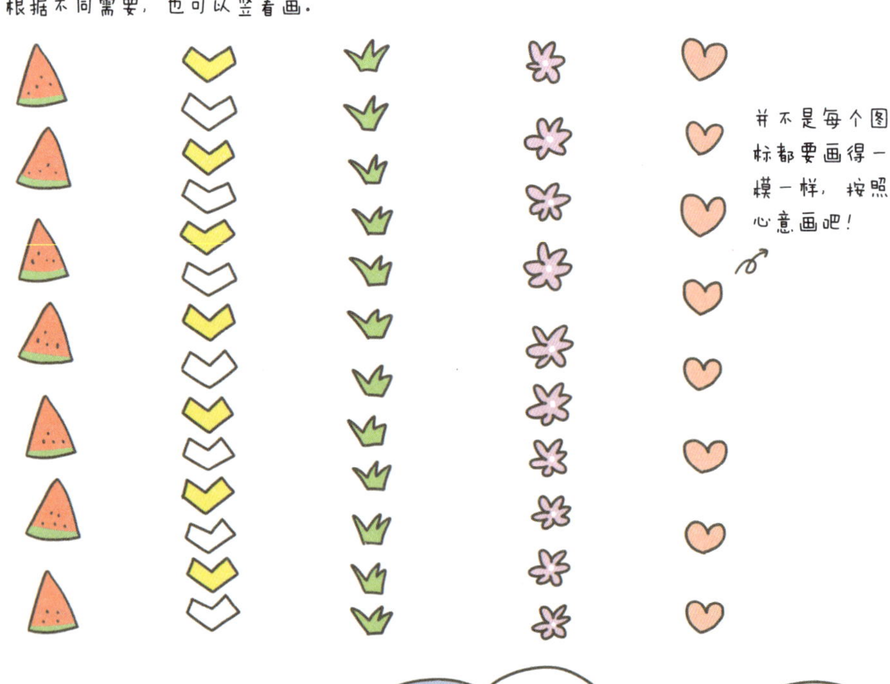

有点变化

在重复画相同图案的基础上，可以适当改变图案的大小，或者上下跳跃着画，这样的花边看起来更有活力。

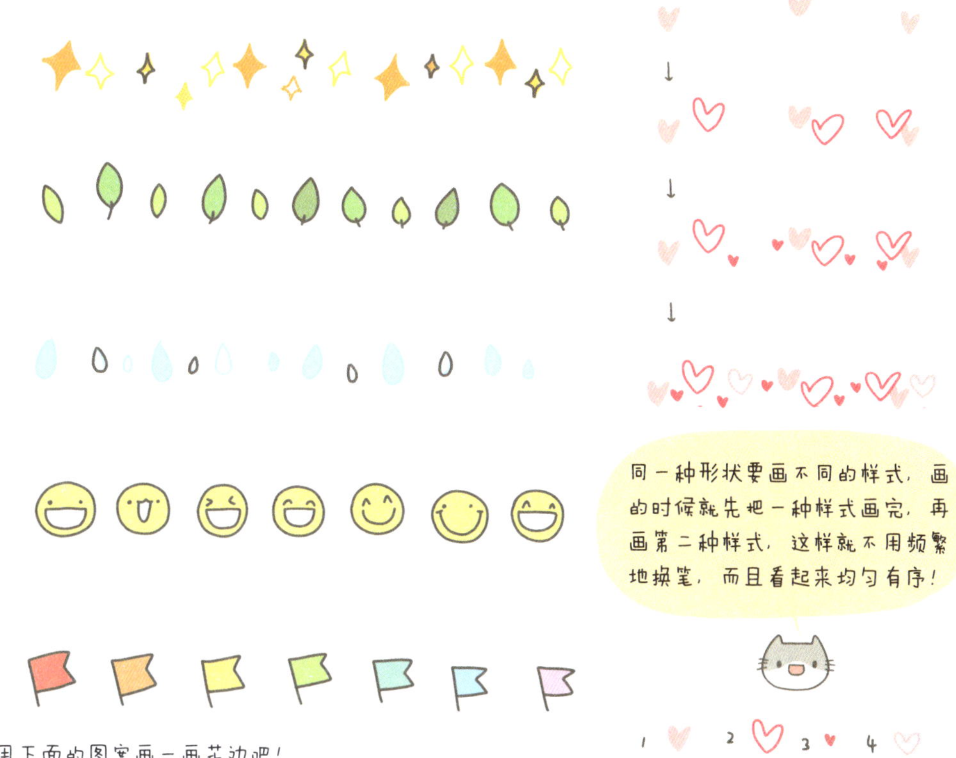

用下面的图案画一画花边吧！

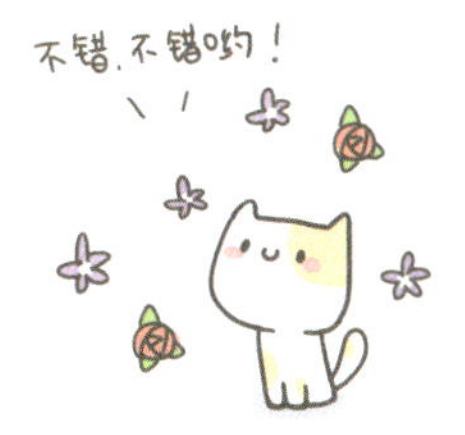

花边主题

生活中有很多有趣的事物可以画成花边，给自己拟定一个主题，想象出不同的花边吧。

关于天气

星星、太阳、月亮。

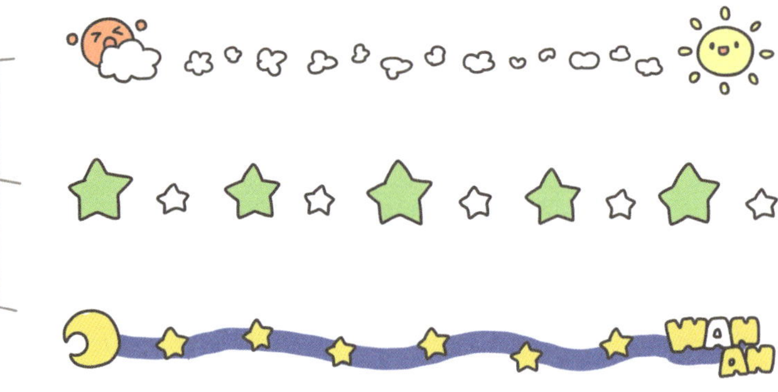

关于闪电

一开始想画闪电，突然想起来皮卡丘，不妨把它也画成花边。

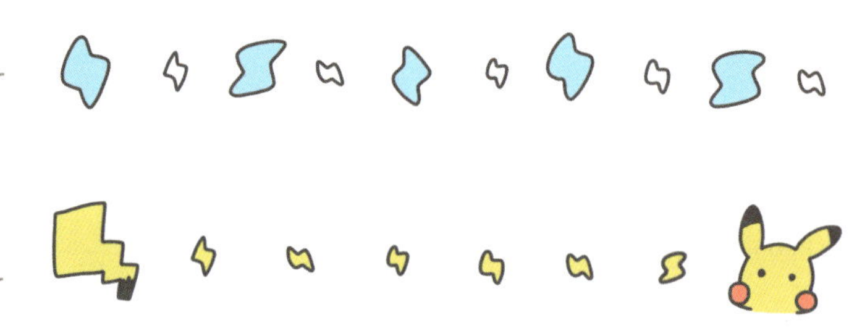

关于树苗

想起了浇水和小龙猫偷种子的镜头。

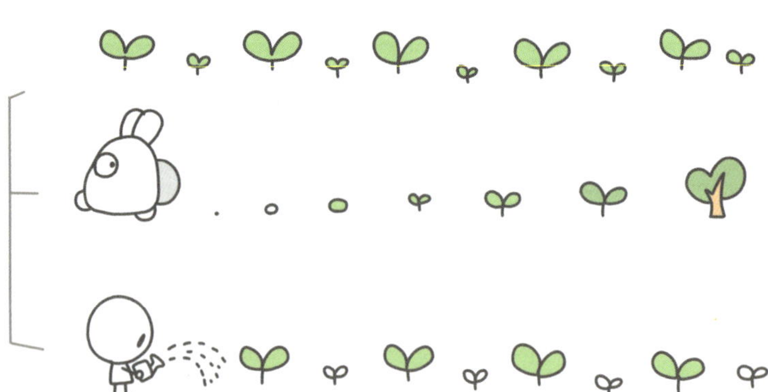

心形花边

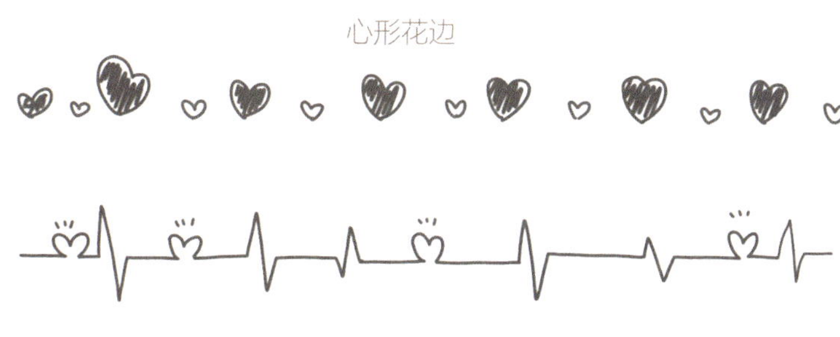

彩灯花边

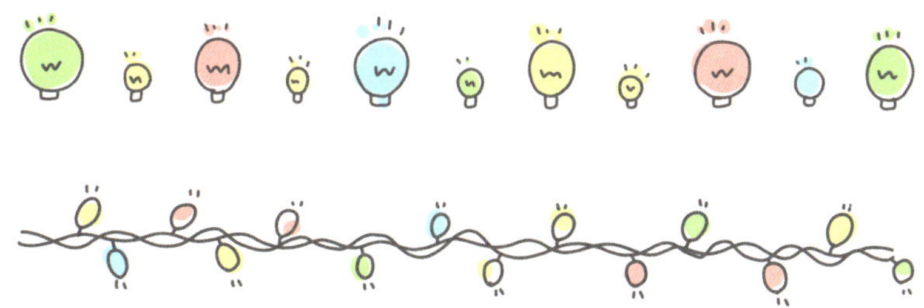

海洋花边

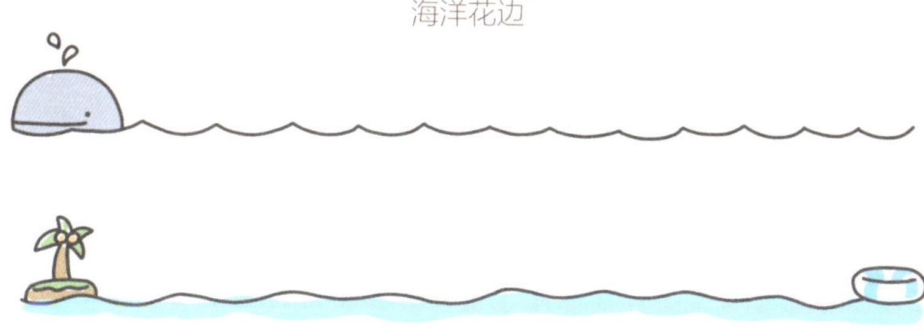

香蕉花边

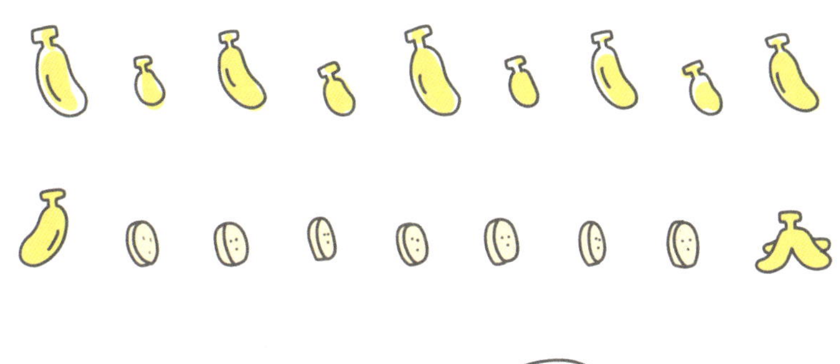

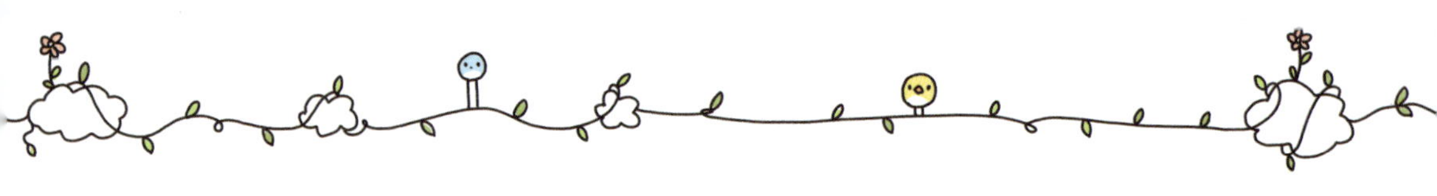

素描花边

用铅笔，或者模仿铅笔的感觉画。

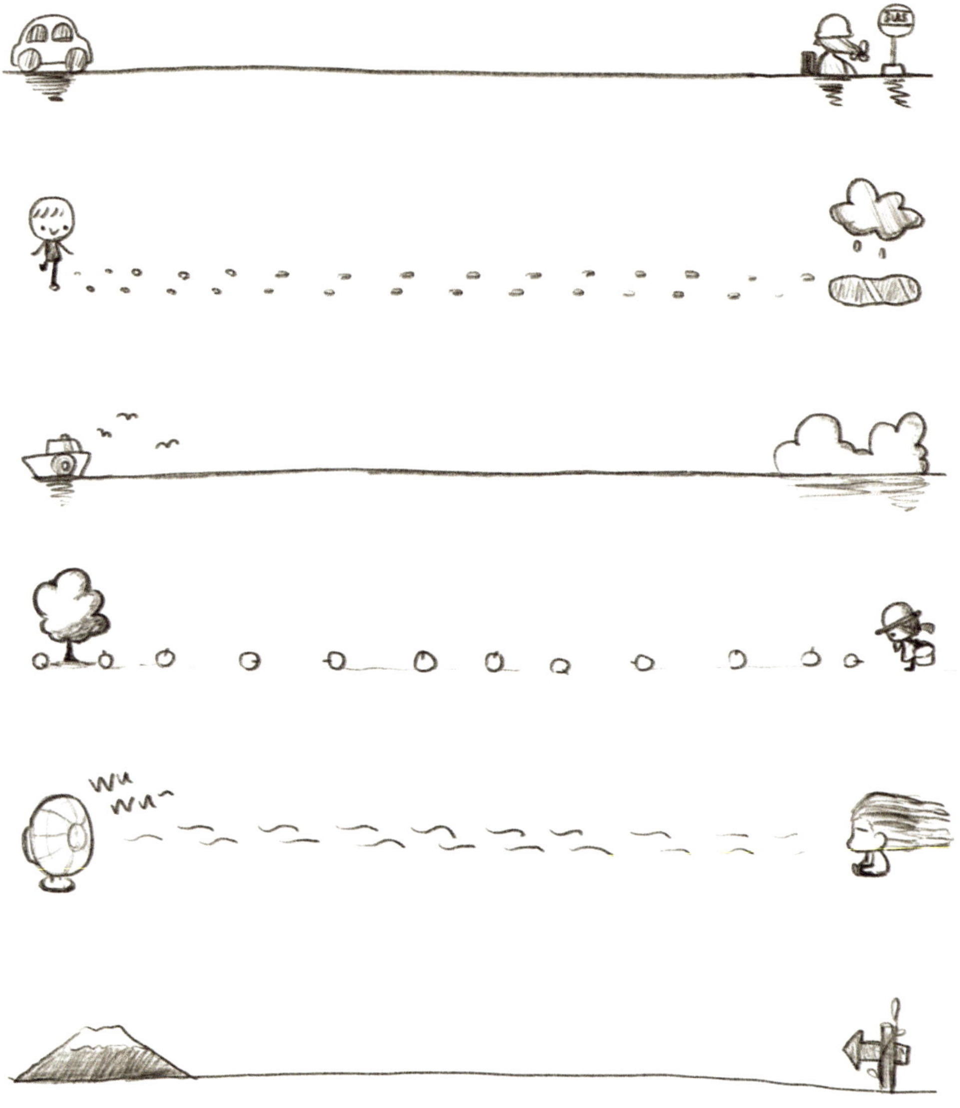

观察生活中的各种事物，善于发现，就可以给自己积累很多素材！

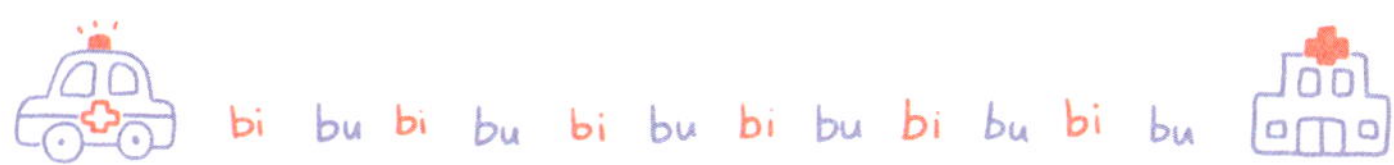

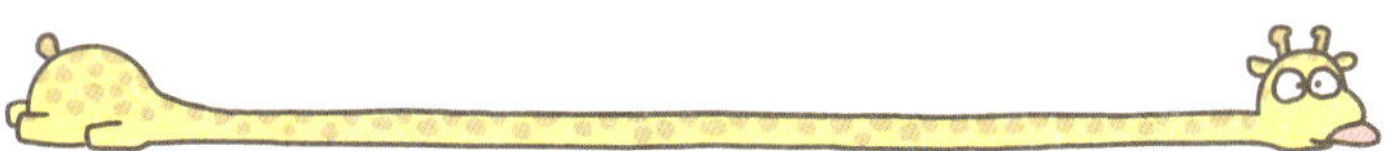

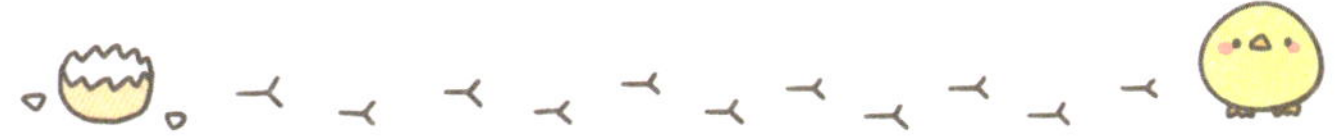

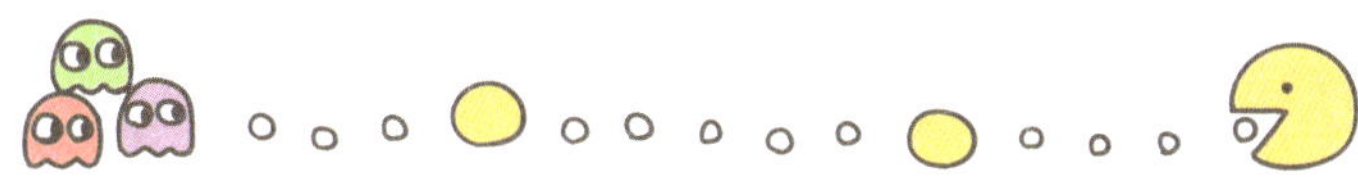

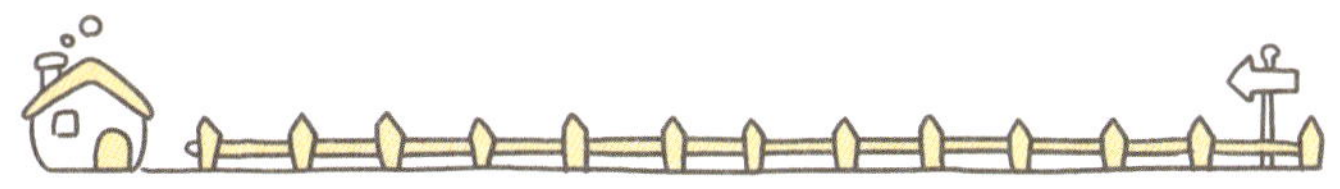

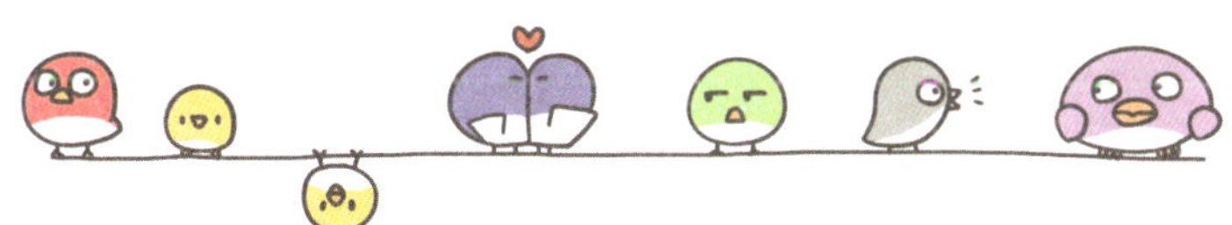

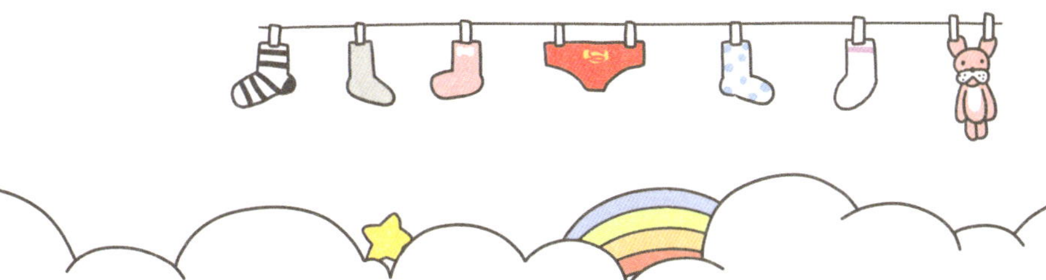

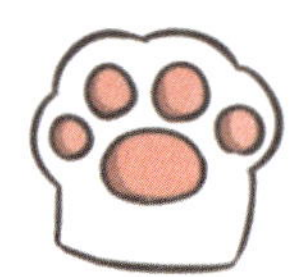

Give me Five

lesson 3 生活中的萌物

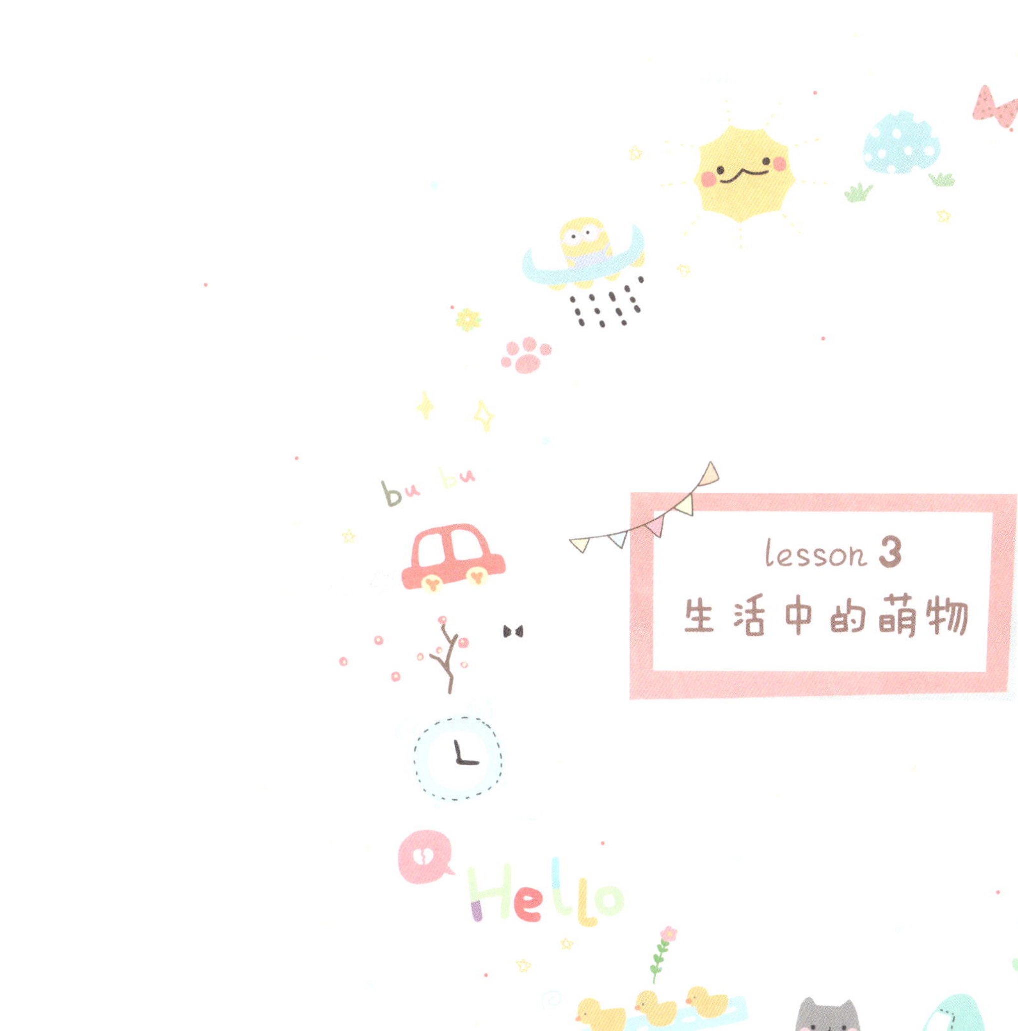

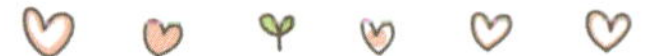

萌萌的食物

食物是最常见的萌画素材啦，稍微装饰就能变得很可爱，把它们搬进本子里面吧。

画一画甜点

在甜点师的巧手下，甜点本身就被做得很可爱，按照它们原来的样子画就可以。

三角蛋糕

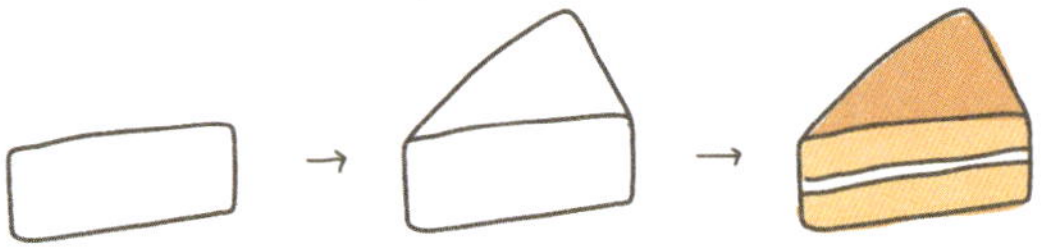

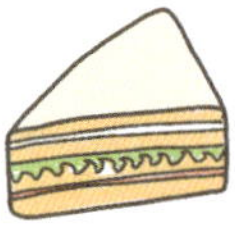

三明治

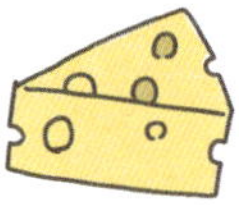

奶酪

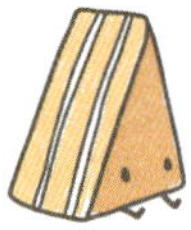

坐着的三角蛋糕

抹茶蛋糕

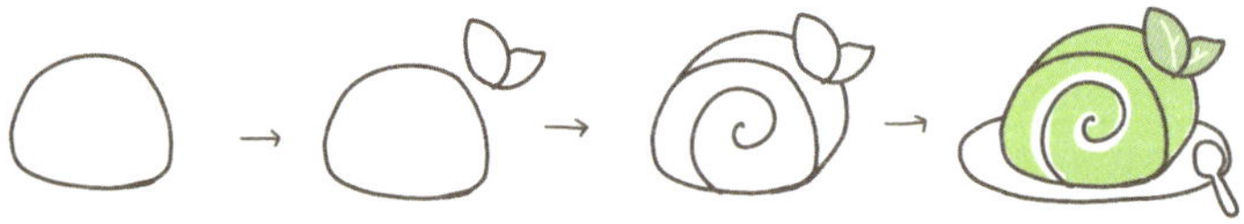

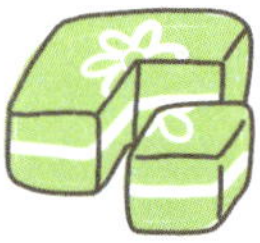

方形抹茶

马卡龙

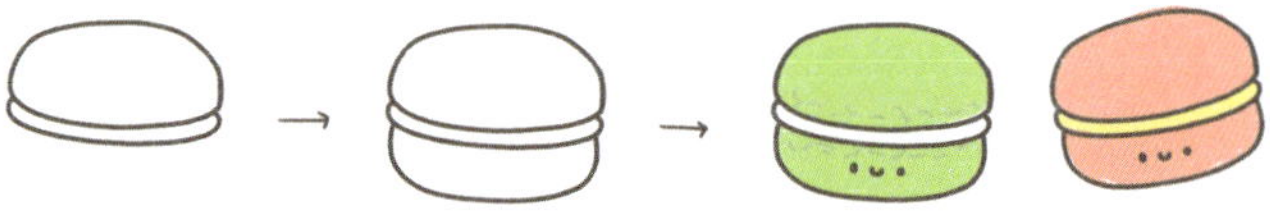

甜甜圈

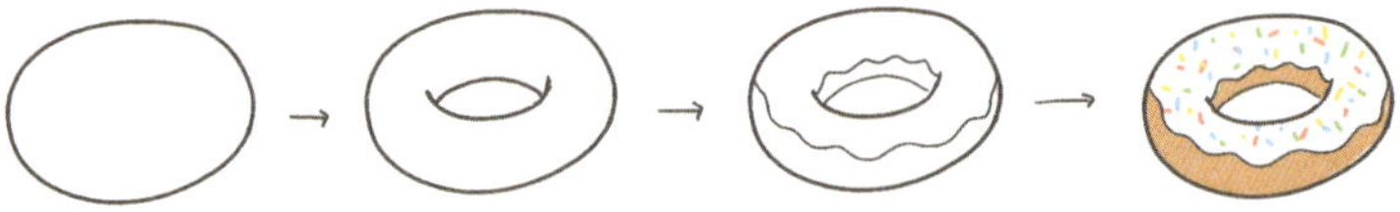

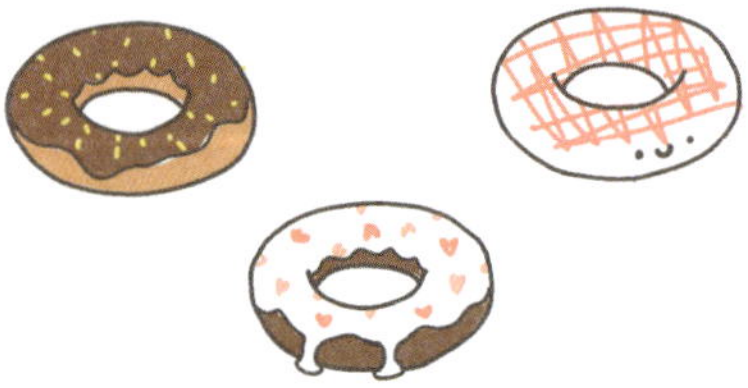

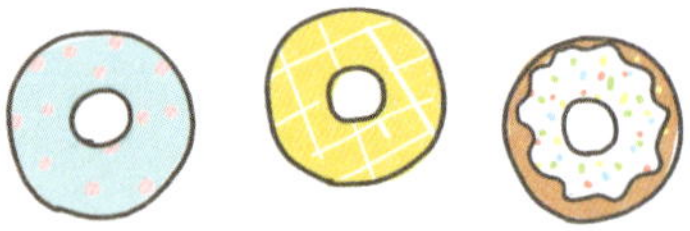

简单的甜甜圈

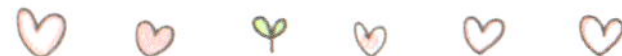

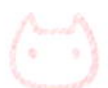

面包

早餐常见的食物，
和甜点的画法一样。

毛毛虫和切片面包

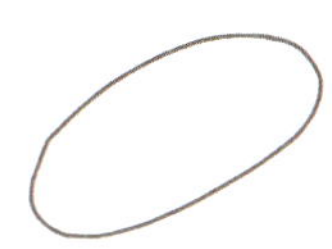
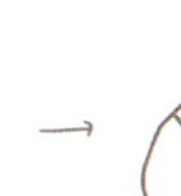
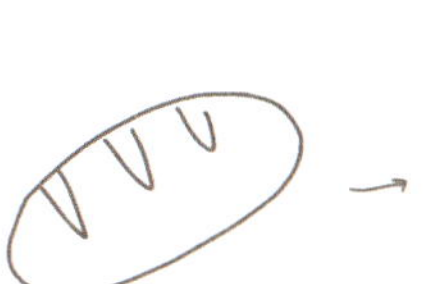
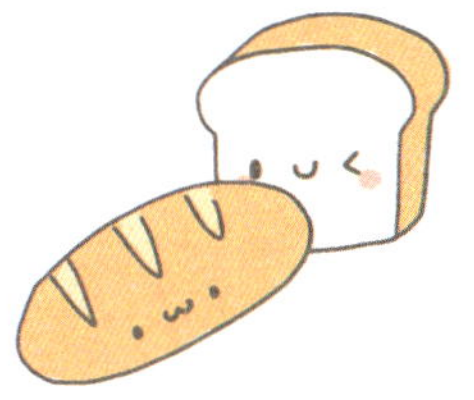
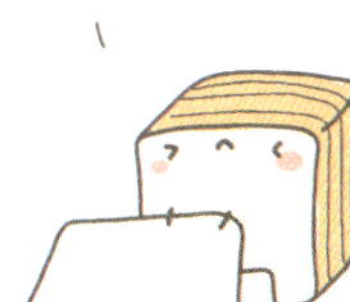

纸袋面包

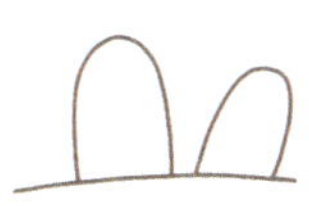
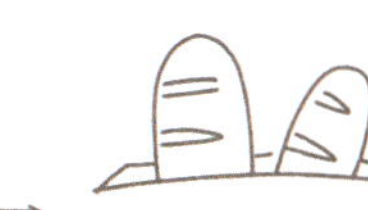
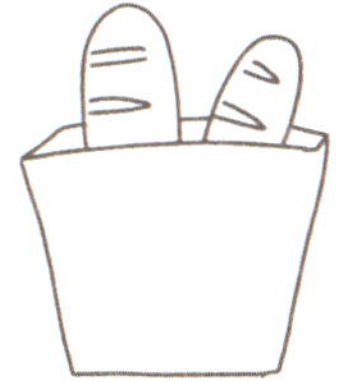
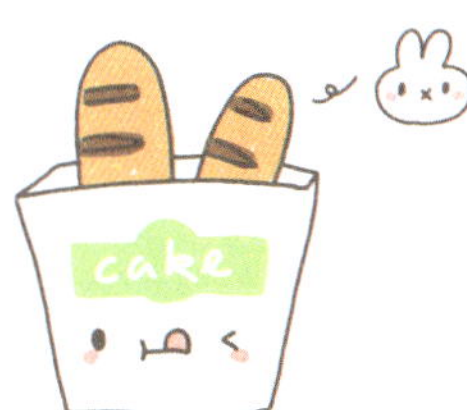

饼干

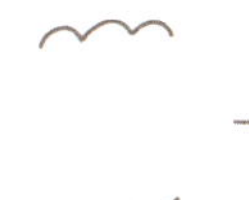
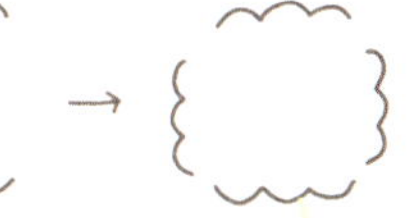
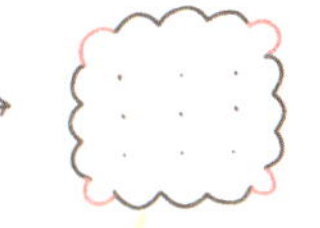

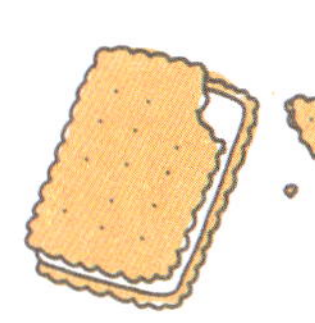

双层饼干

这里对称着画饼干的外边线，更容易画好形状。

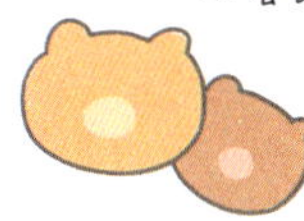

小熊饼干

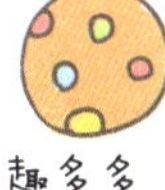

趣多多

牛角面包

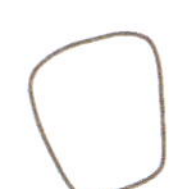
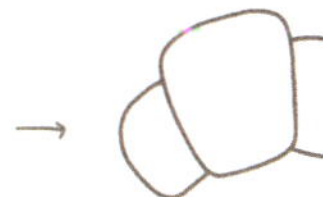
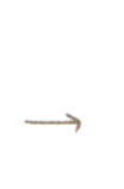
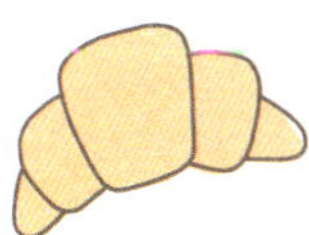

热狗面包

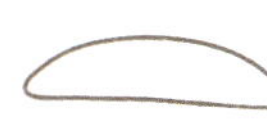
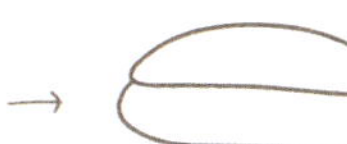
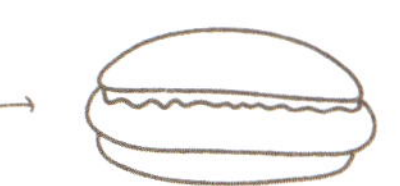
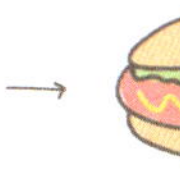
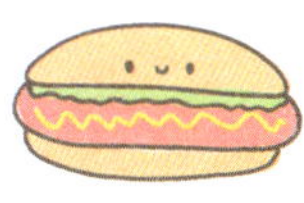

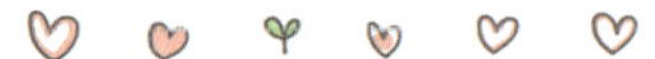

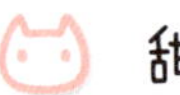

甜甜的

甜甜的冰激凌和糖果，
想起来就让人流口水呢！

小学生雪糕

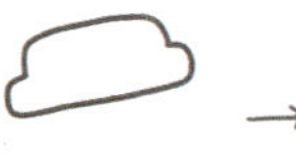 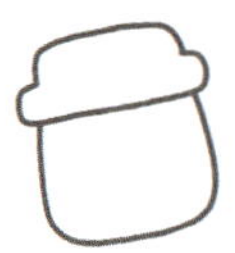 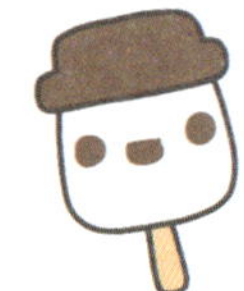 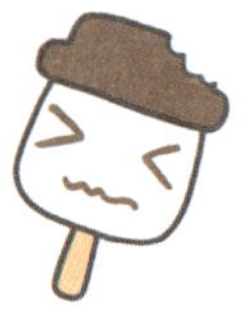

甜筒

 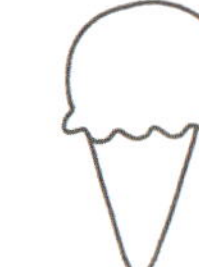 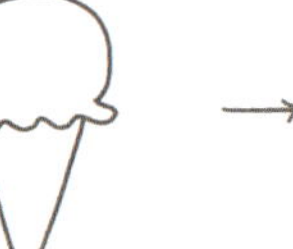 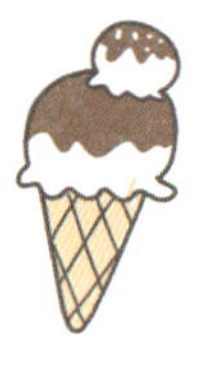

甜筒的形状
很像章鱼！

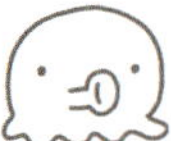

冰激凌

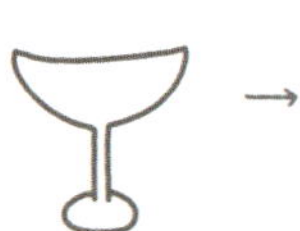 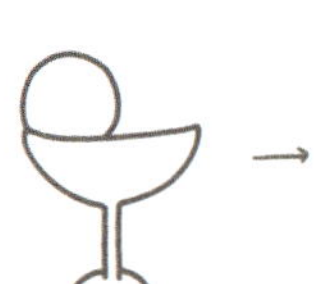 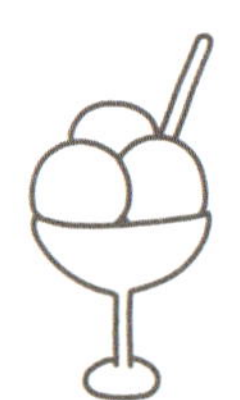 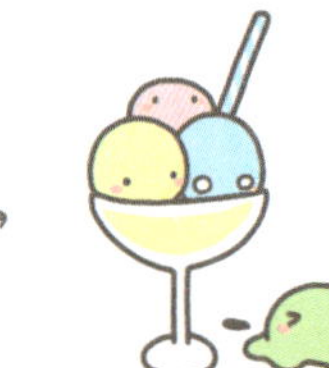

猫爪雪糕

 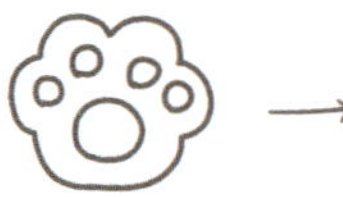 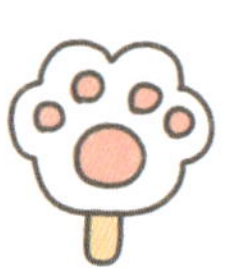 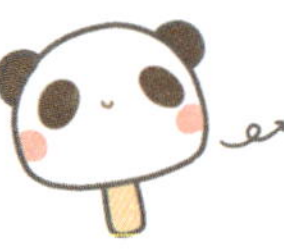

还可以画成
其他动物的
雪糕哦！

棉花糖

 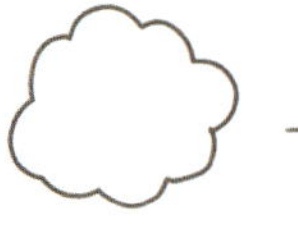 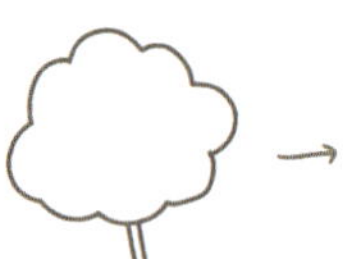 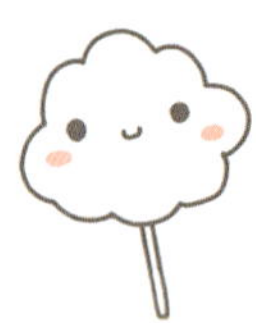

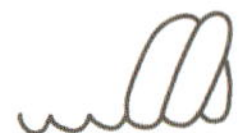 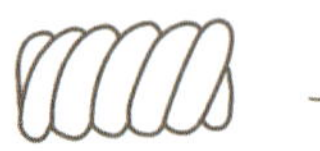 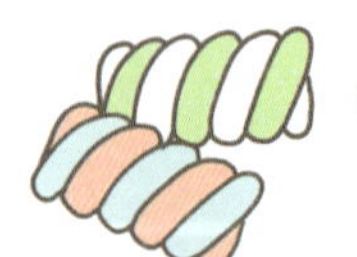

两种都是
棉花糖，
喜欢哪一
种呢？

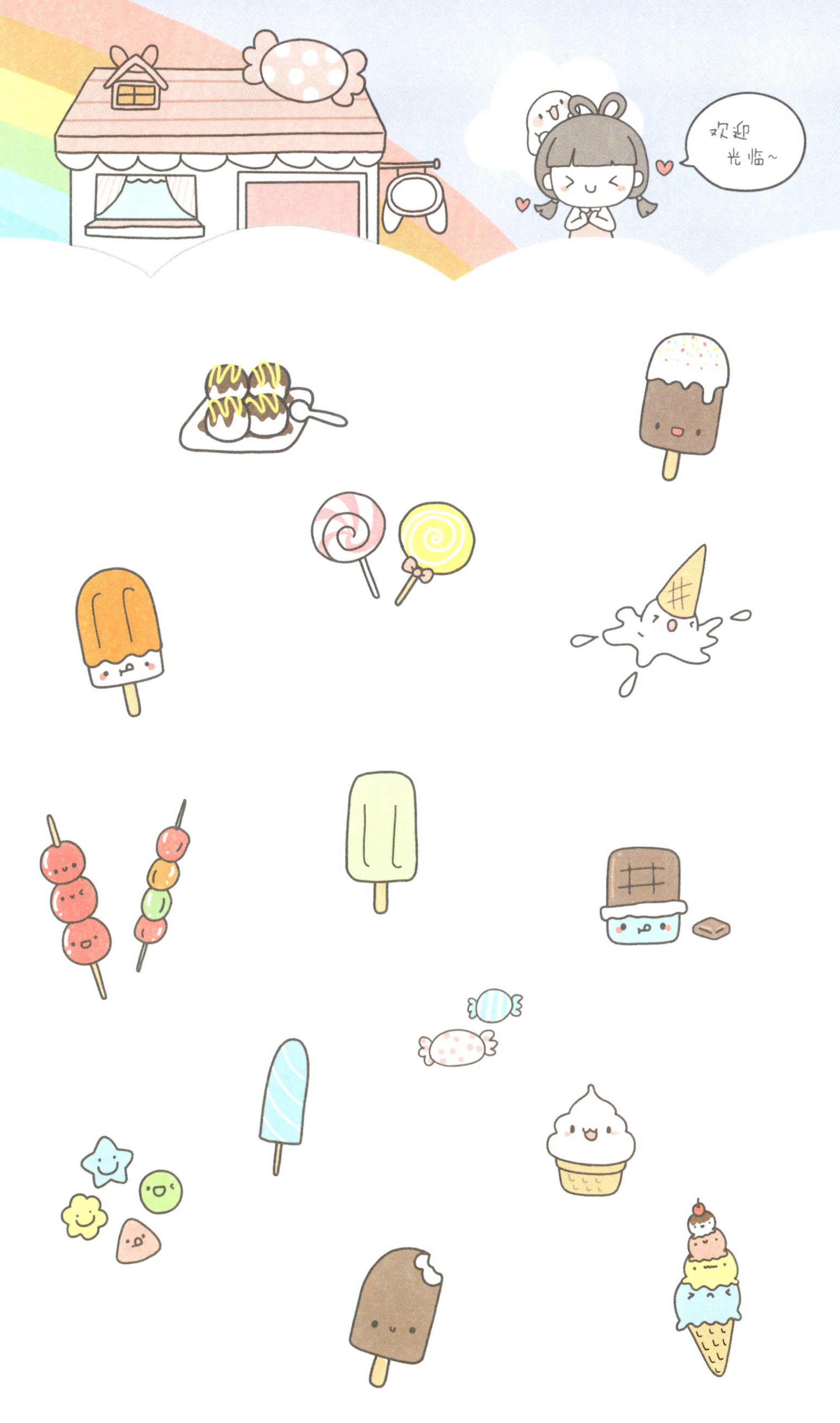
欢迎
光临~

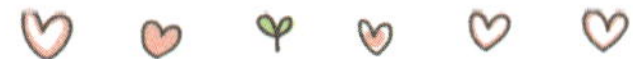

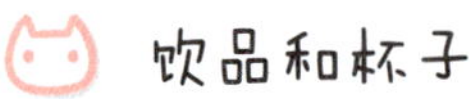

饮品和杯子

咖啡、果饮、下午茶，
把美好的午后时光记录下来吧。

咖啡

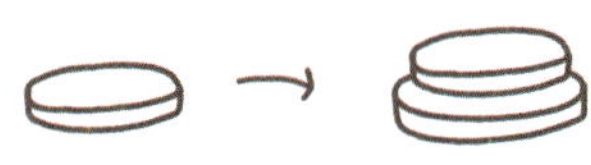

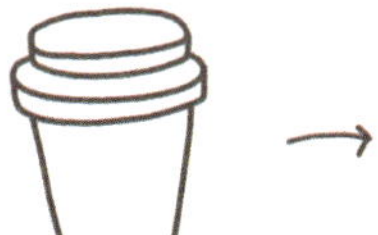

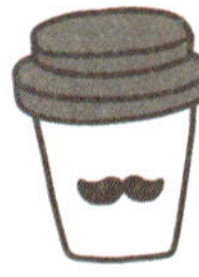

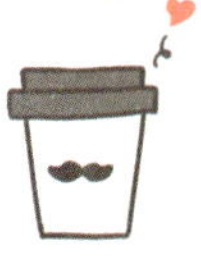

平面杯

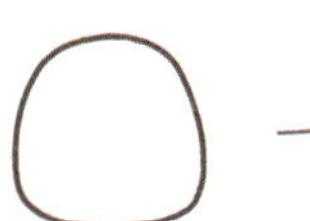

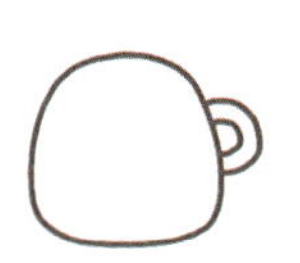

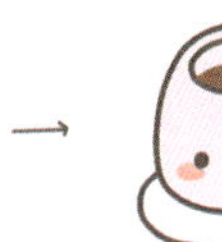

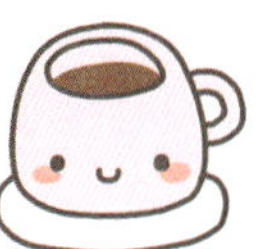

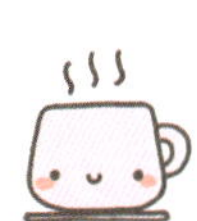

小可爱平面杯

牛奶

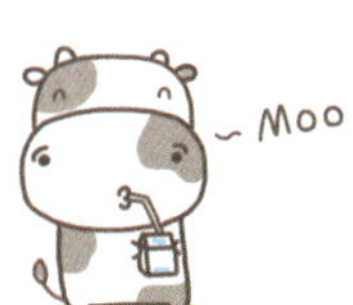

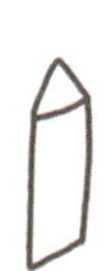

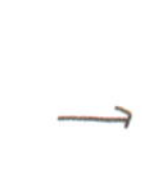

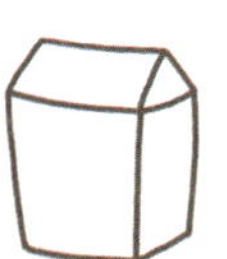

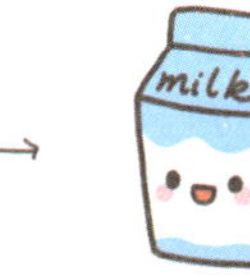

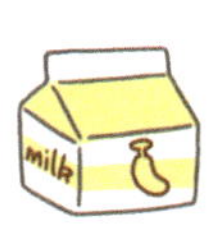

香蕉牛奶

奶茶

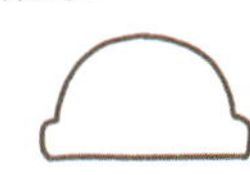

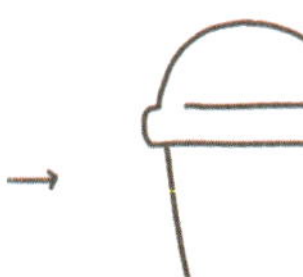

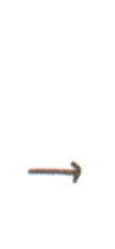

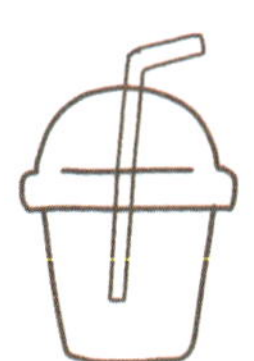

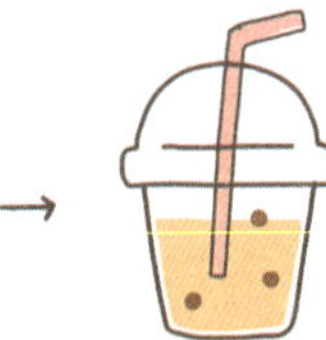

龙猫杯子

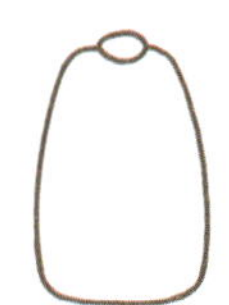

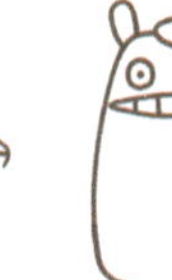

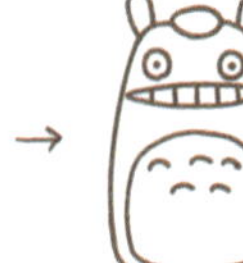

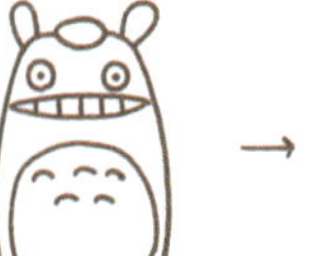

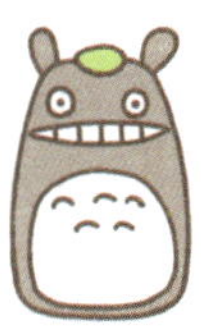

这里用龙猫形象做的杯子，也可以用其他形象画哦！

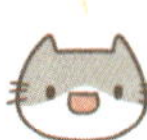

茶

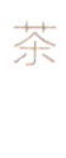

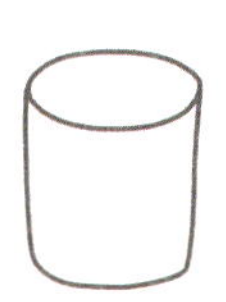

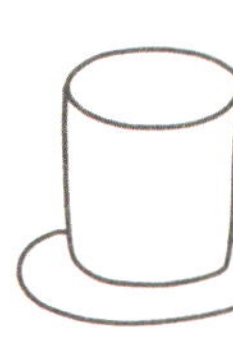

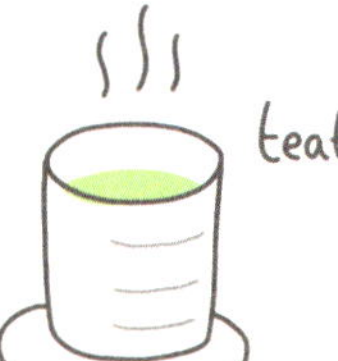

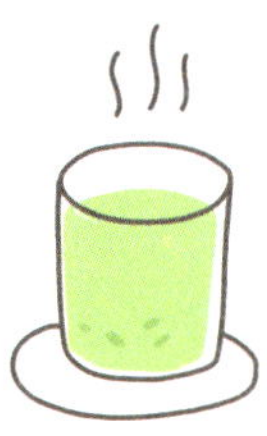

透明的玻璃杯

啤酒

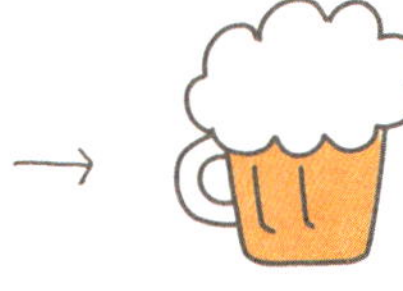

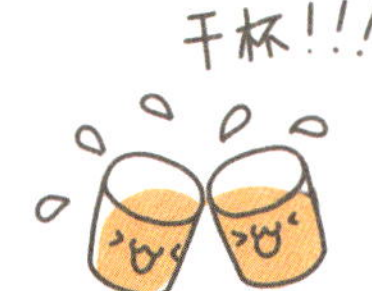

干杯！可以用来代表
"庆祝"或"高兴"

清酒

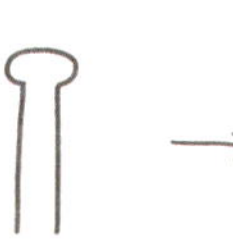

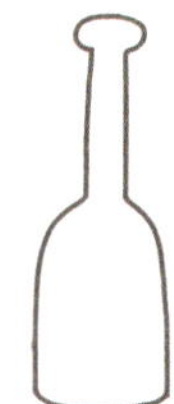

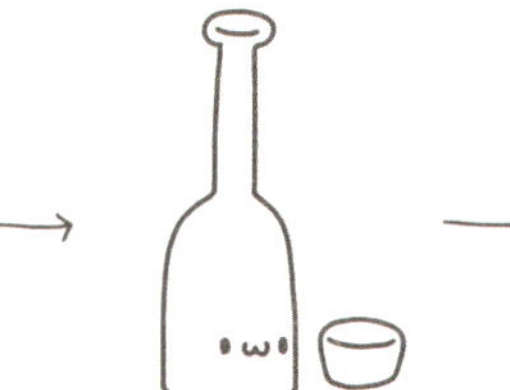

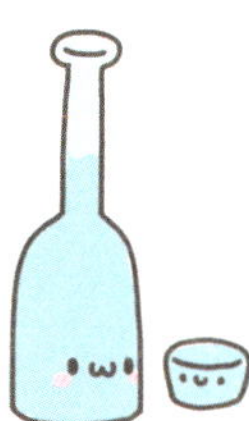

各种杯子和饮品

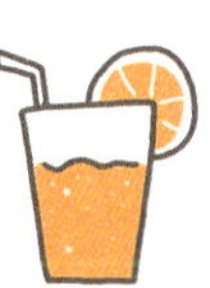

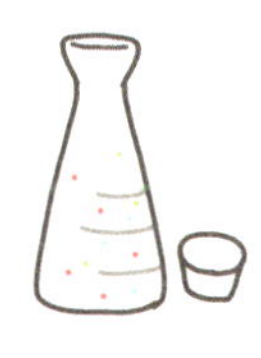

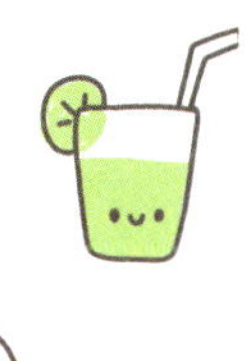

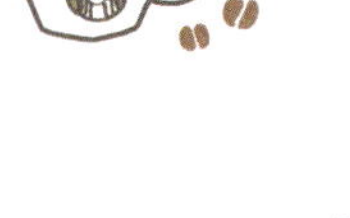

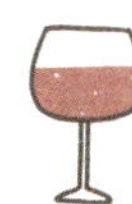

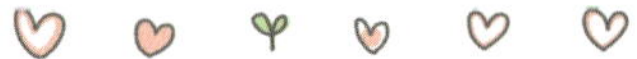

中式萌食物

饺子、包子、春卷、粽子，都是节日气氛浓厚的中式食物。看看怎么画萌吧！

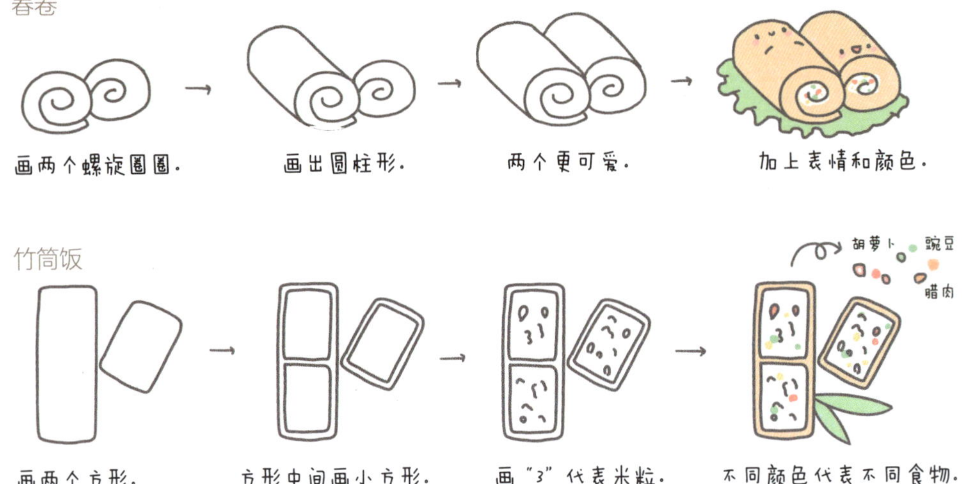

包子

饺子

馒头

熊猫年糕

兔子年糕

叶儿粑

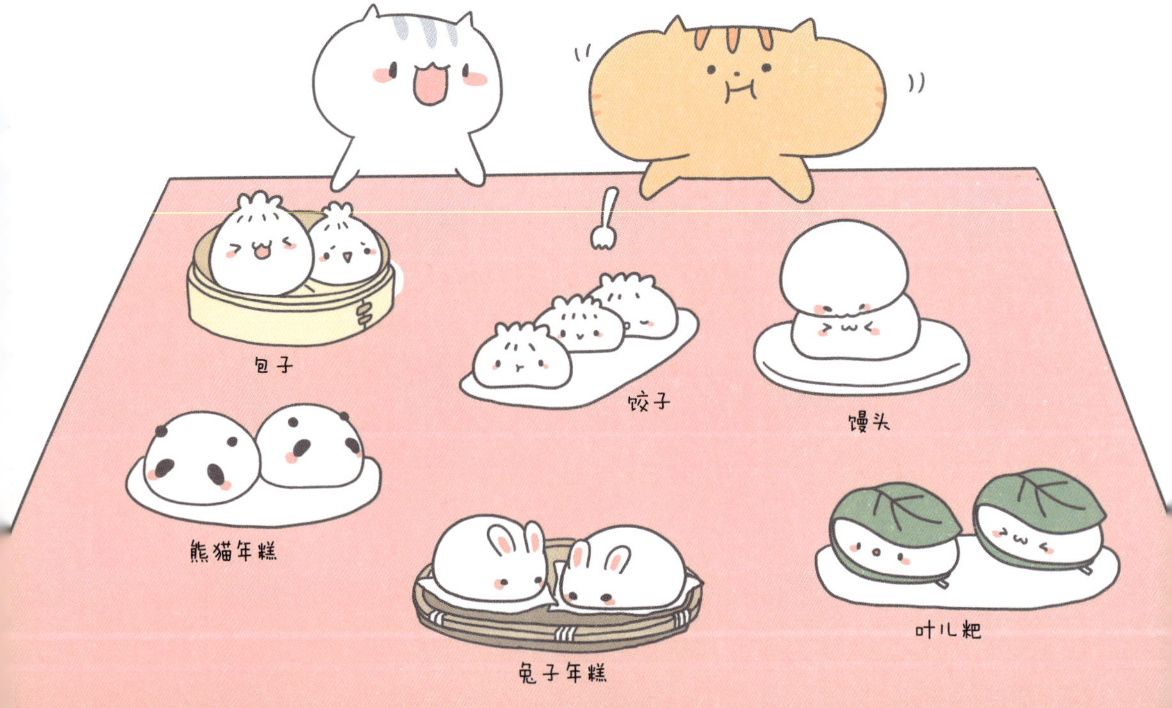

粽子宝宝

把粽子想象成襁褓里面的宝宝来画，萌得舍不得吃了！

联想画法，裹在叶子里面的粽子就像裹在被子里面的婴儿一样。多联想，画画也会变得更有趣！

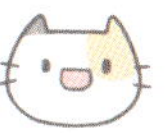

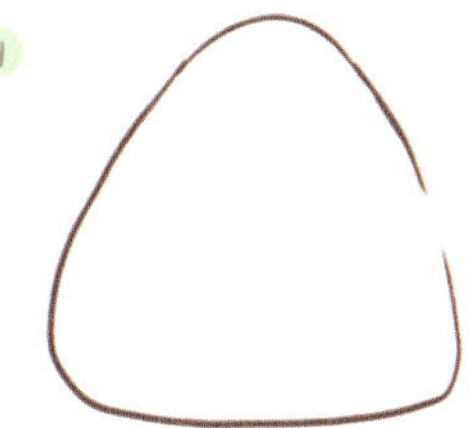

1 画一个圆润的三角形。

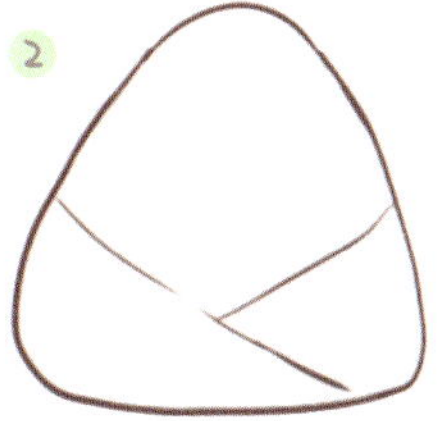

2 画出粽子的叶子（衣服）。

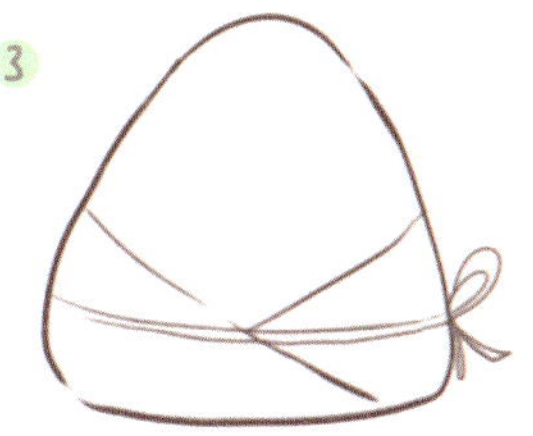

3 画出绑粽子的线（腰带）。

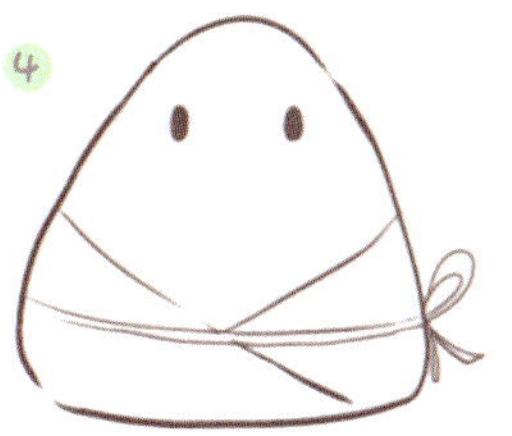

4 加上粽子宝宝的眼睛。

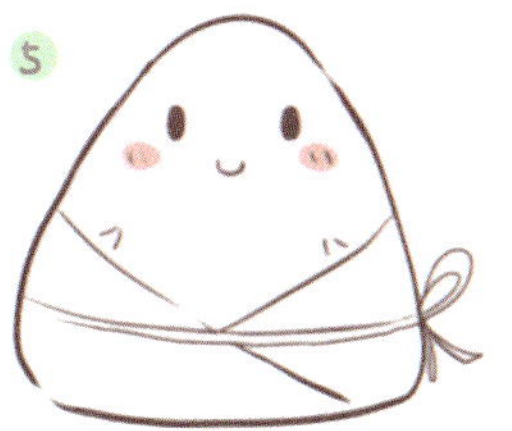

5 画上可爱表情，加上小手。

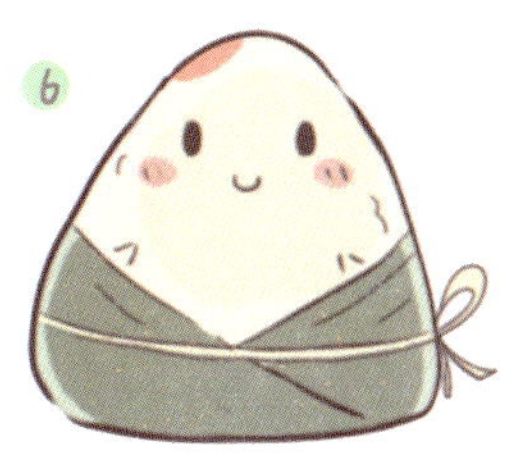

6 涂上颜色，完成啦！

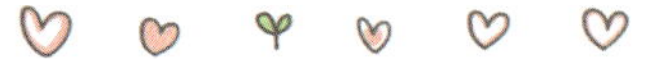

日式萌食物

寿司、便当、大福……因为可爱又美味，这些日式食物在各个国家都很受欢迎。

寿司

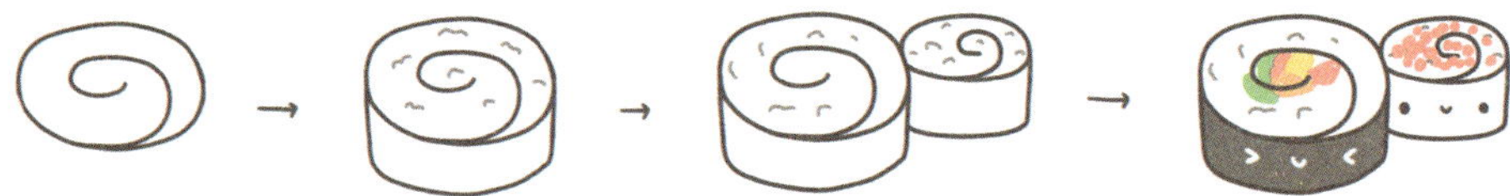

便当

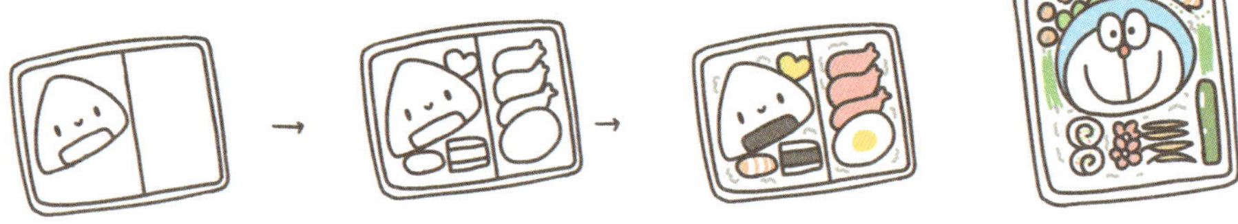

便当就像画布一样，可以用食物创造不同的图案。

哆啦A梦便当

鲜虾寿司

三文鱼寿司裹上紫菜。

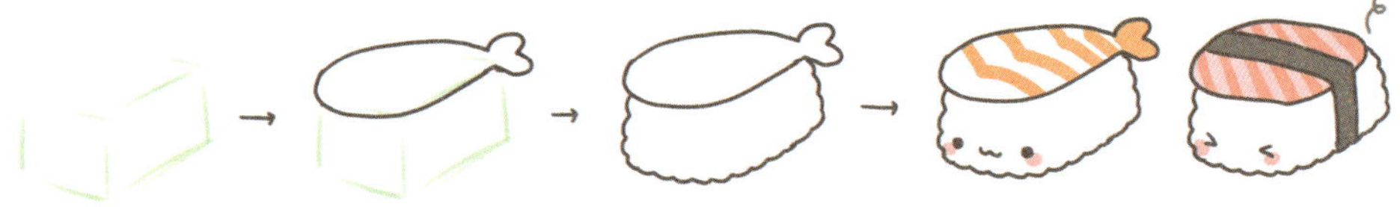

草莓大福

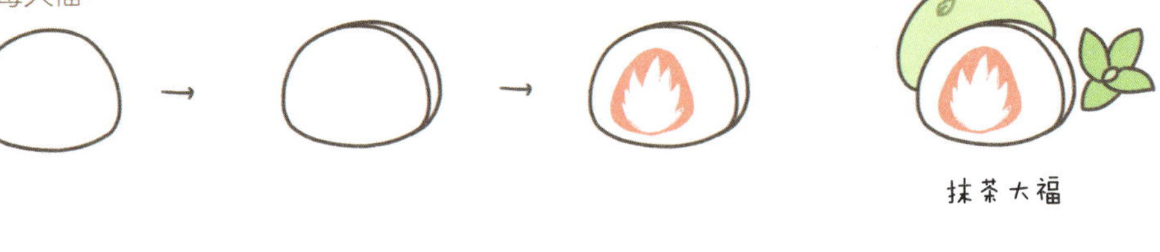

画成一家人的样子更有亲切感！

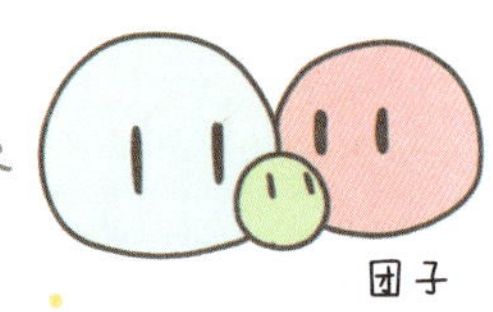

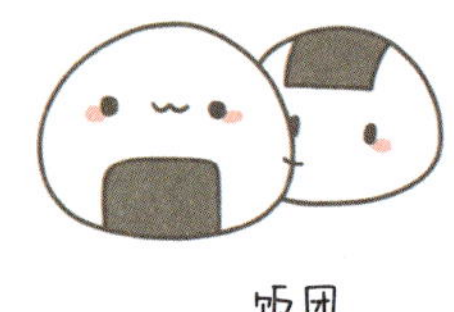

如何画寿司的不同面

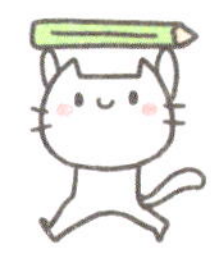

如果我们要从不同的方向画出寿司该怎么做呢？下面这介绍一下这种方法。

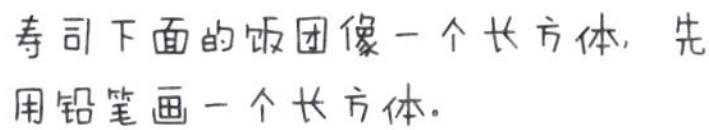

寿司下面的饭团像一个长方体，先用铅笔画一个长方体。

↓

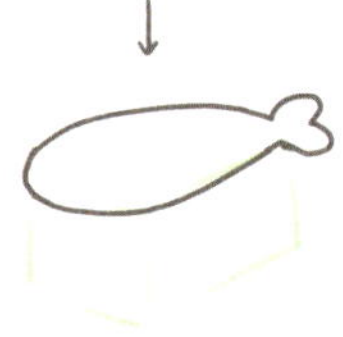

在长方体上画一条鲜虾条。

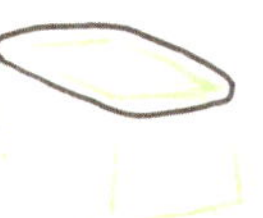

↓

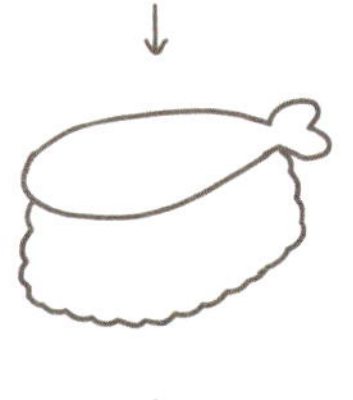

跟着长方体的铅笔线画出饭团的波浪线，这样形状就不会画偏。

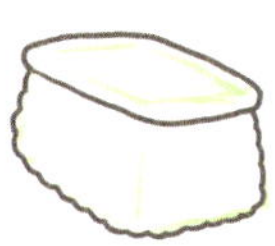

↓

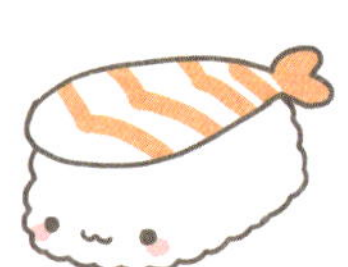

最后上色完成！

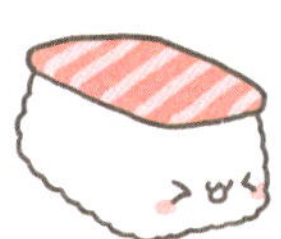

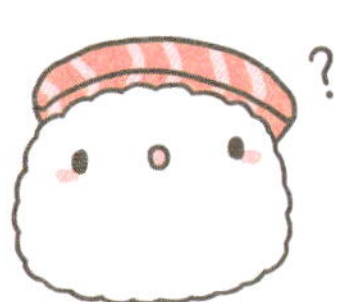

好奇寿司

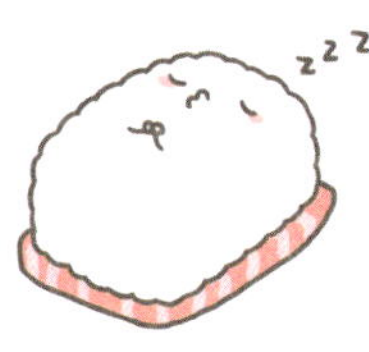

瞌睡寿司

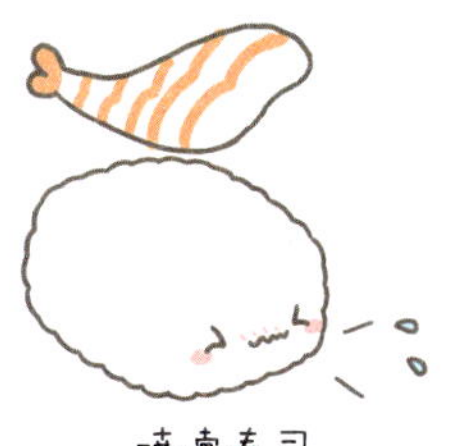

喷嚏寿司

早起的蔬菜

新鲜的蔬菜，尽量画得有活力，就像早早起床的我们！
加上表情就更可爱了。

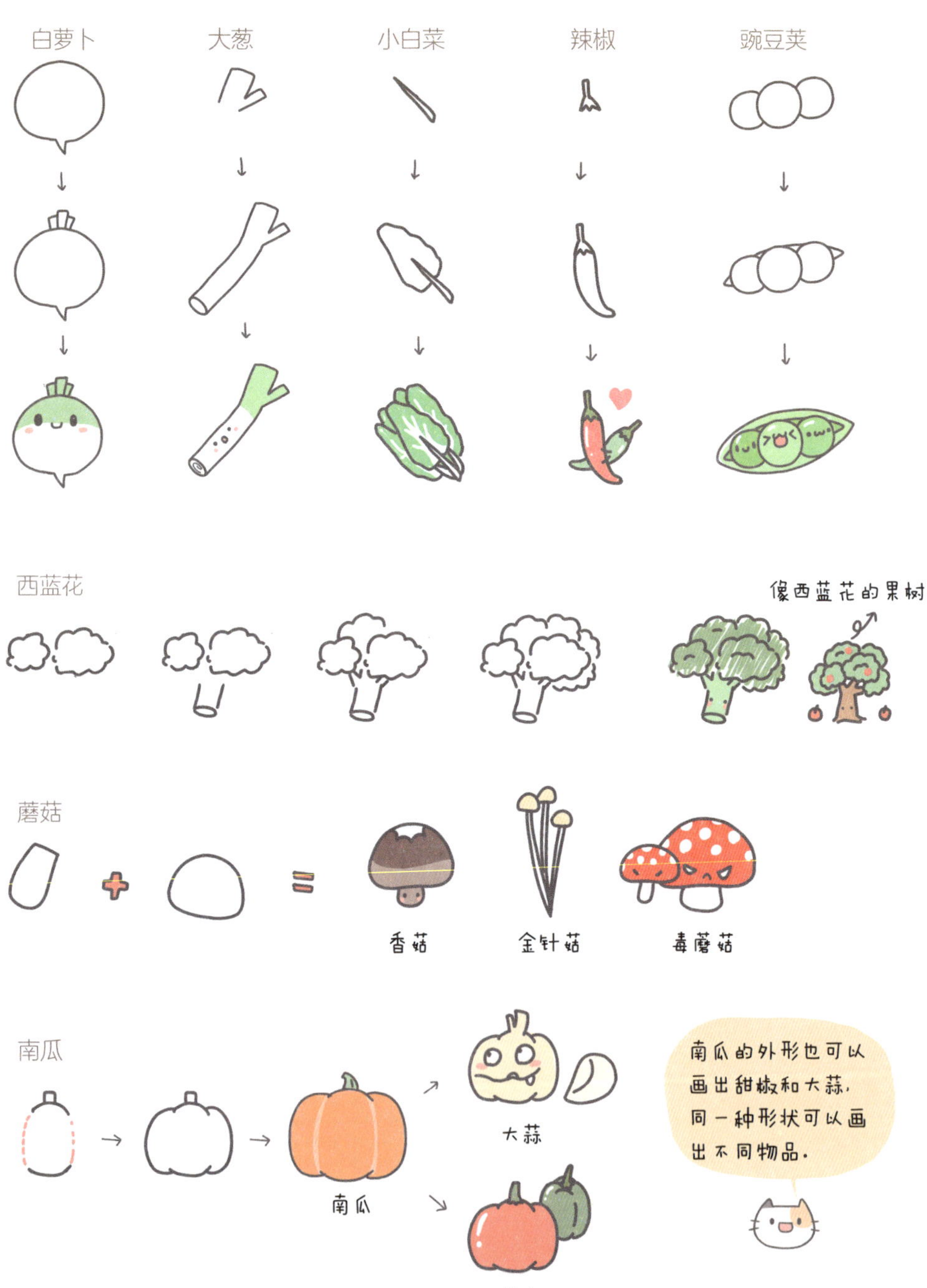

除了加表情，给蔬菜加上手和脚，或者想象出一个小故事，可以让画面更有趣。

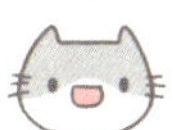
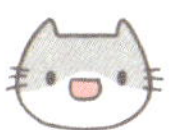

哈哈哈！你没有穿衣服吗？

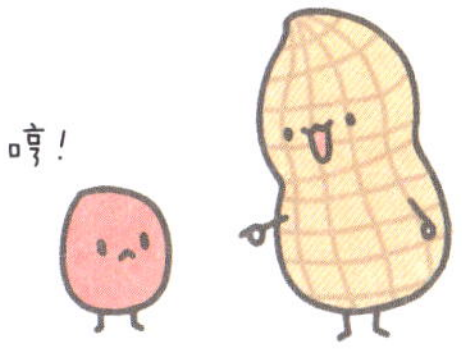

正在对话的花生

麦穗

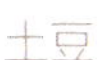

土豆

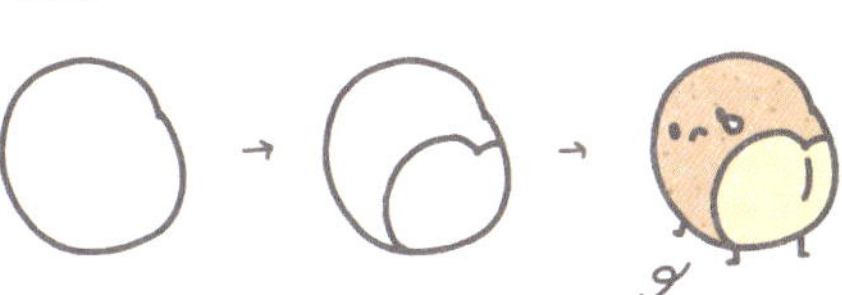

被打屁股了！

胡萝卜

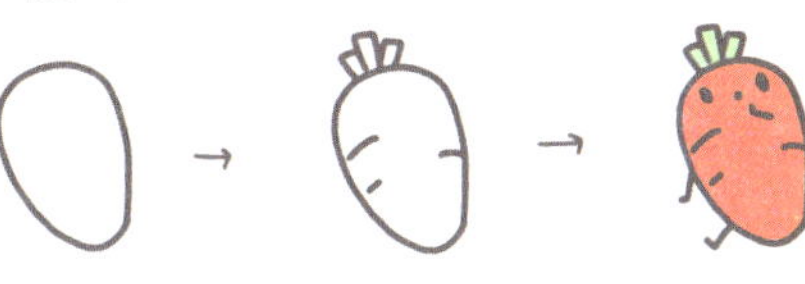

番茄

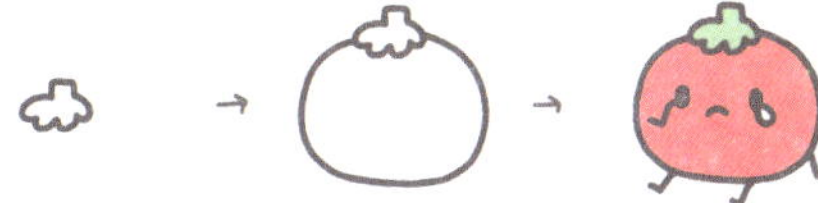

玉米

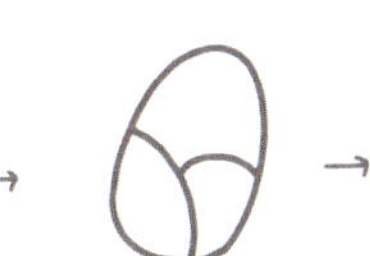
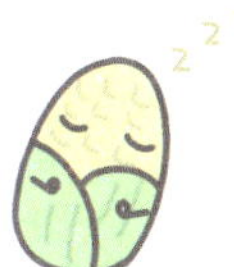

茄子

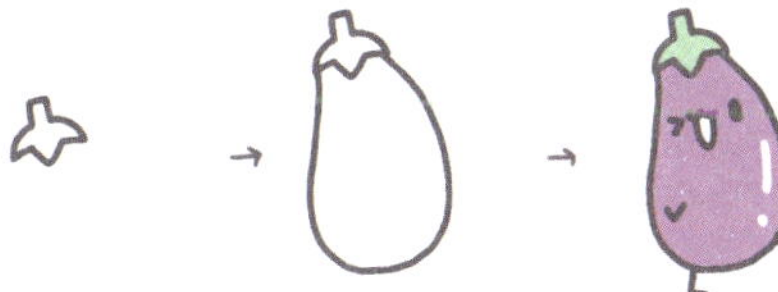

黄瓜

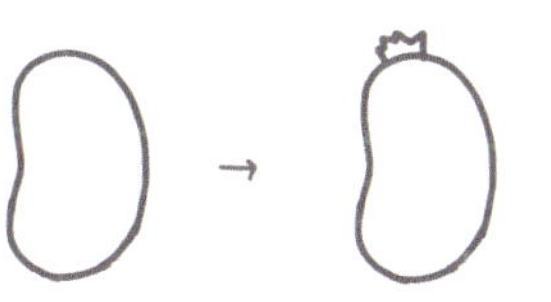
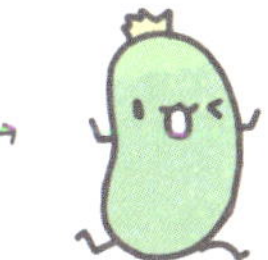

嫩竹笋

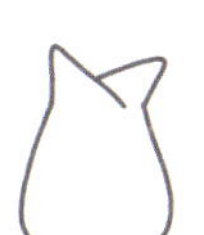
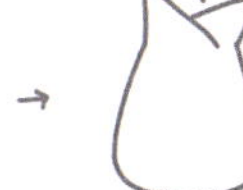

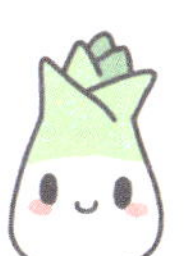

白菜

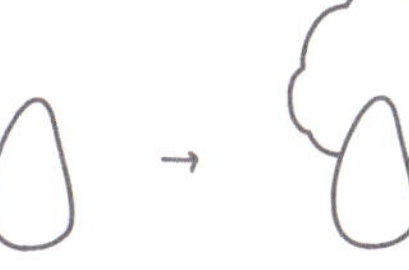
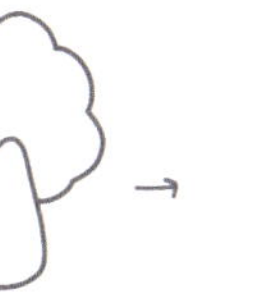
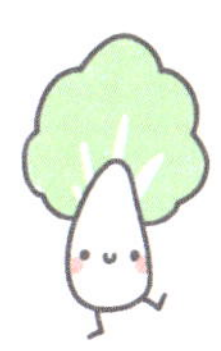

萌萌的日常

把自己工作、生活中遇到的可爱东西和有趣的事物全部画进本子里面吧！

心情天气

除了把每天的天气记录在手帐本里，有时候也可以用它来代表心情。

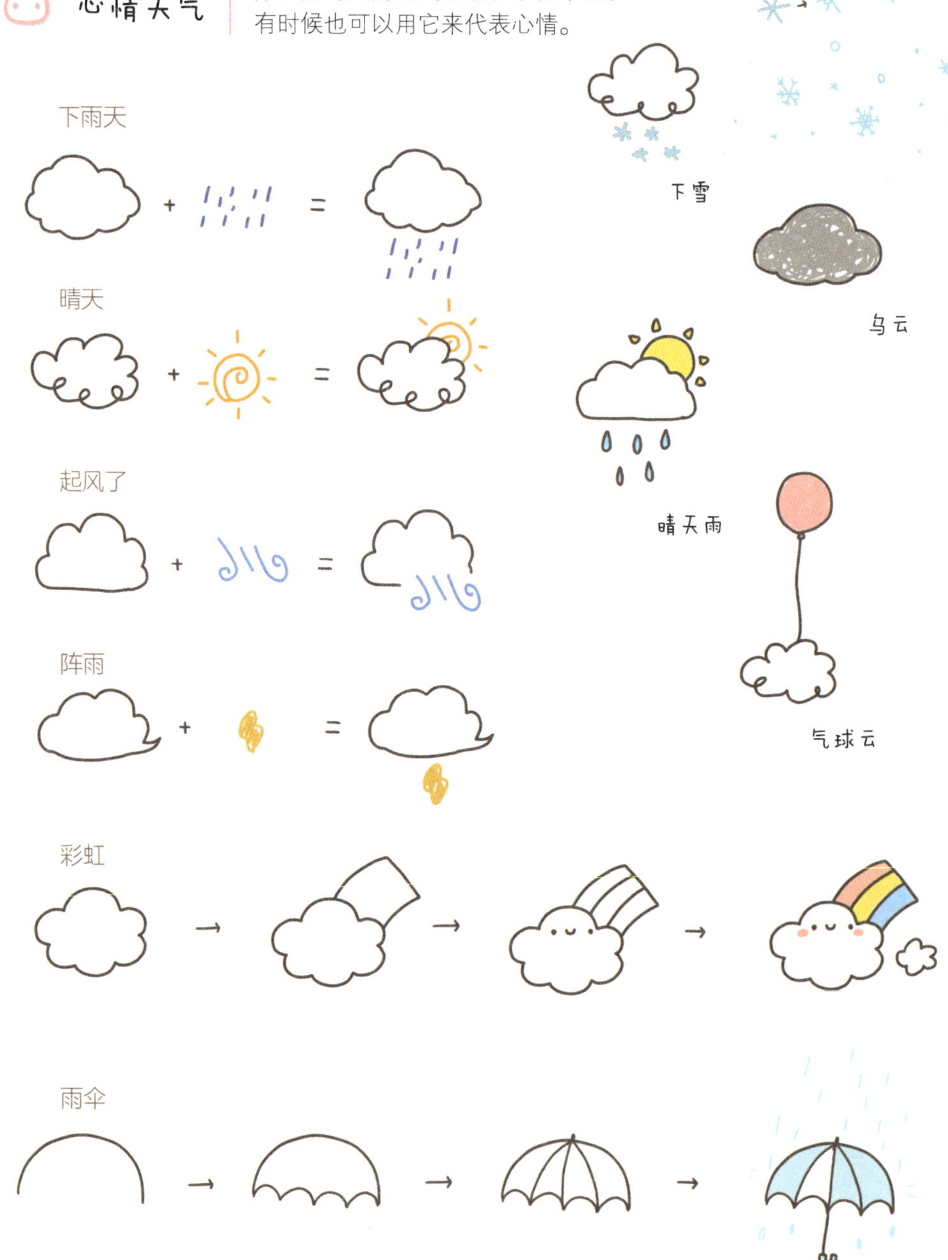

月牙
可以表示晚安

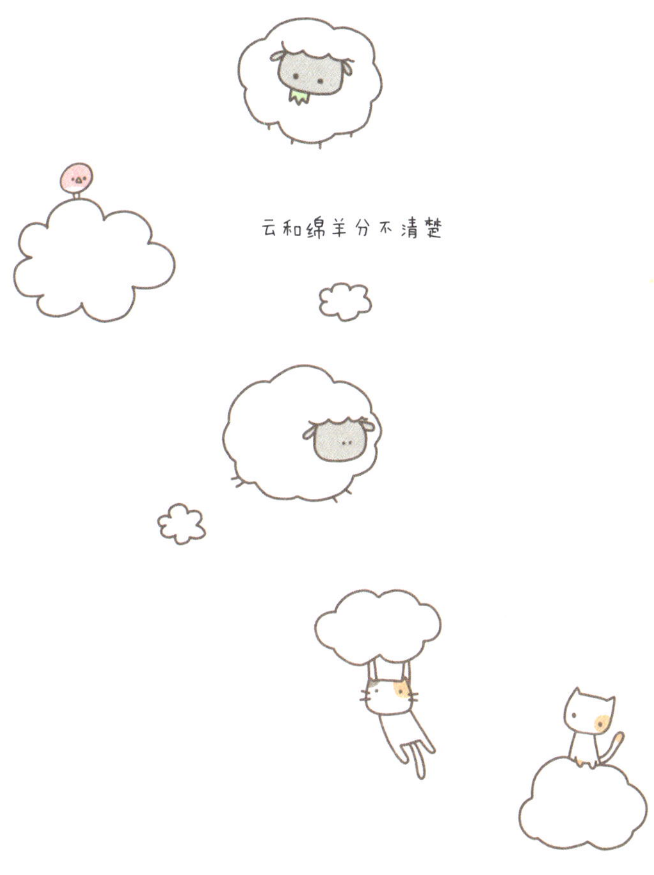
云和绵羊分不清楚

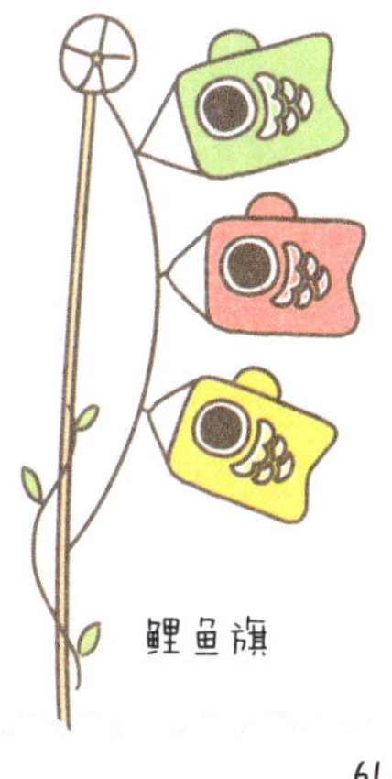
鲤鱼旗

办公桌

收集在画画和工作中，
都离不开的工具们。

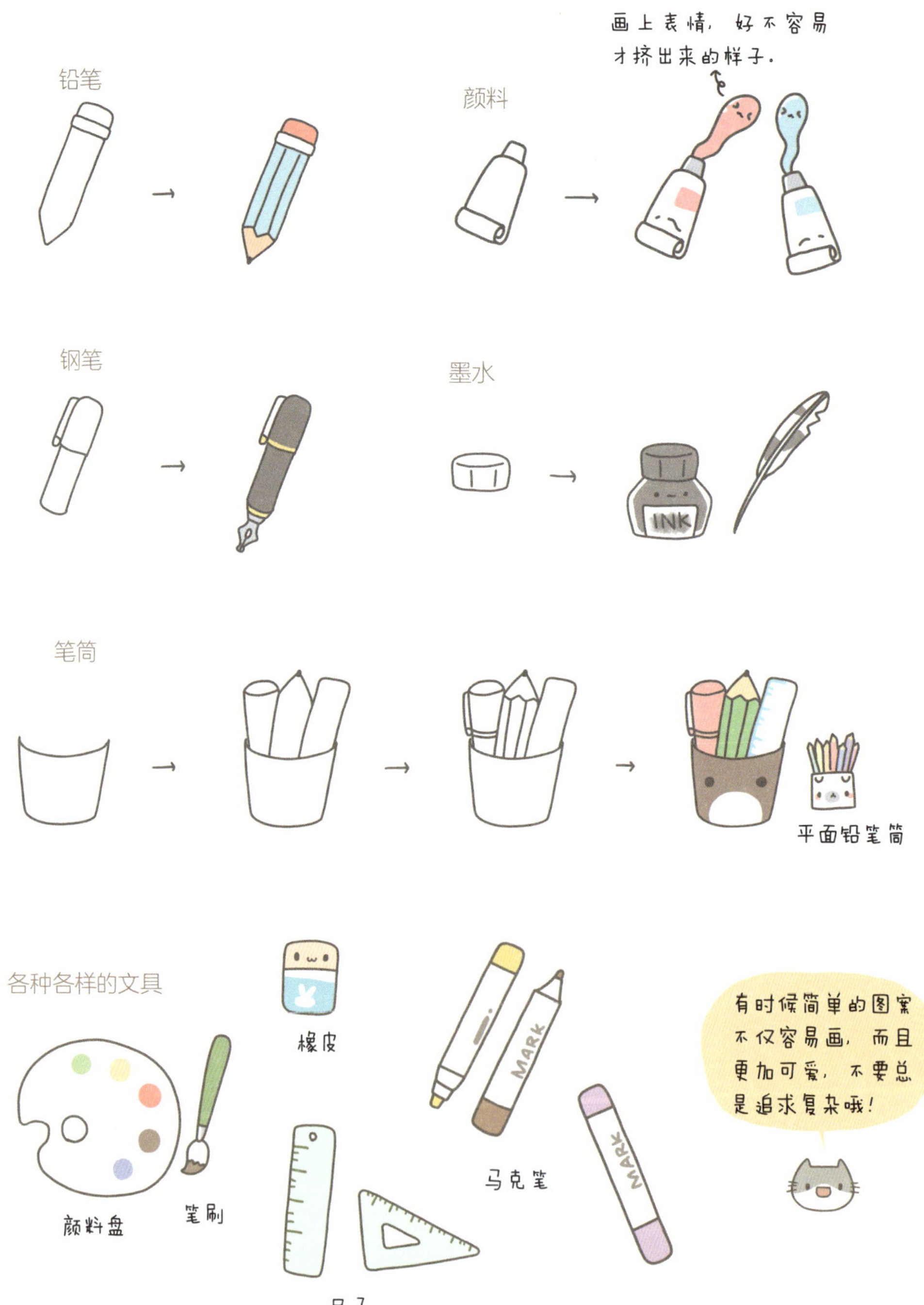

手帐本

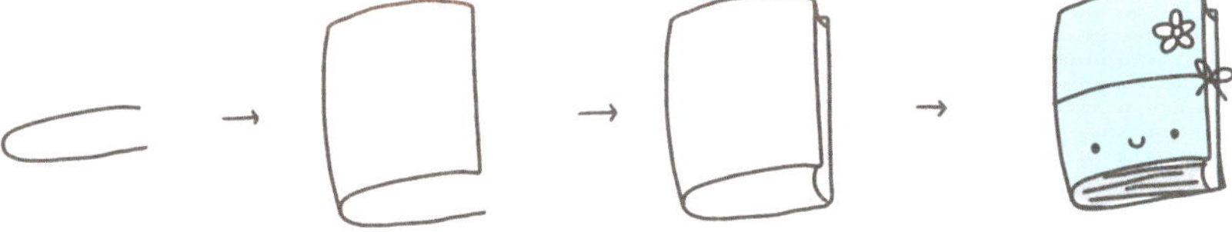

台灯

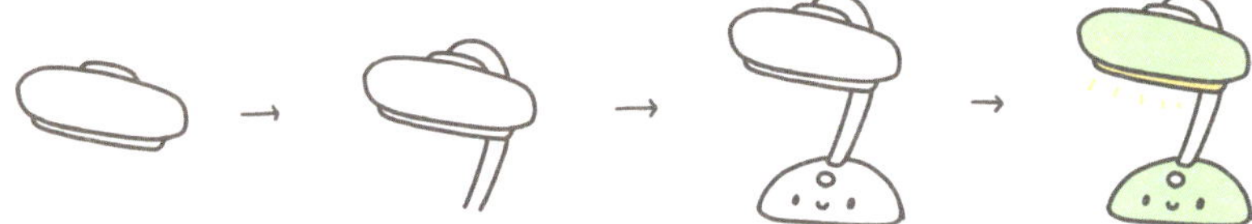

和纸胶带

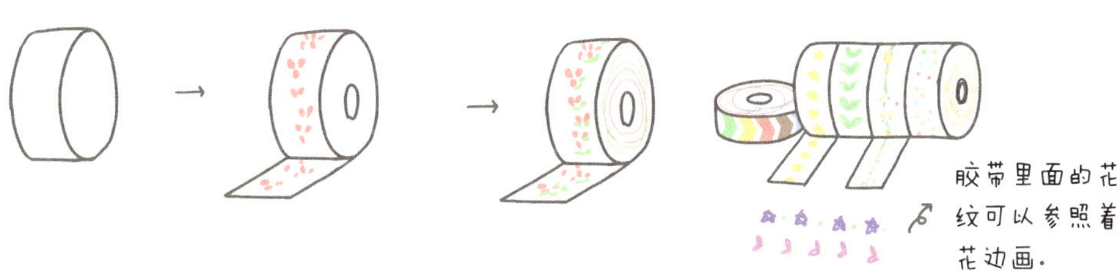

台历

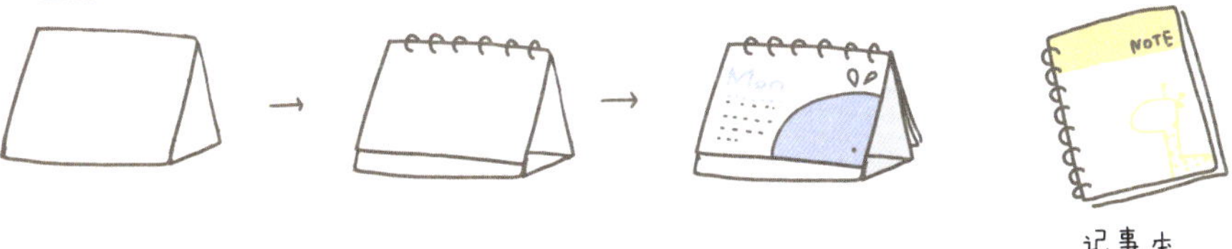

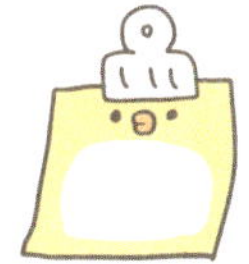

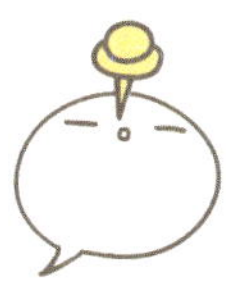

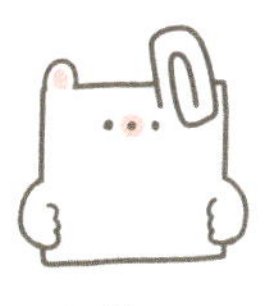

标签

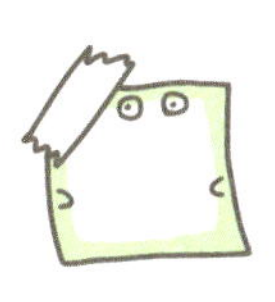

美美地梳妆

女孩子出门前都会把自己打扮得美美的，
有时候觉得这些梳妆工具也很可爱！

吹风机

洗发水

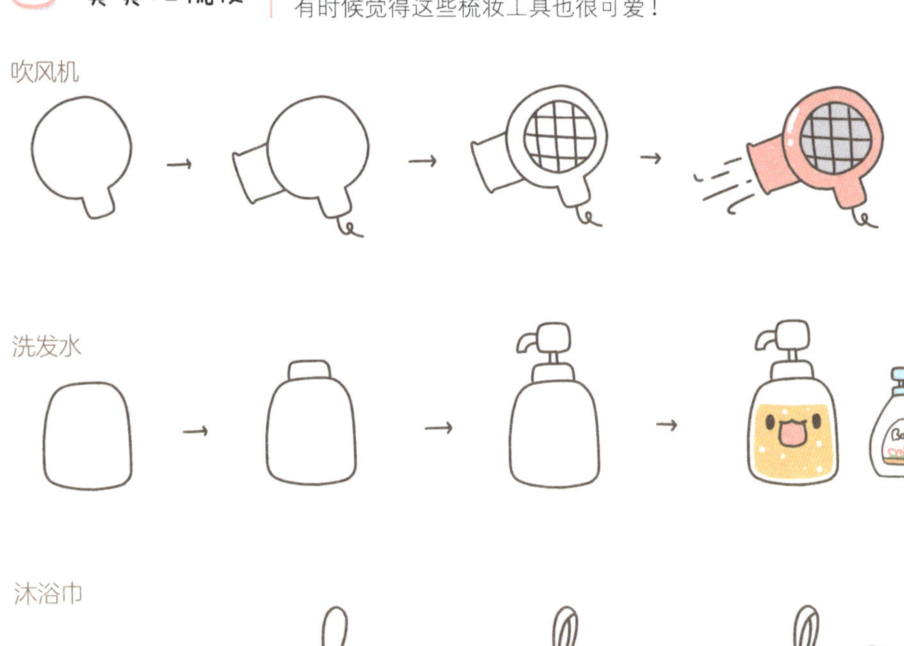

沐浴巾

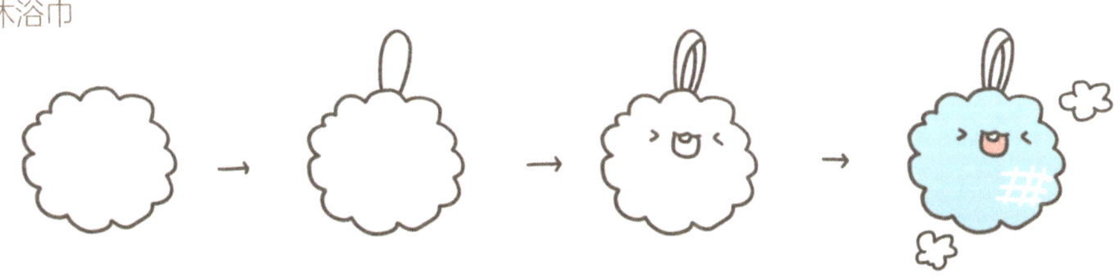

毛巾

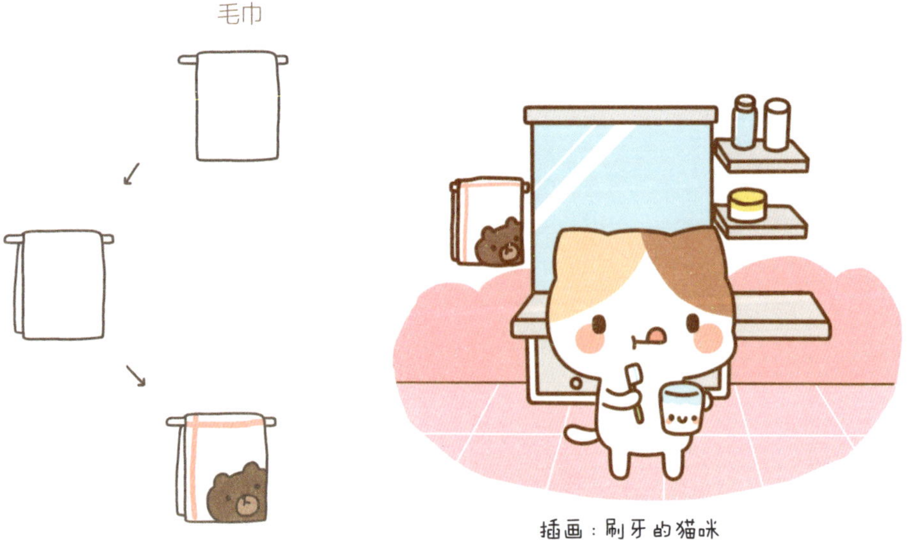

插画：刷牙的猫咪

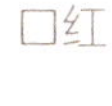

口红

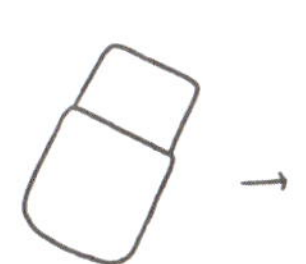 → 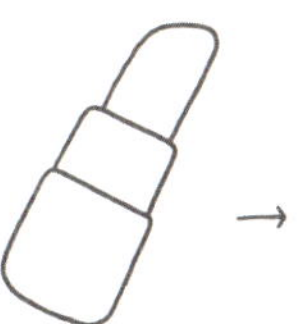 → 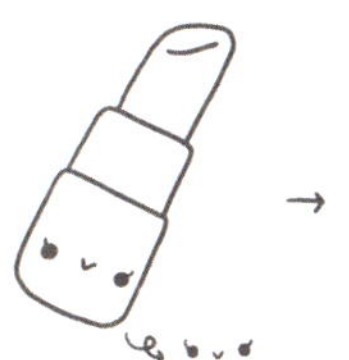 → 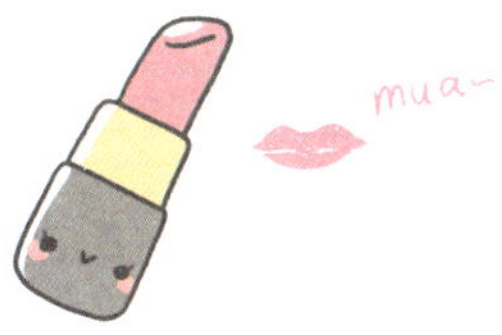

小剪刀

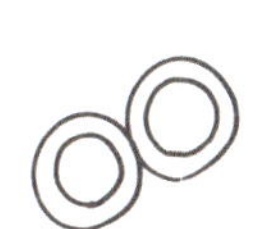 → 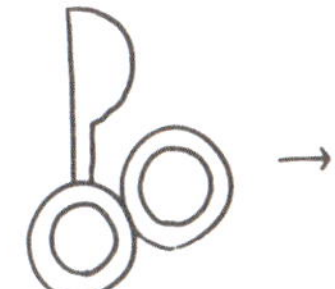 → 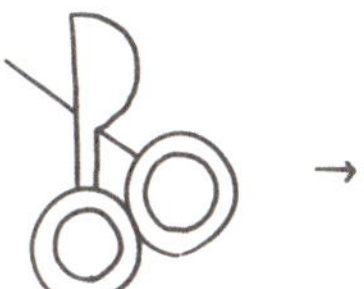 → 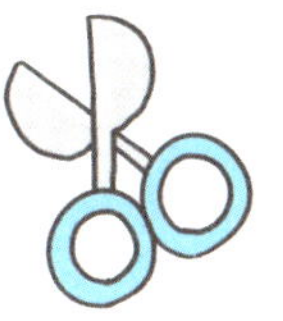

洗面奶

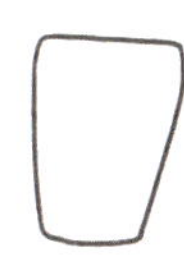 → 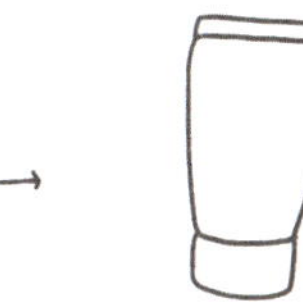 → 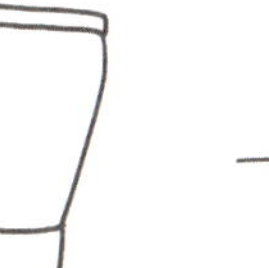 → 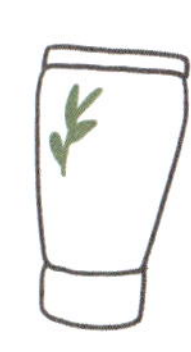 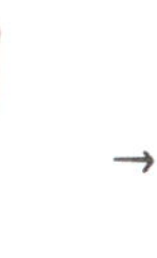 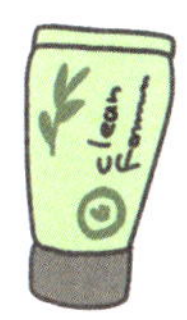 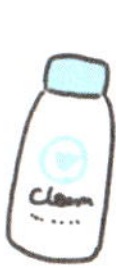

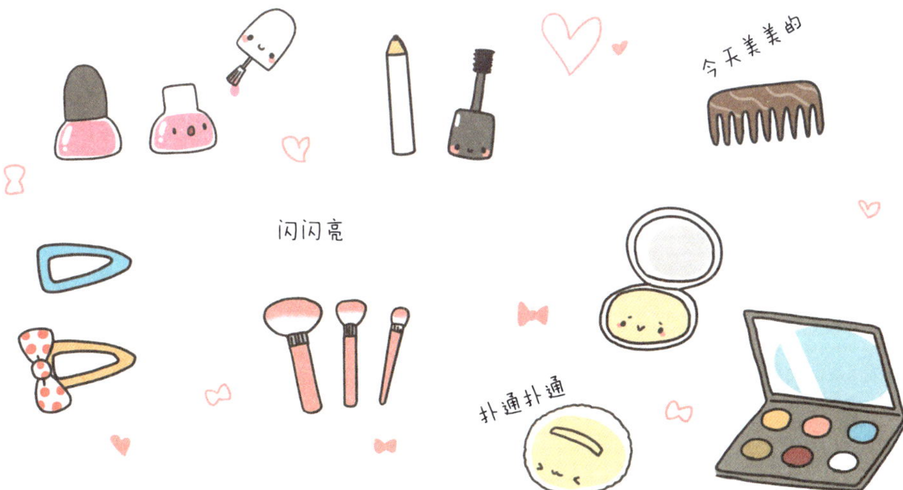

厨房大作战

如果有时间能给家人朋友亲手做饭，
会是一件很幸福的事情吧！

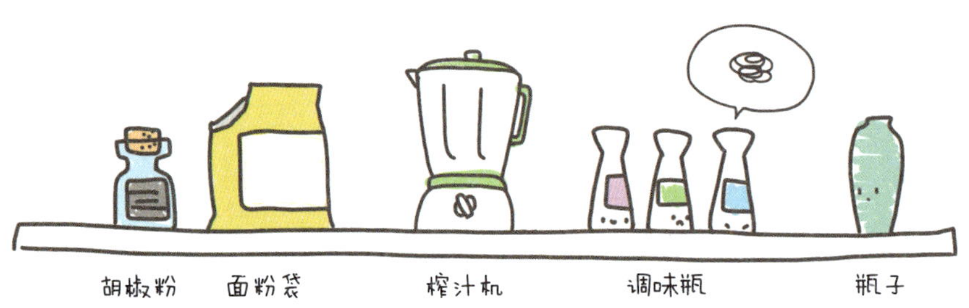

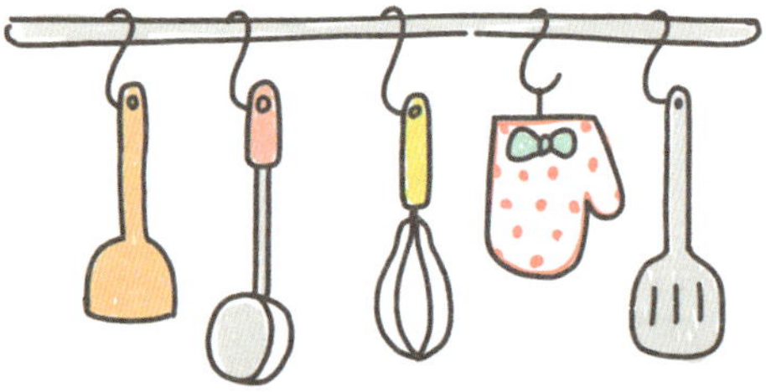

厨具

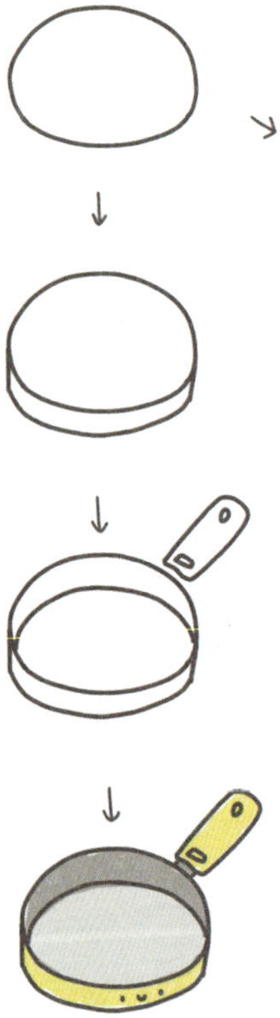

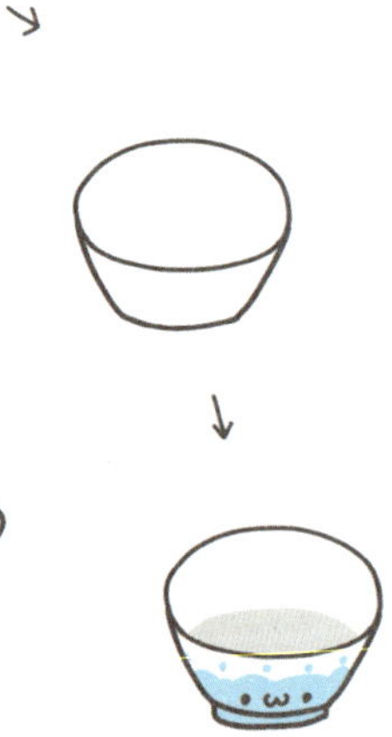

碗

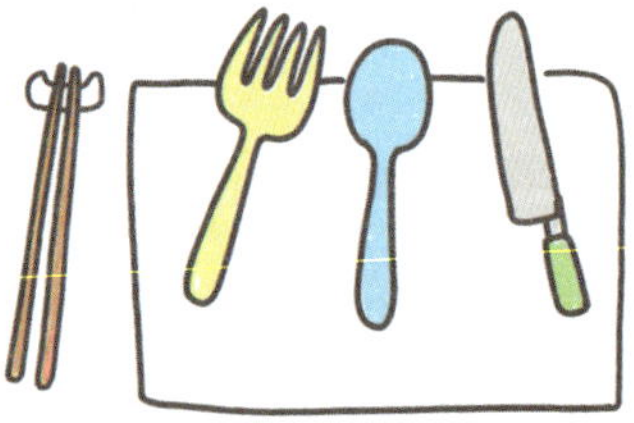

餐具

平底锅

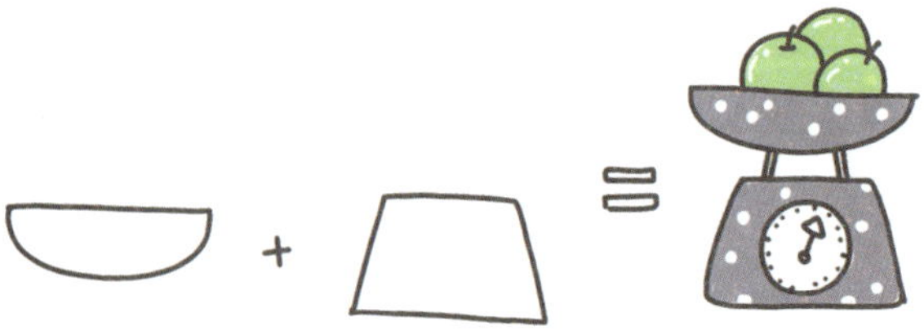

微量秤

刻度杯

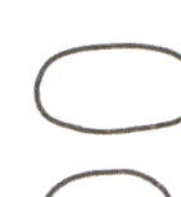

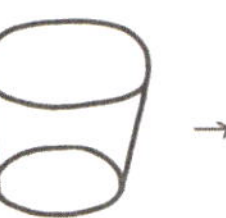
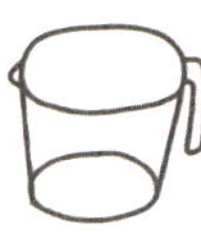
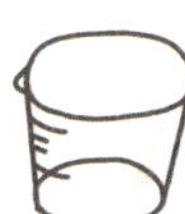
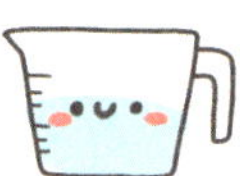

平面的杯子

热水壶

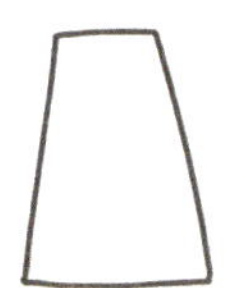
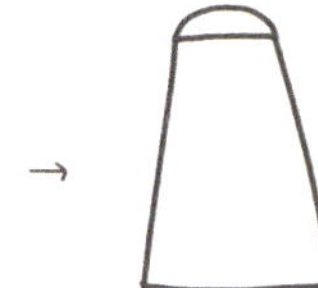
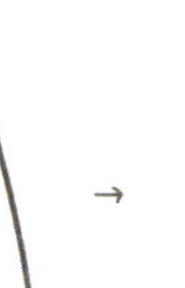
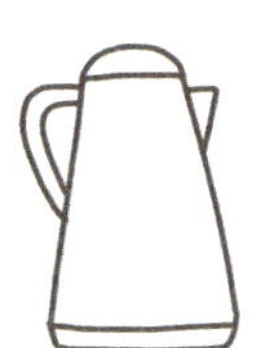
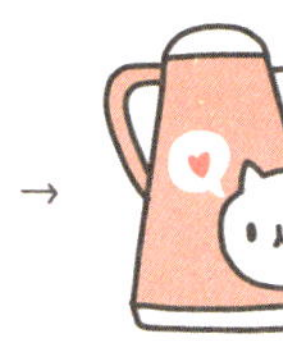
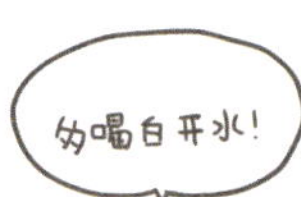

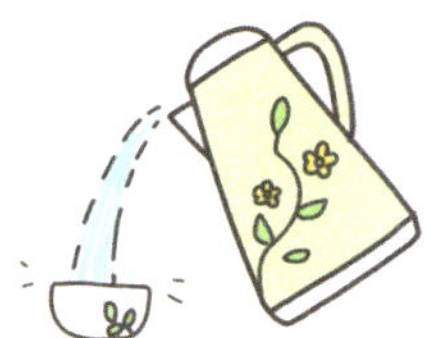

汤锅

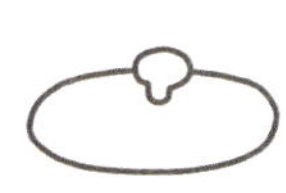
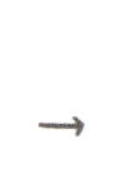
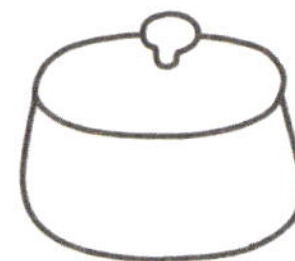
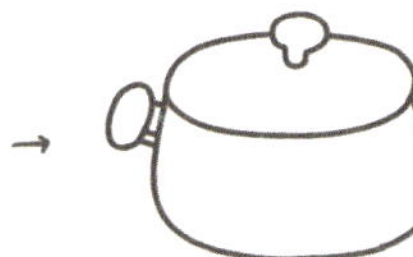
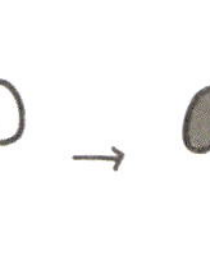
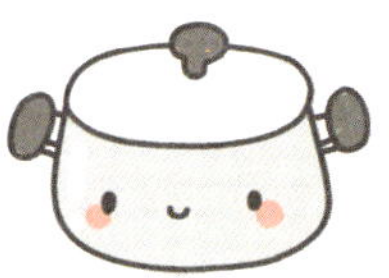

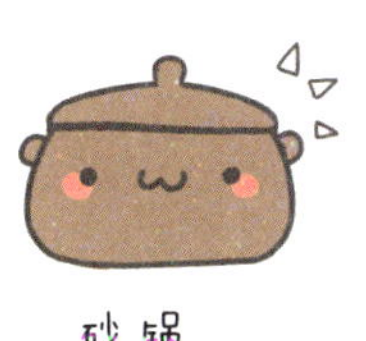

砂锅

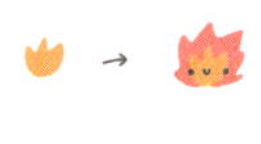
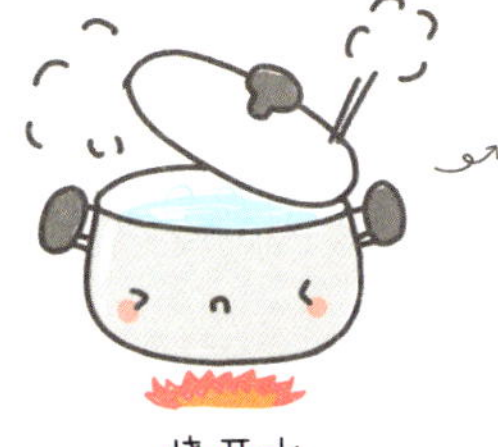

给汤锅换一个表情!

烧开水

围裙

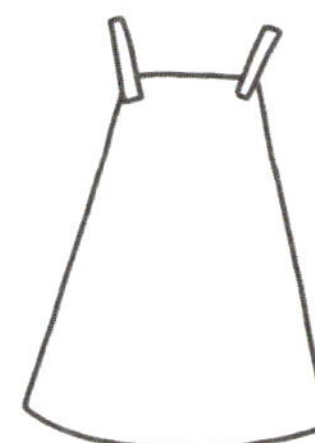
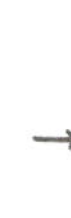
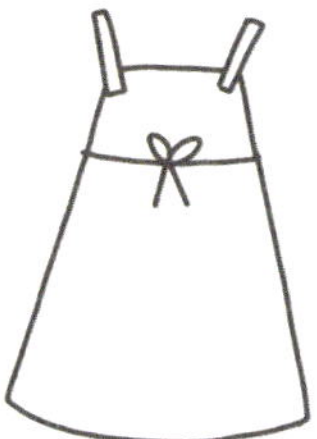
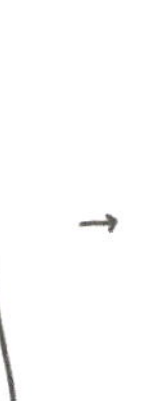
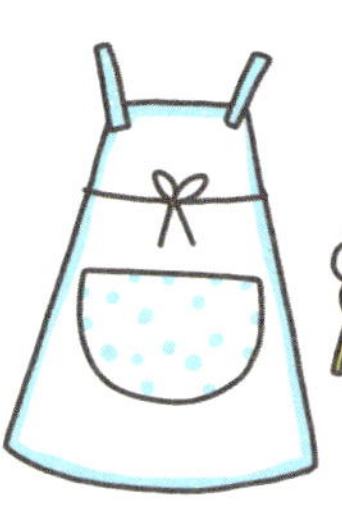

围腰

节日萌

在很多很多值得纪念的日子里，除了说出节日的祝福，还可以画下来，赋予节日更多的意义。

生日派对

为亲友庆生或者收到生日礼物，都是很幸福的事情。

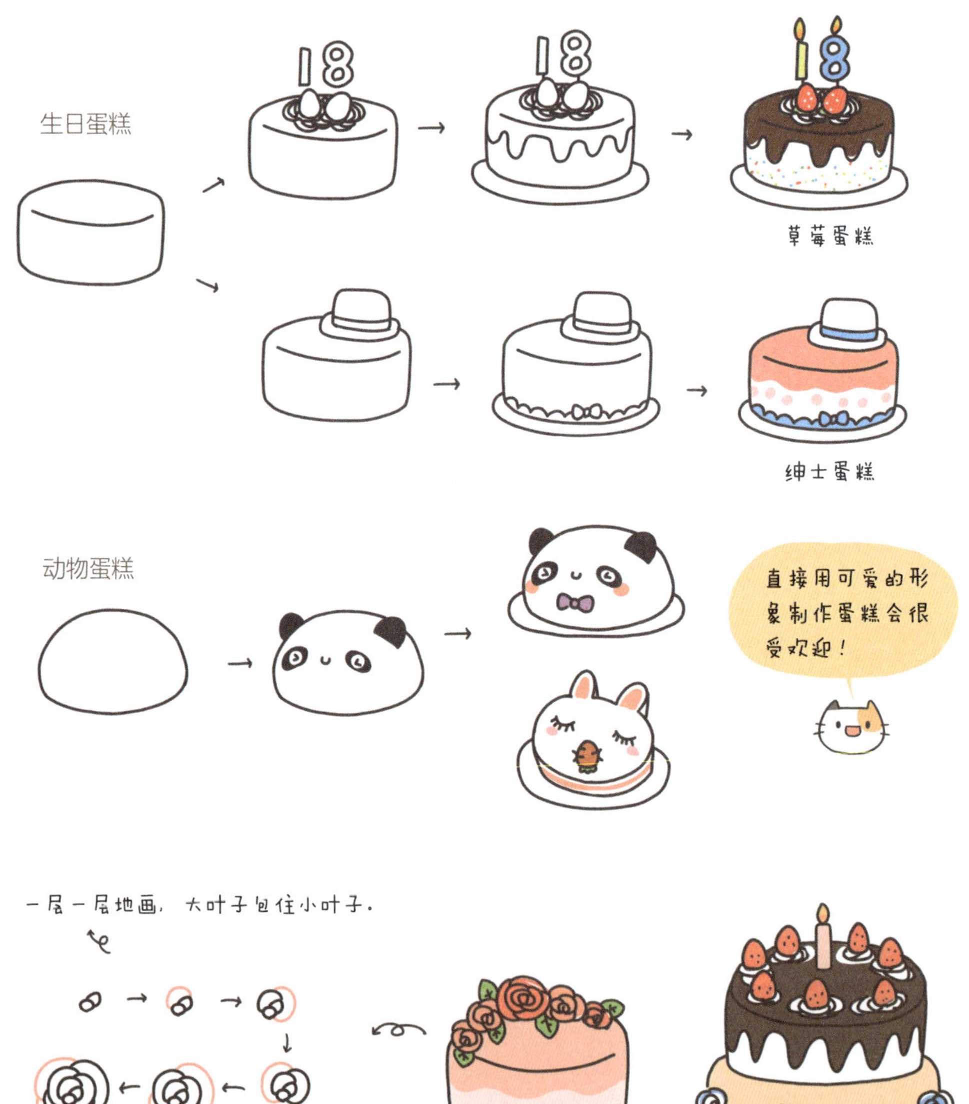

派对帽

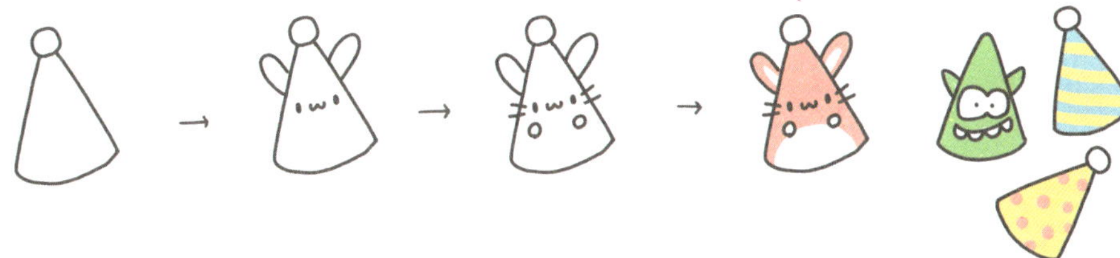

皇冠帽

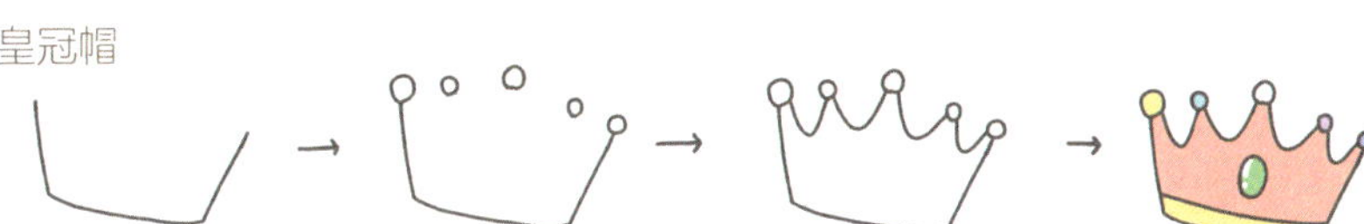

礼物盒子

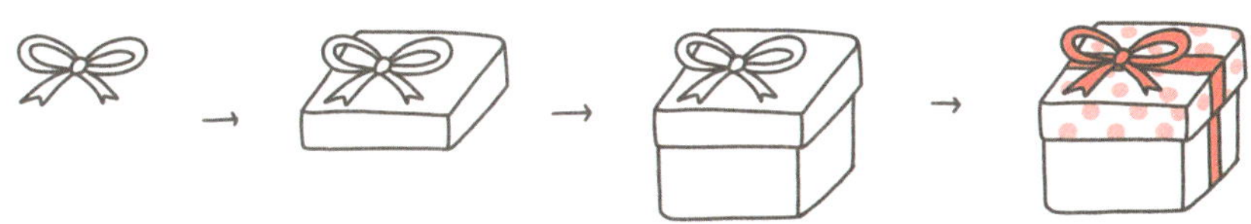

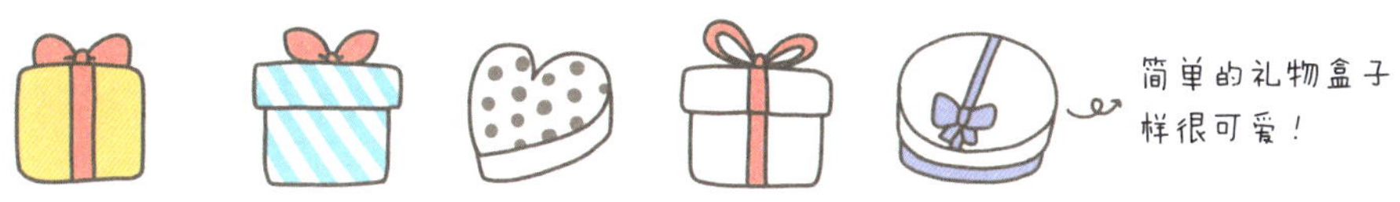

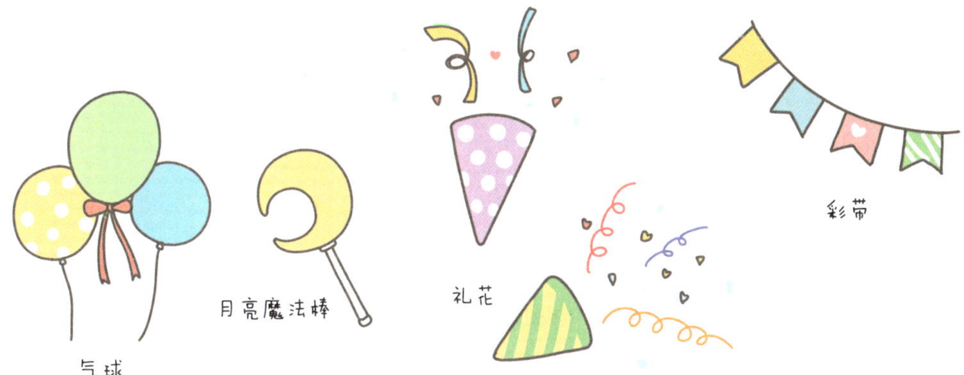

过年啦

放鞭炮、贴对联、抢红包，
这一天和家人团聚在一起，是一年中最美好的时刻。

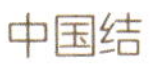

中国结

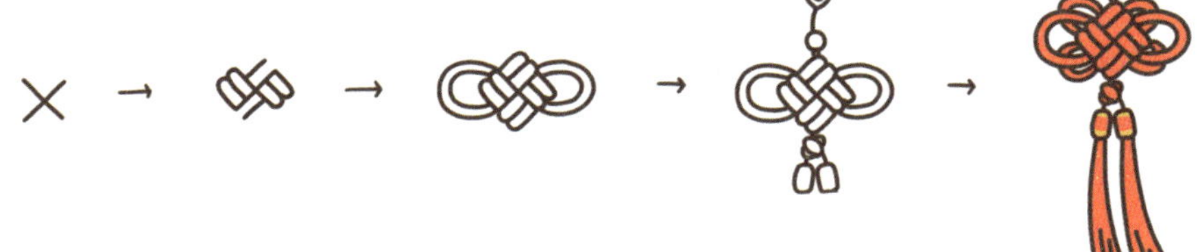

鞭炮

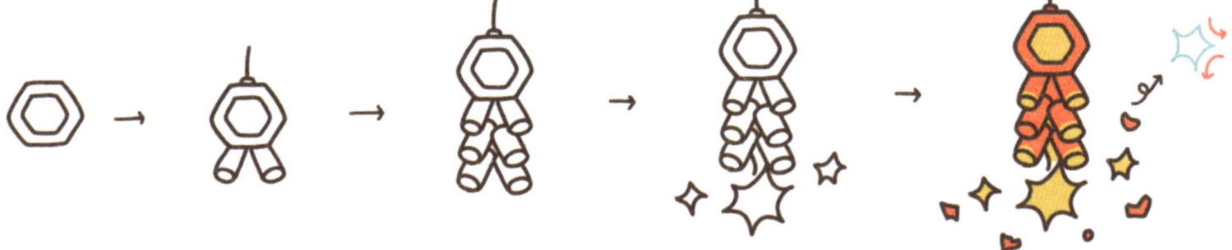

小炮仗

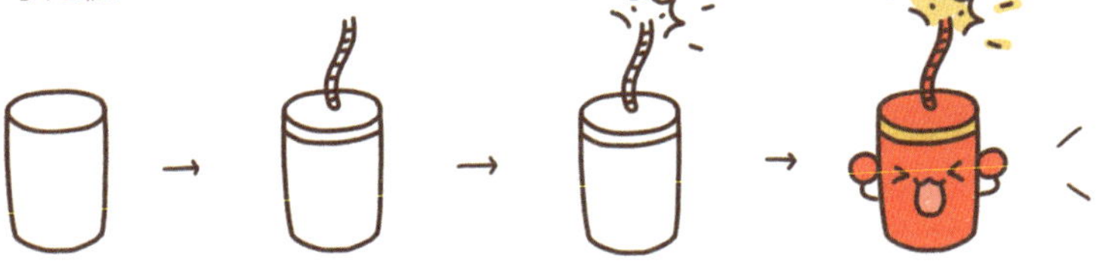

小时候独有的快乐，单个的小鞭炮比一整串鞭炮更有趣！

炮仗花边

把引线画长一些，
就可以当成花边使用哦！

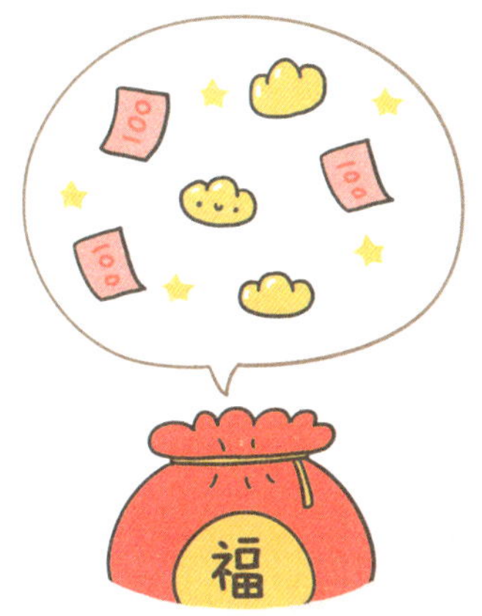

招财进宝

打开福袋，看看里面有哪些新年礼物吧！

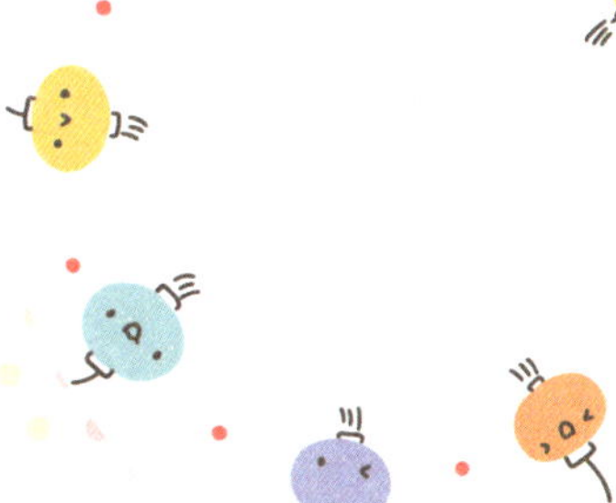

多彩灯笼

像彩灯一样闪耀的灯，不止有红色，看起来更热闹了！

新年快乐

福猫

接受猫咪的祝福吧！

福袋

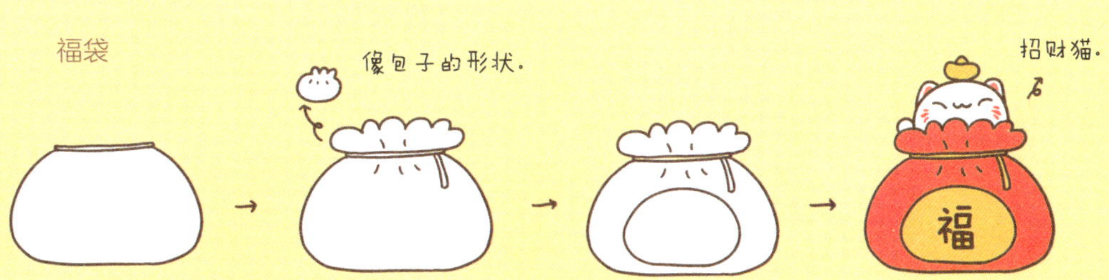

圣诞节

平日里一般都不将红色和绿色搭配在一起，但是到了圣诞节，这两种颜色却能烘托节日气氛。

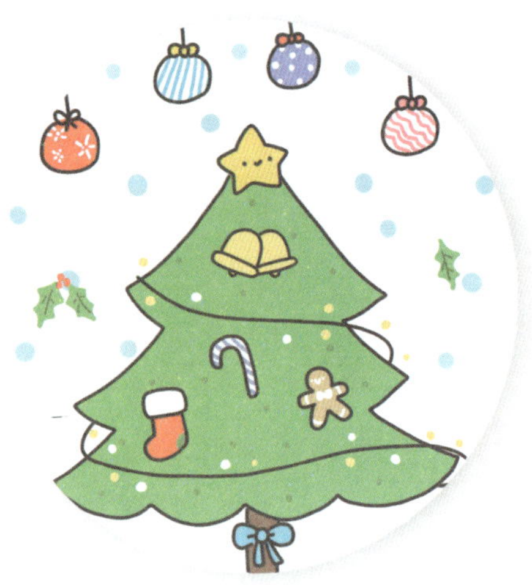

圣诞插画

将节日特定的物品互相搭配，就能画出节日的感觉。

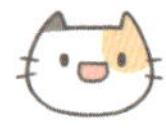

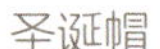

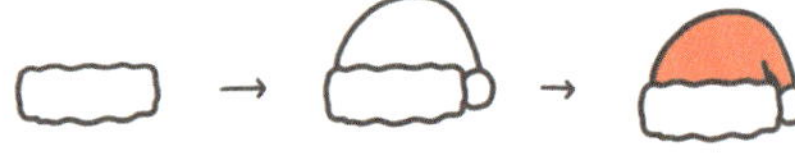

蝴蝶结

姜饼人

圣诞服

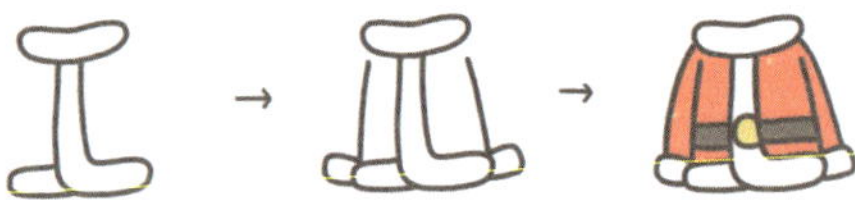

雪人

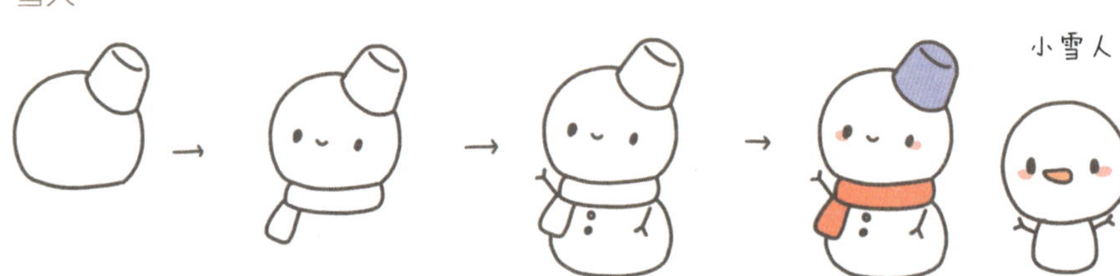

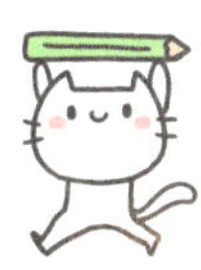

各种圣诞树

同一种物品，可以用不同的画风来表现。

蛋糕圣诞树

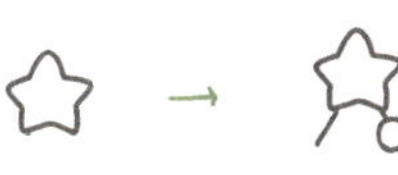
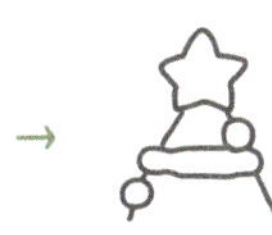

飘带圣诞树

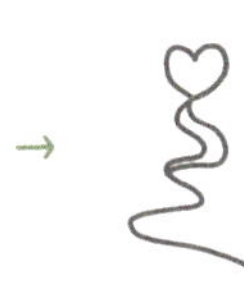
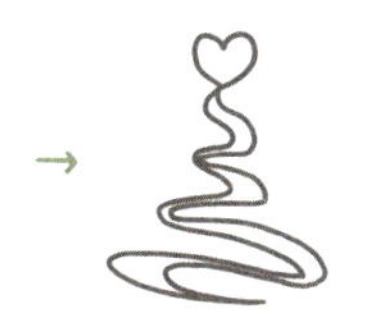
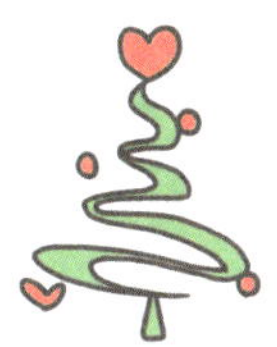

纹路圣诞树

可爱圣诞树

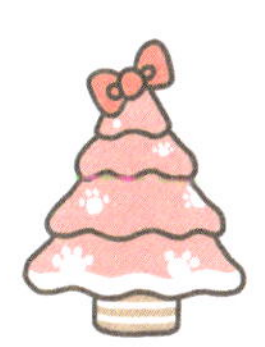

彩球圣诞树

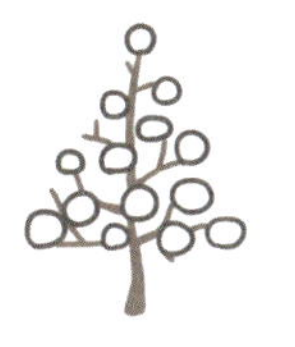
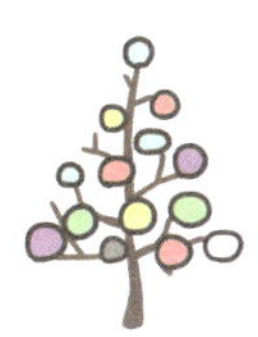

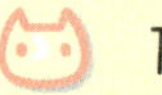

万圣节

可爱的小幽灵来了，
不给糖就捣蛋。

幽灵

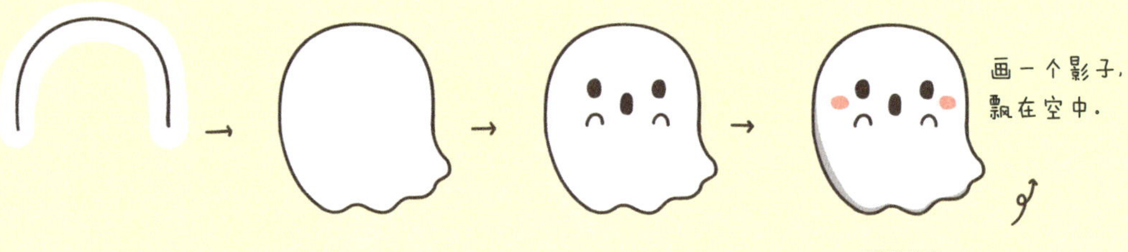

死神

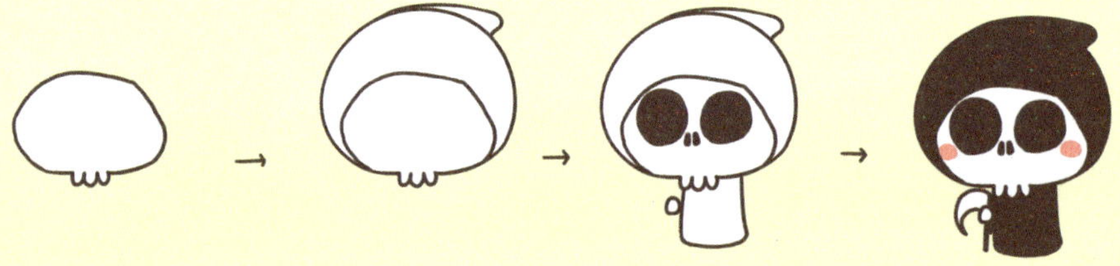

木乃伊

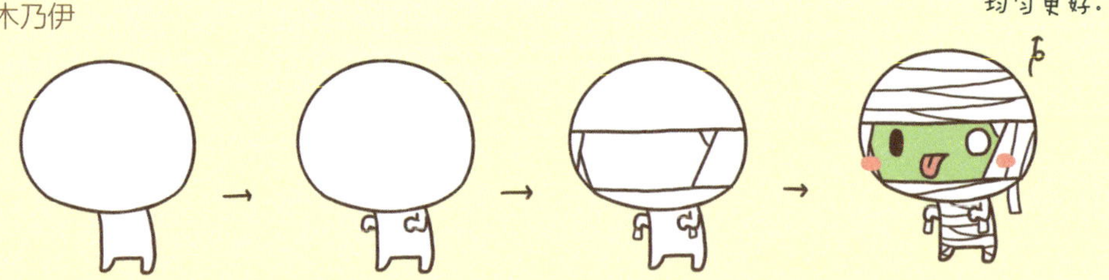

南瓜灯

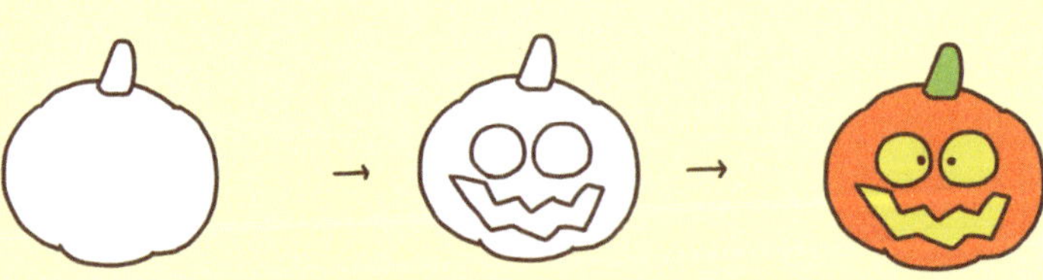

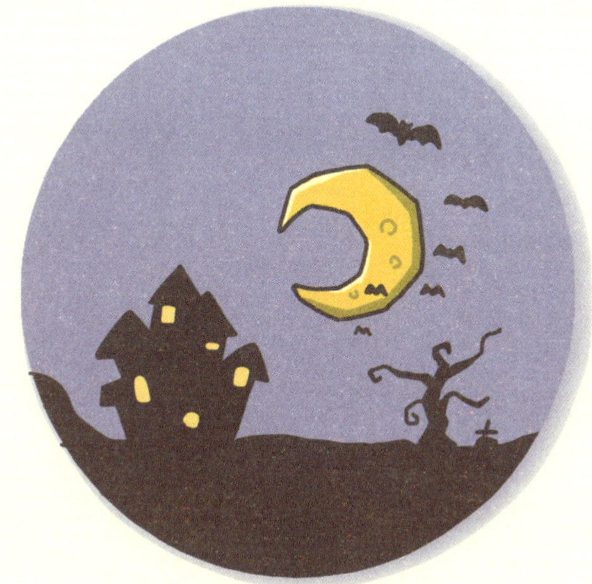
万圣夜

幽灵出现在夜间，为了看清楚东西，眼睛都变得很大！

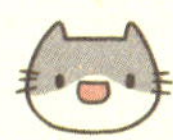

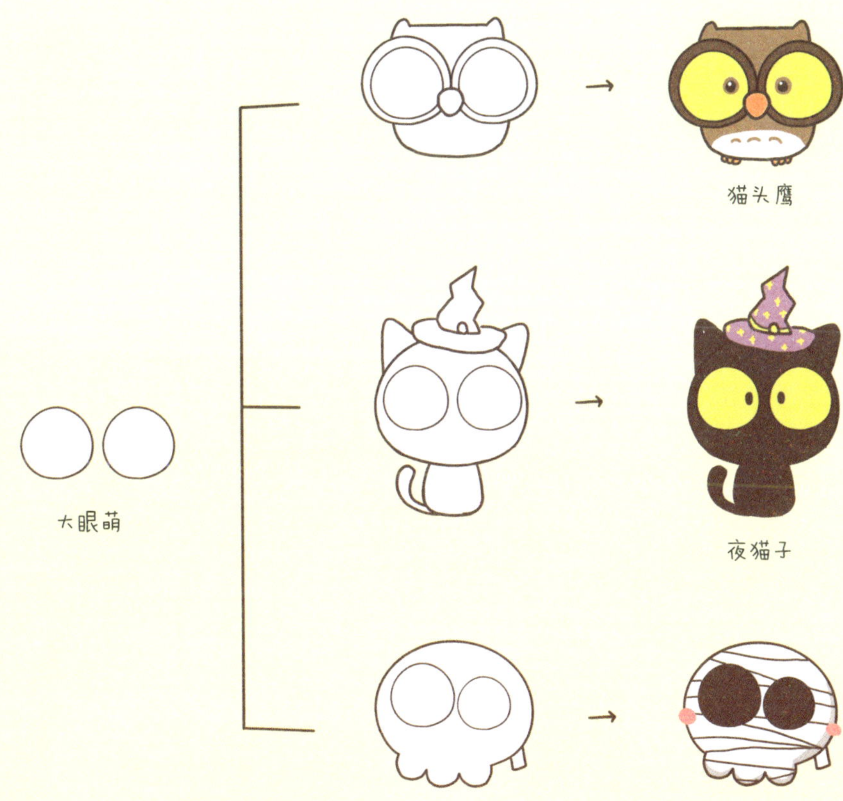

旅行萌

旅行的意义就是能不断见到新鲜的事物，把自己的经历全部用画笔记录下来，回忆起来又是另一番风景。

说走就走

拿起背包，
准备出发！

手提包

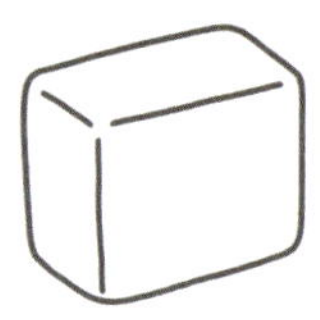

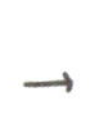

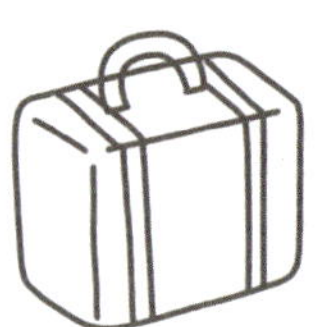

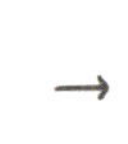

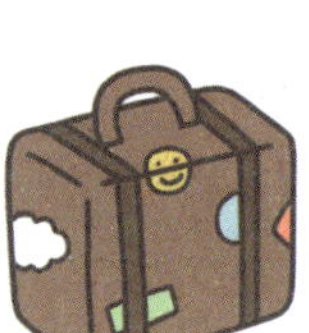

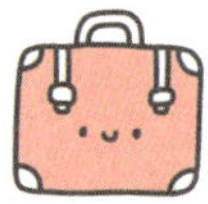

小手提包

双肩背包

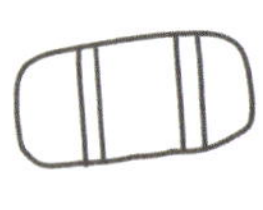

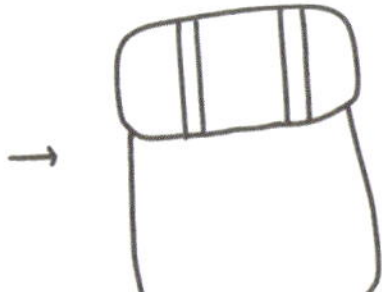

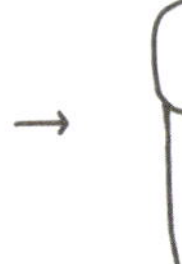

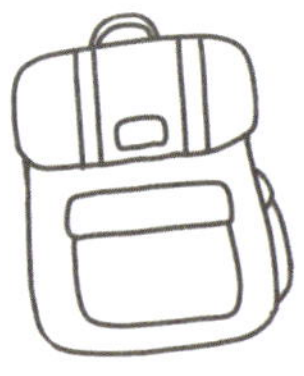

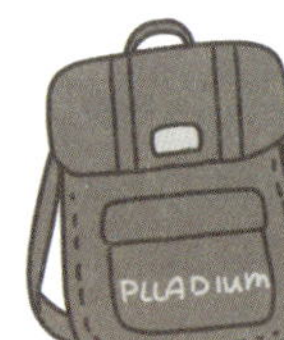

拉杆箱

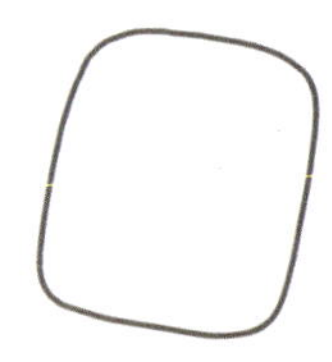

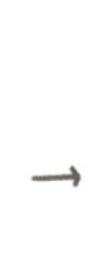

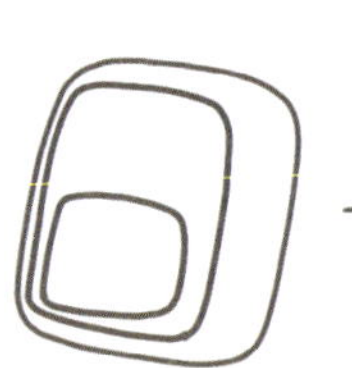

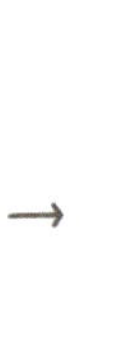

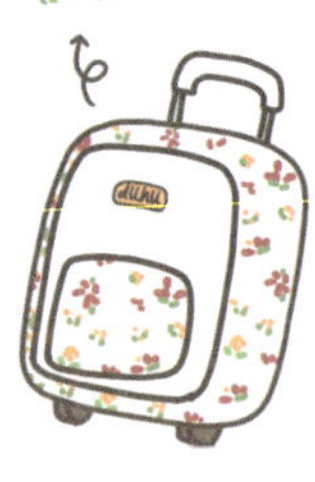

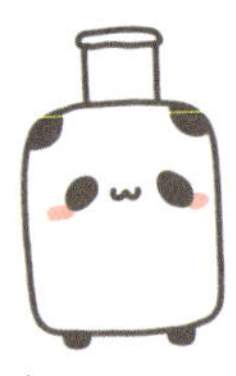

熊猫拉杆箱

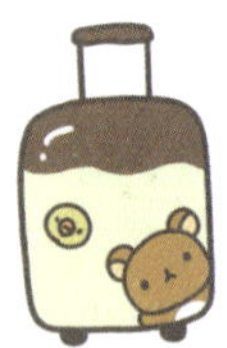

轻松熊箱

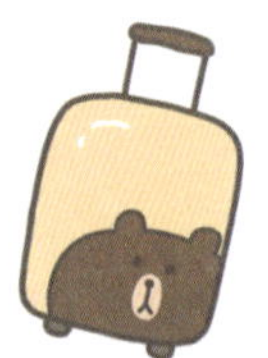

布朗熊箱

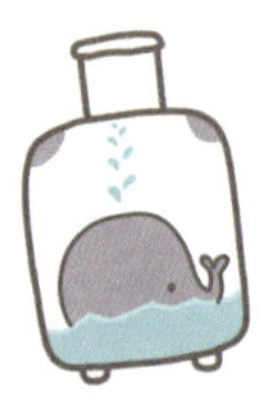

鲸鱼箱

就像设计箱包一样，把一些可爱的元素加进箱子里！

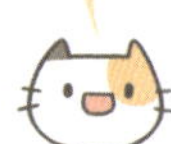

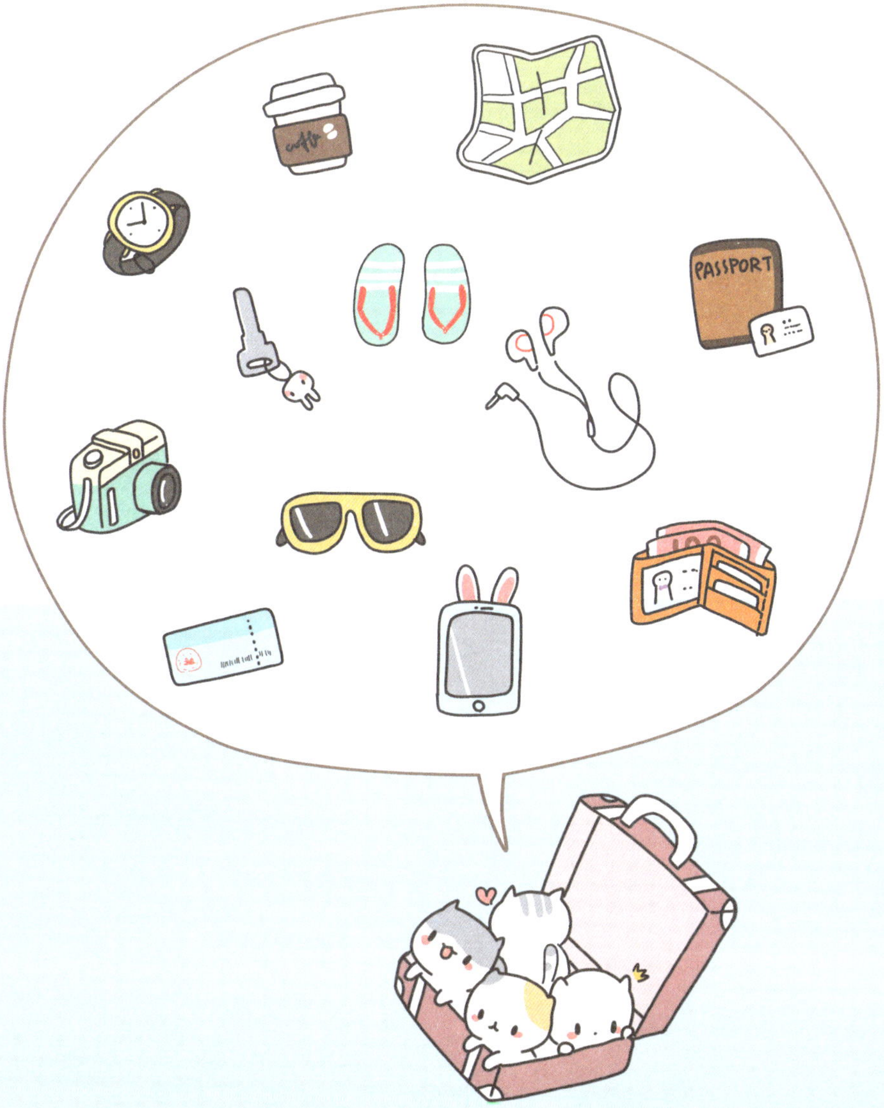

看看旅行箱里面还缺什么吧！

相机

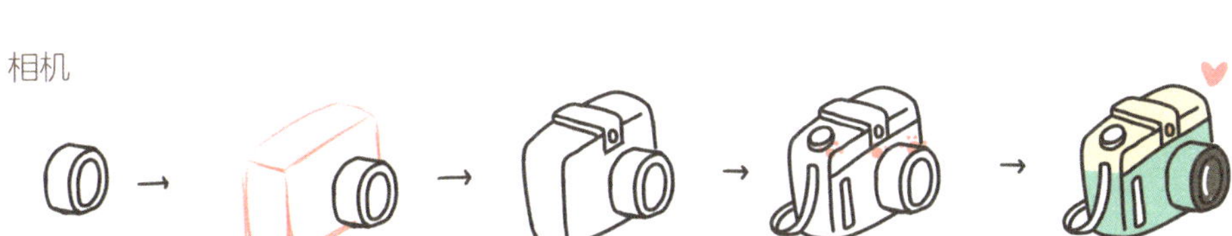

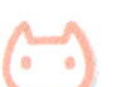

街道风光

鳞次栉比的房屋，
熙熙攘攘的车流组成繁华的街道。

公交车

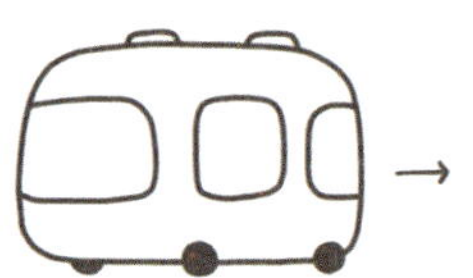
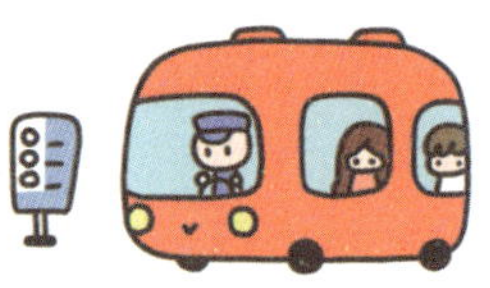

自行车

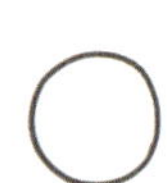
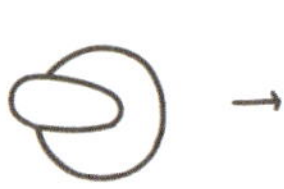
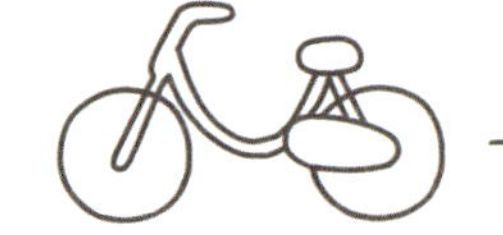

用花花点缀
一下更好看！

出租车

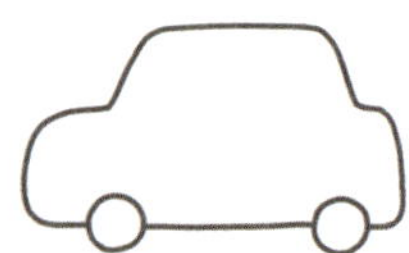
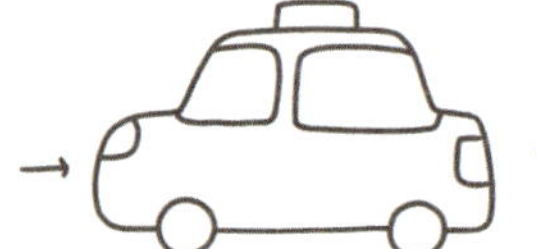
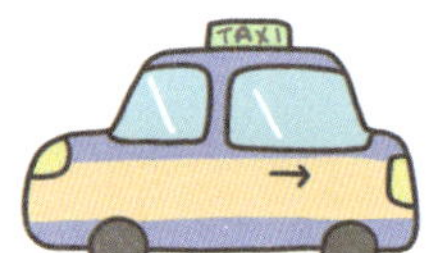

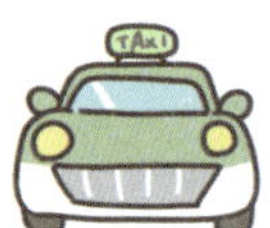

住房

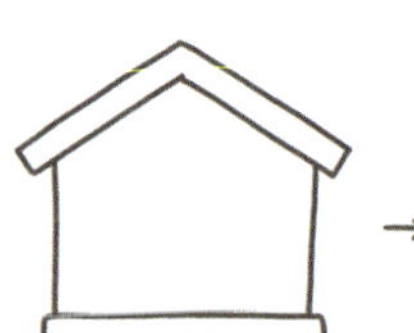
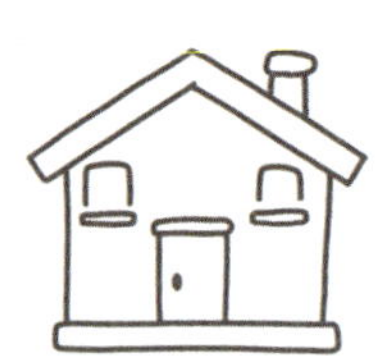
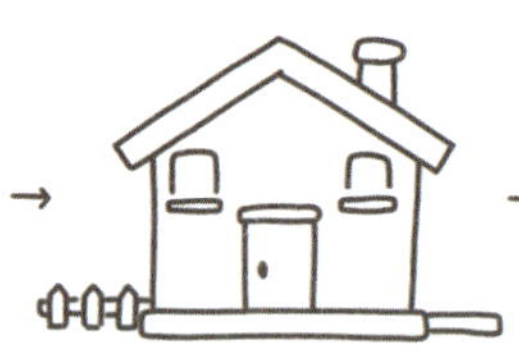
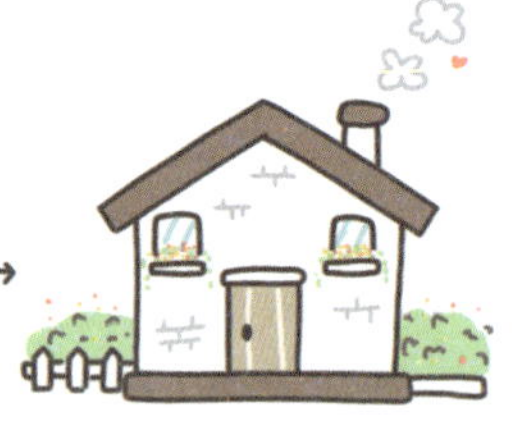

咖啡厅

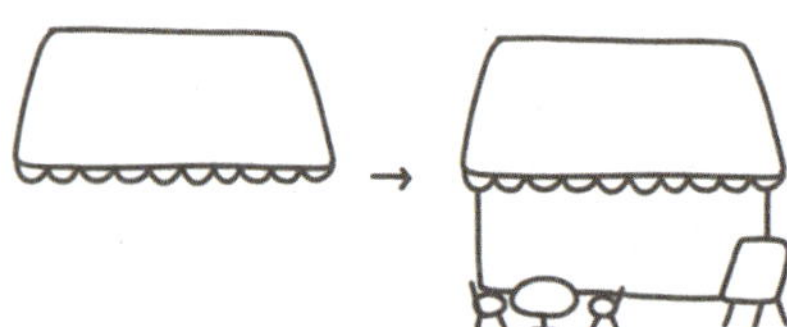
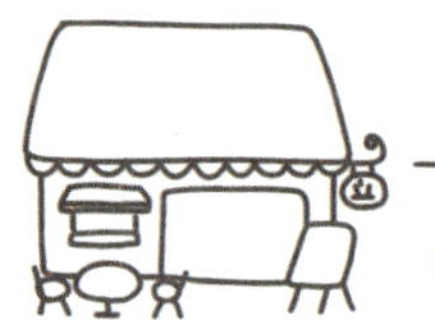
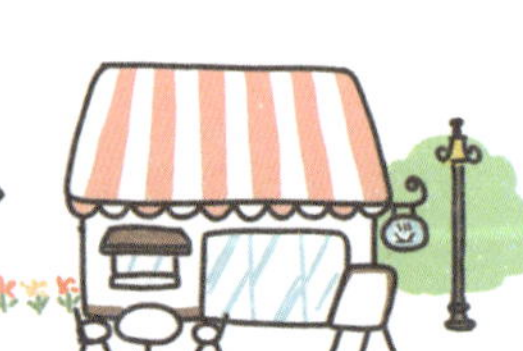

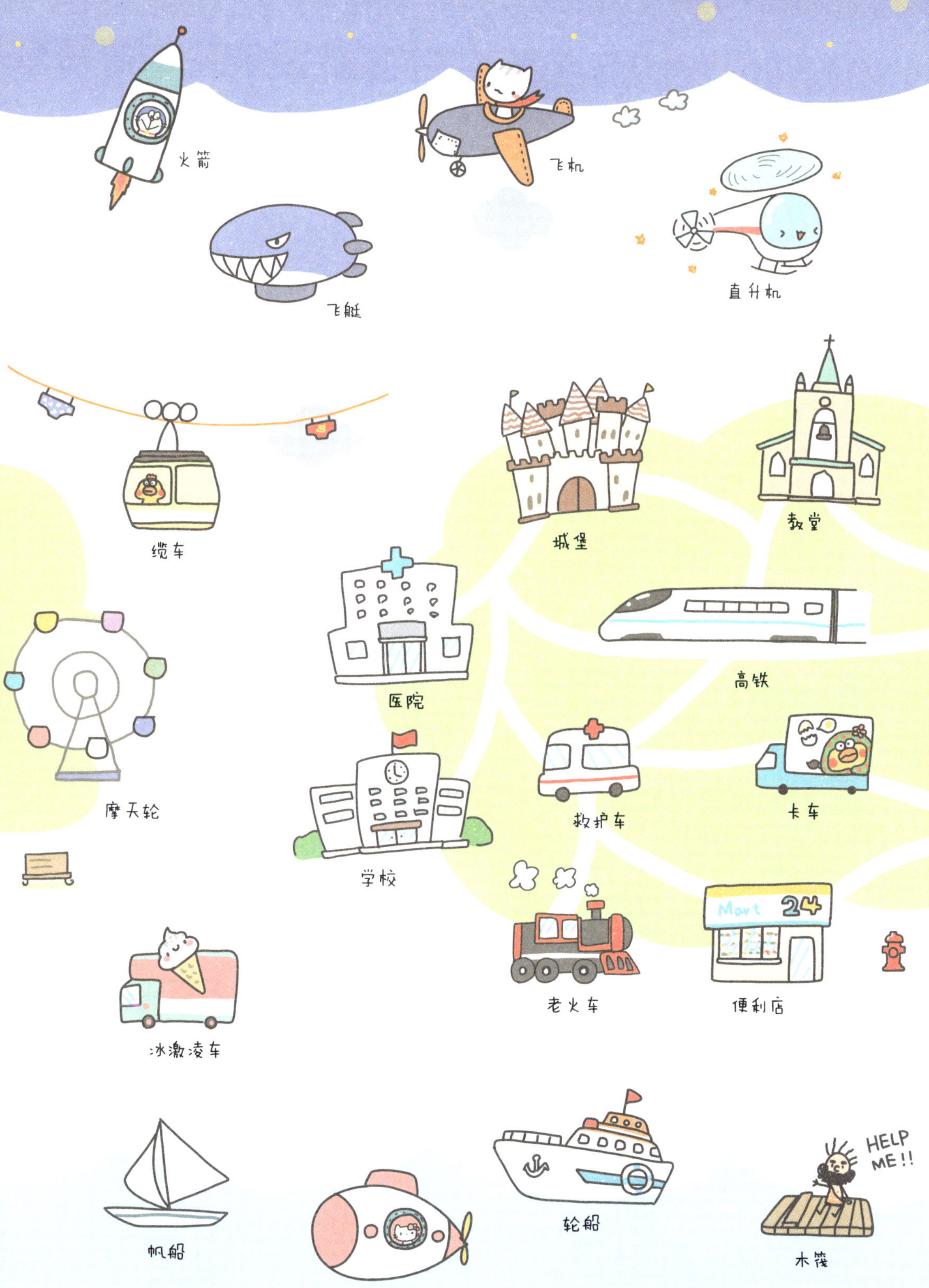
火箭
飞机
飞艇
直升机
缆车
城堡
教堂
医院
高铁
摩天轮
救护车
卡车
学校
Mart 24
老火车
便利店
冰激凌车
HELP ME!!
帆船
轮船
潜艇
木筏

环游世界

各个国家的标志性建筑都有自己独特的美感，画在本子里特别有格调！

万里长城

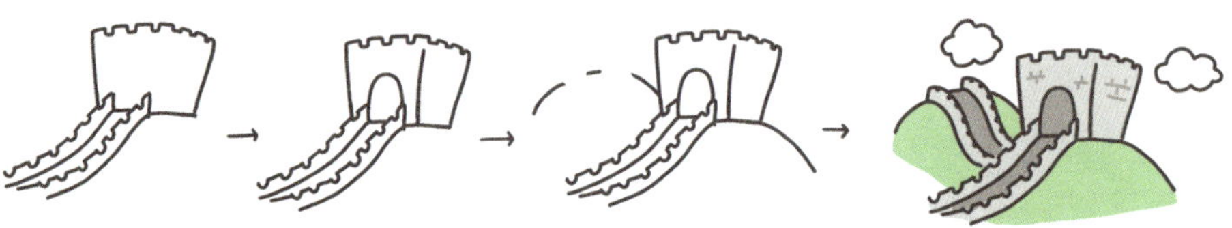

埃菲尔铁塔

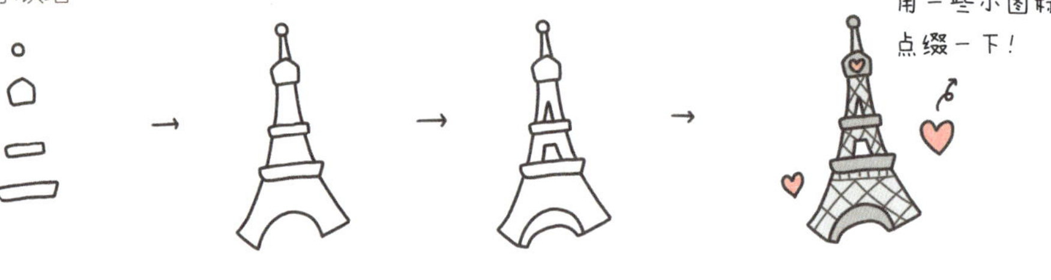

大本钟

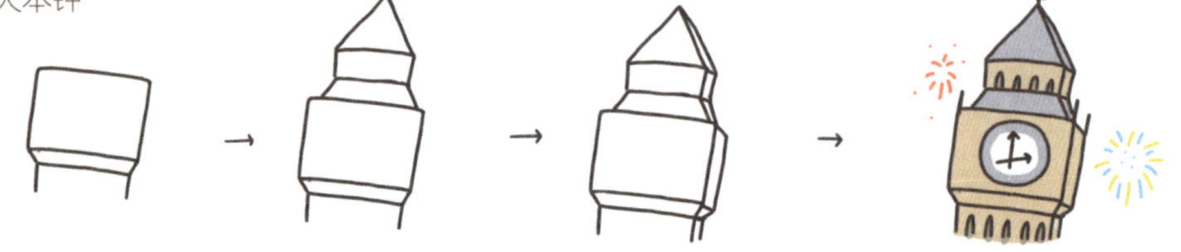

泰姬陵

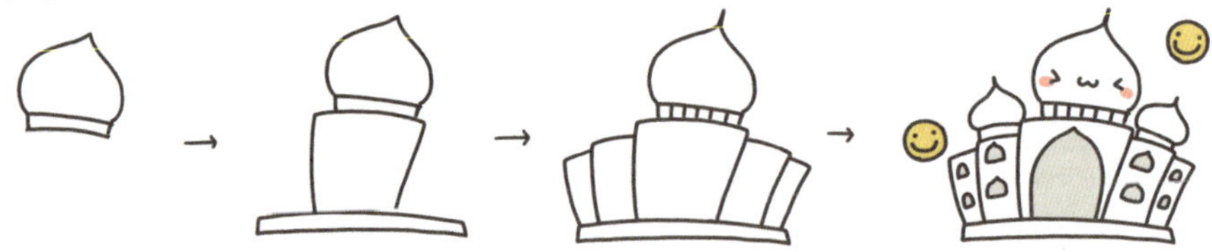

神像

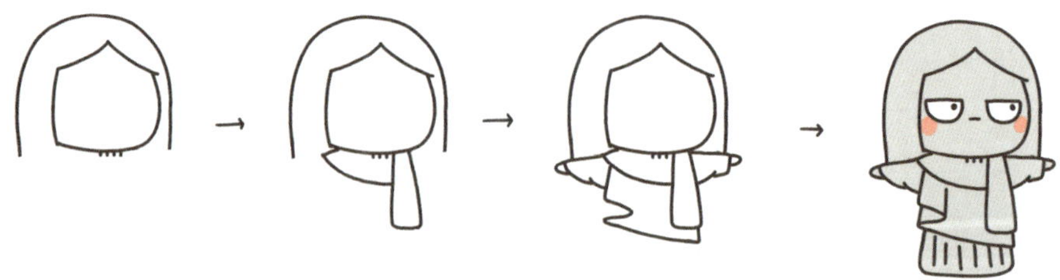

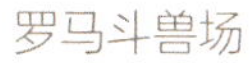

罗马斗兽场

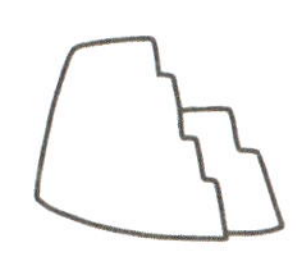

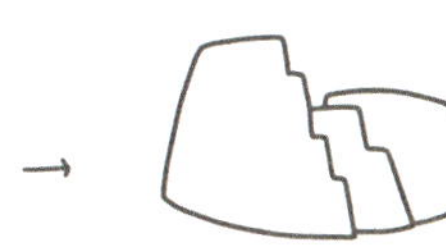

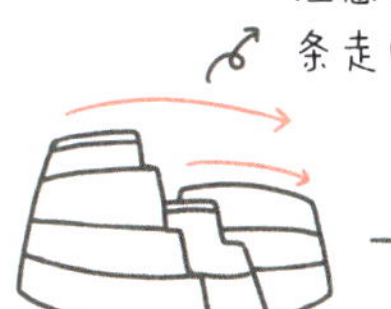

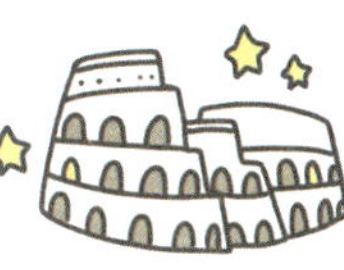

鸟居

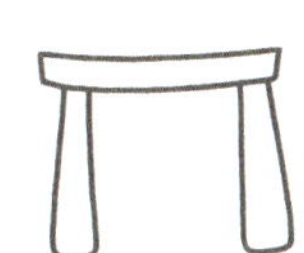

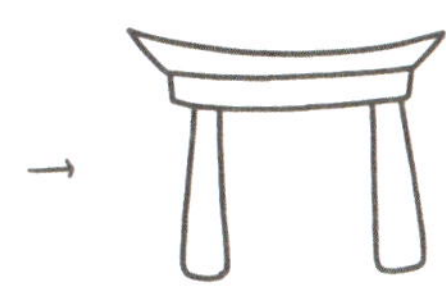

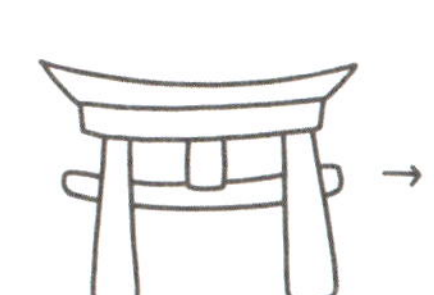

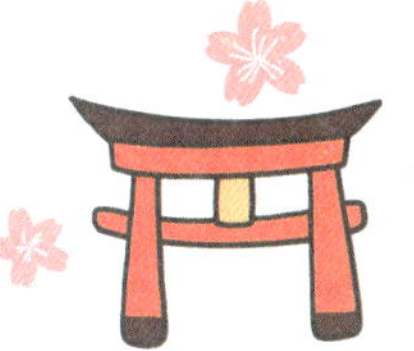

金字塔

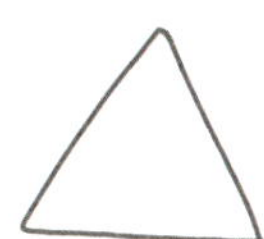

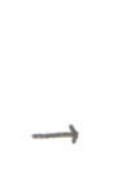

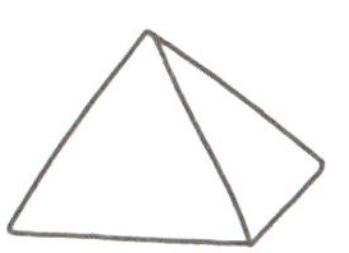

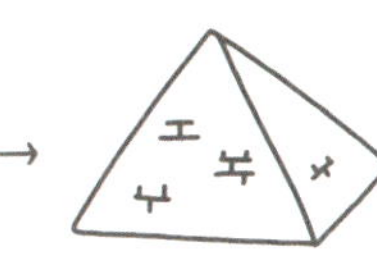

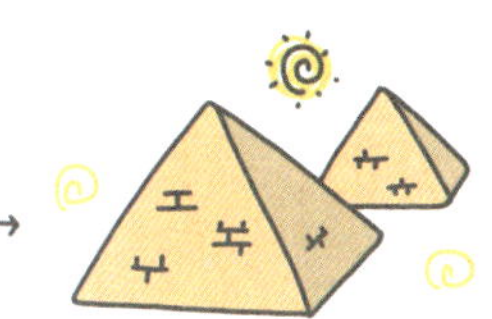

比萨斜塔

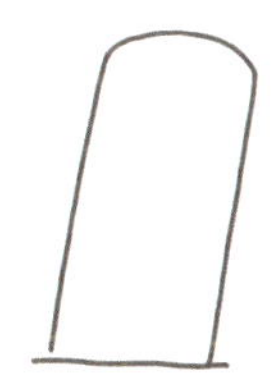

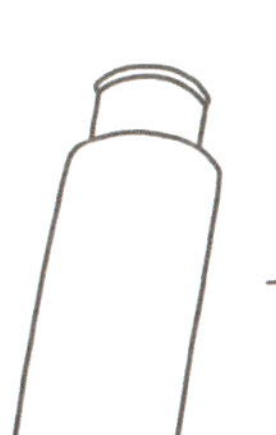

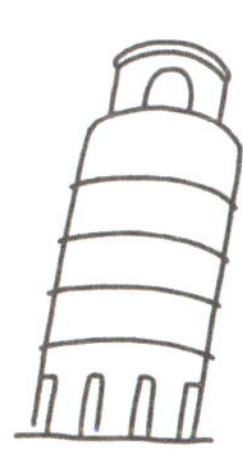

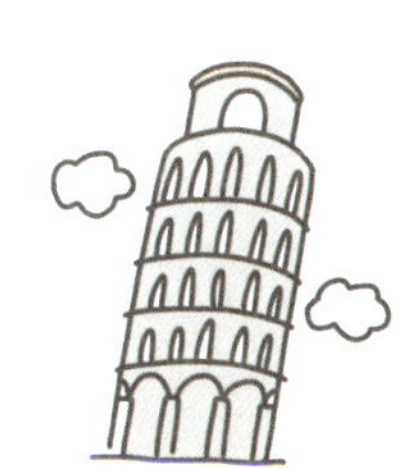

风车

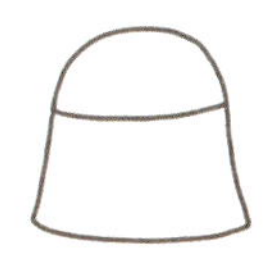

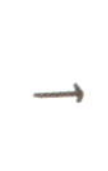

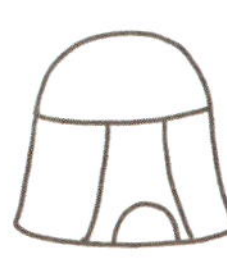

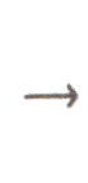

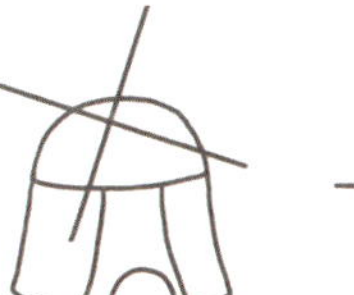

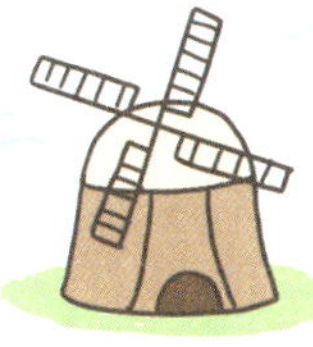

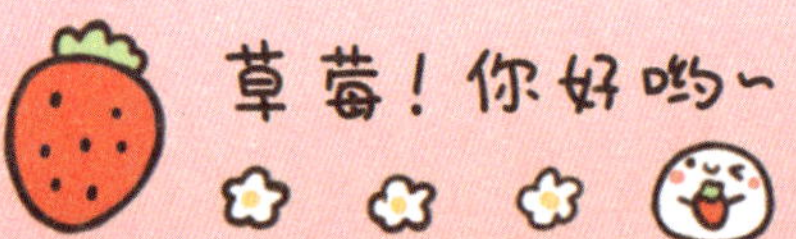
草莓！你好哟~

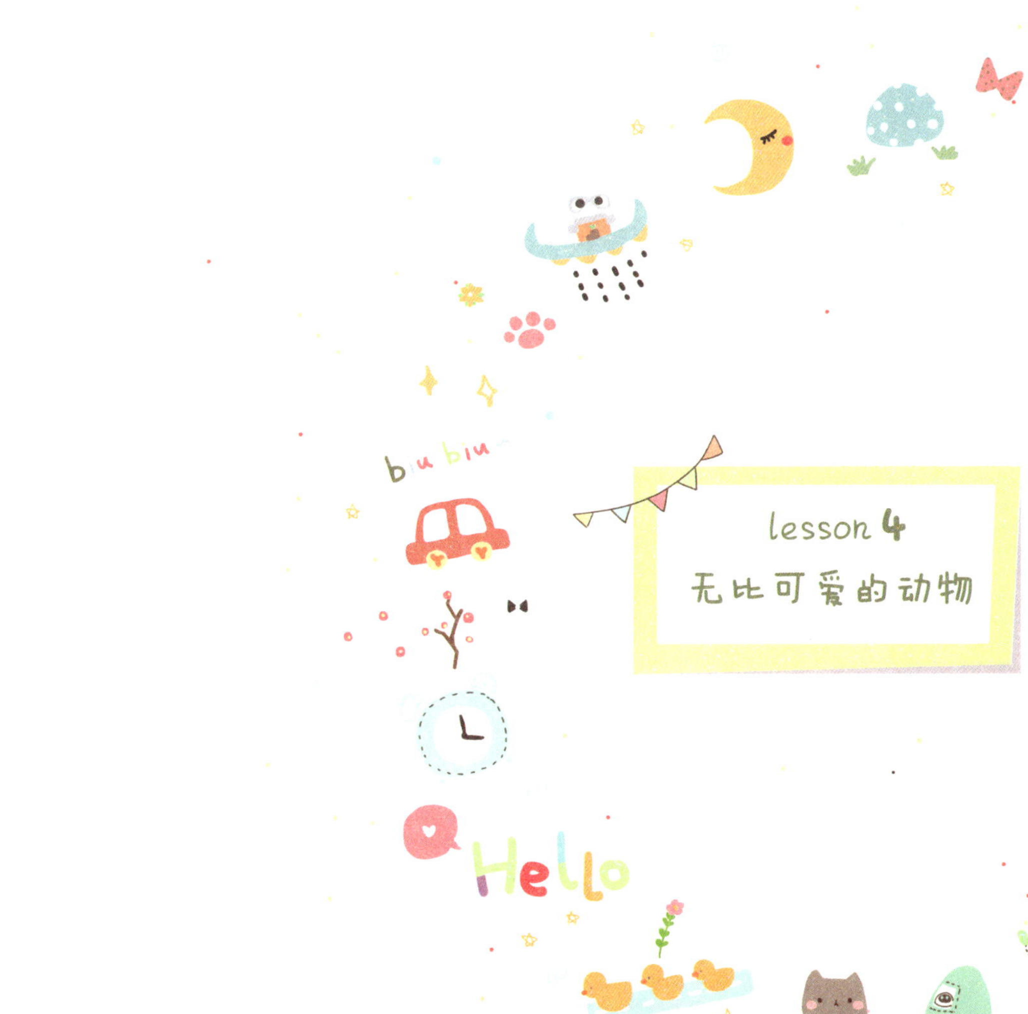

lesson 4
无比可爱的动物

画一画猫咪

总是充满好奇的猫咪，是萌宠的代表之一，是萌系手绘里具有代表性的主题！

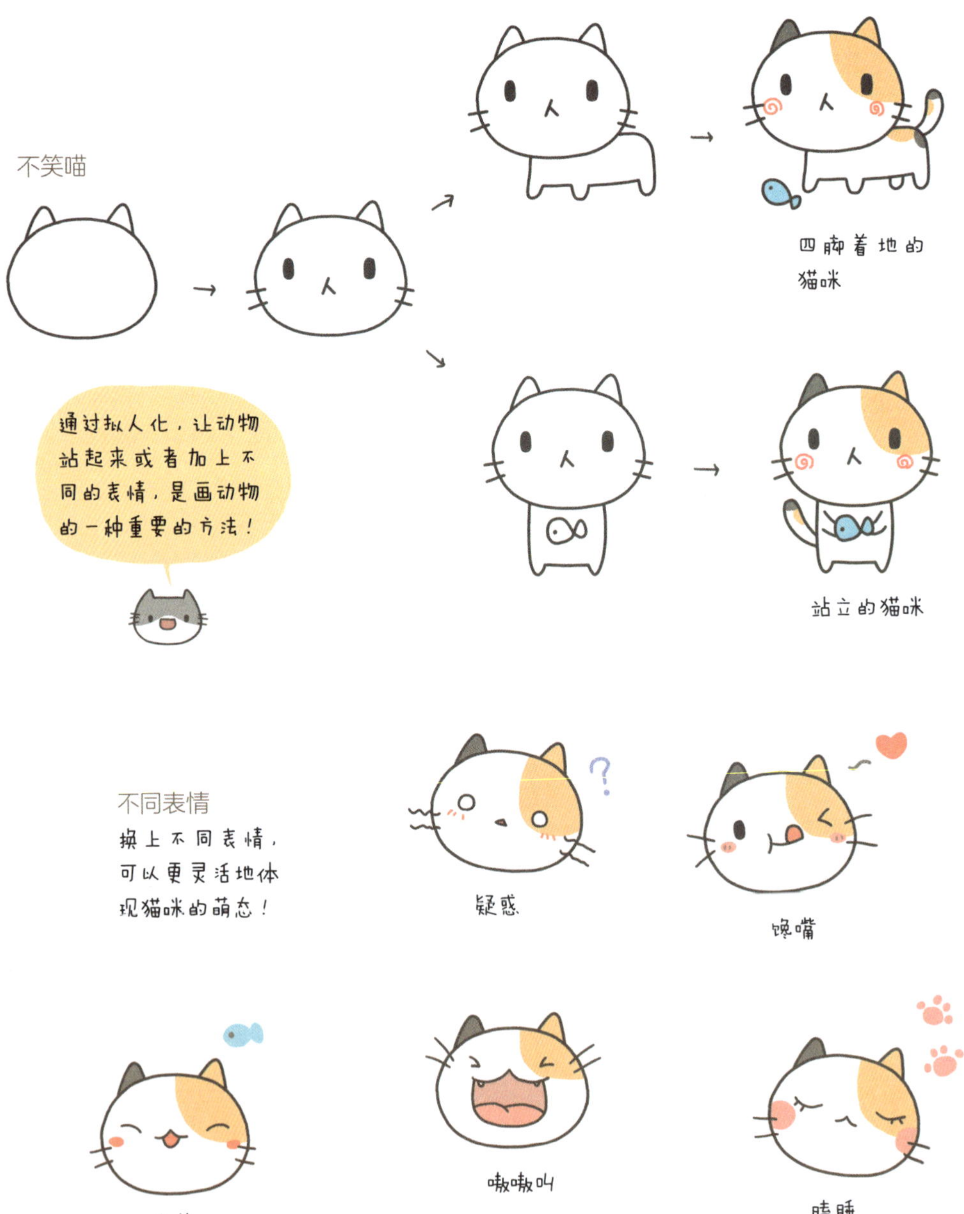

设计猫咪

通过改变不同部位的形状，
设计出不同风格的猫咪！

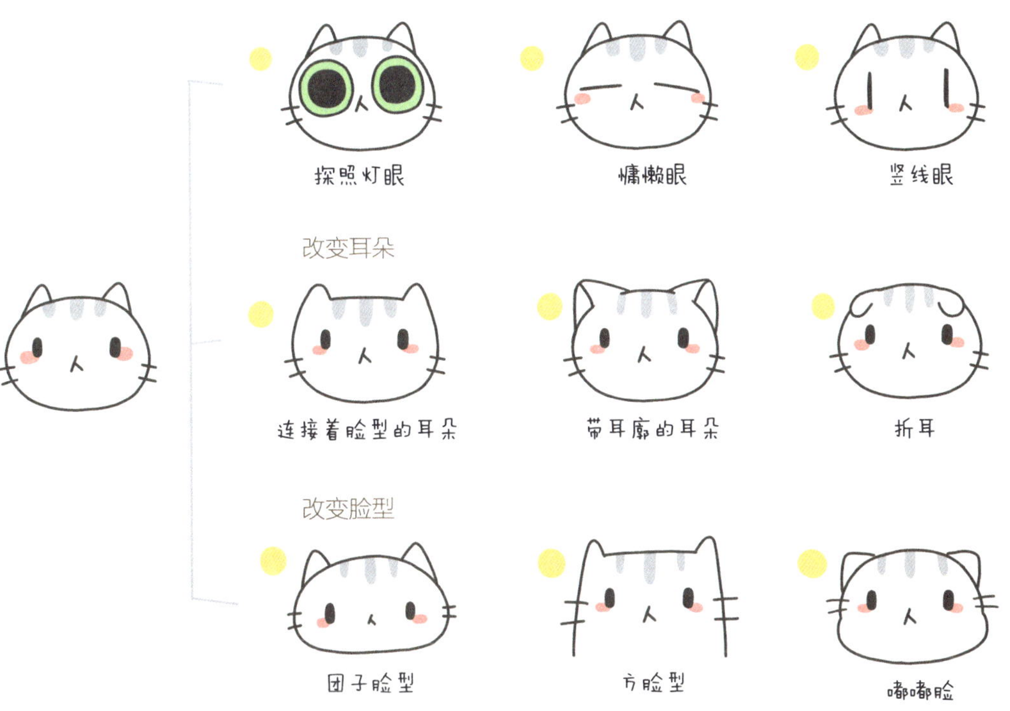

将上面的不同部位随意组合，又可以创作出新的猫咪，动手试试吧！

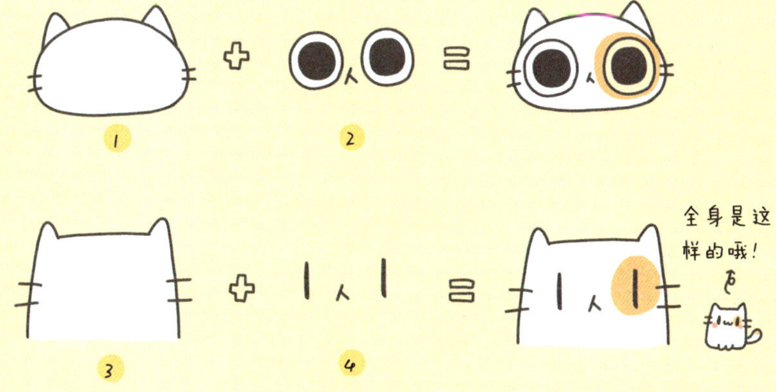

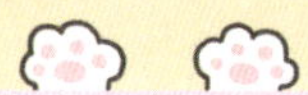

不同种类的猫咪

只需要用同一个身形，按照现实生活中猫咪的特点，加上不同的花纹等就可以了！

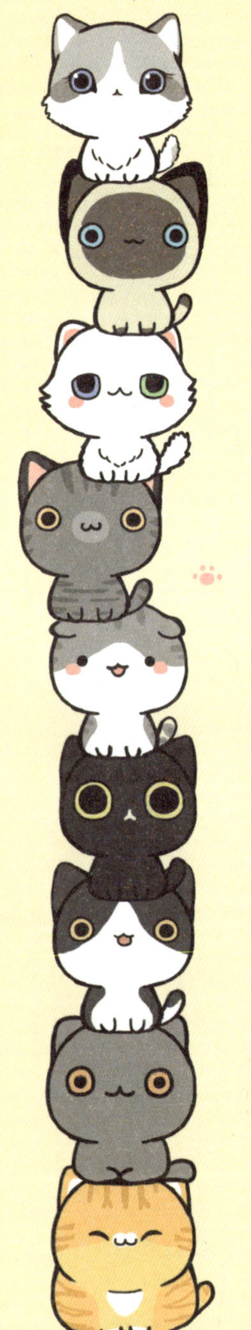

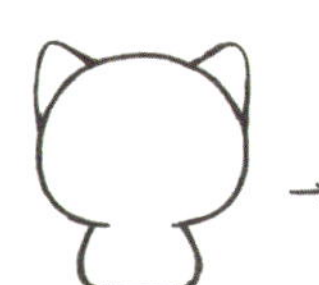
→
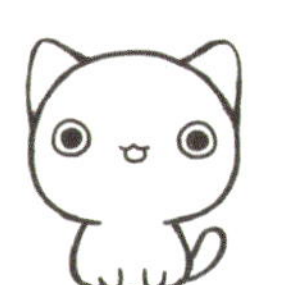
→
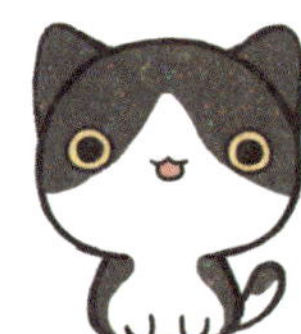

燕尾服猫

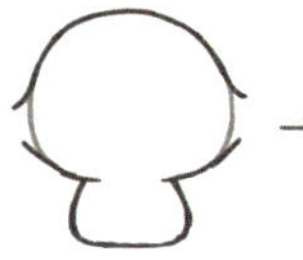
→
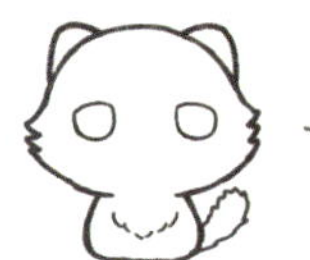
→
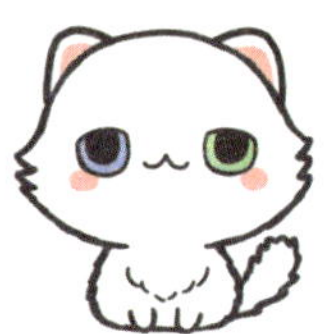

波斯猫

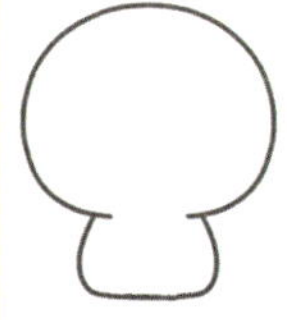

固定的身形

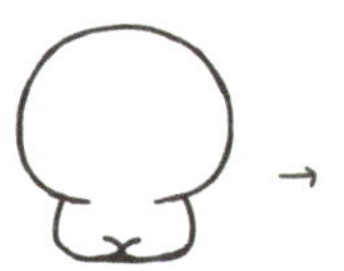
→
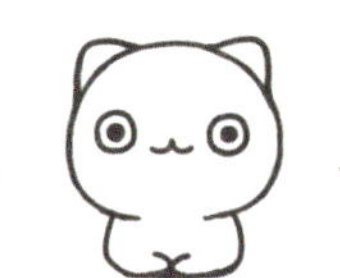
→
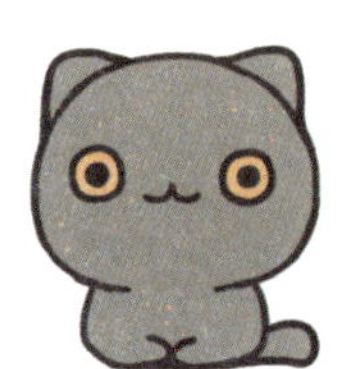

暹罗猫

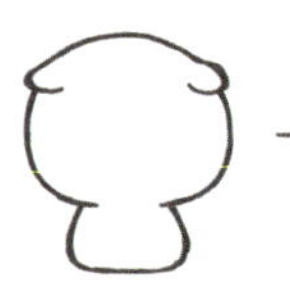
→
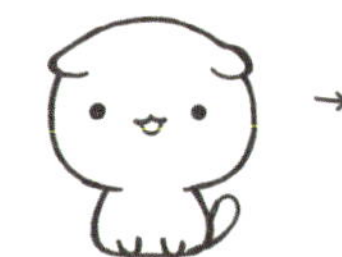
→
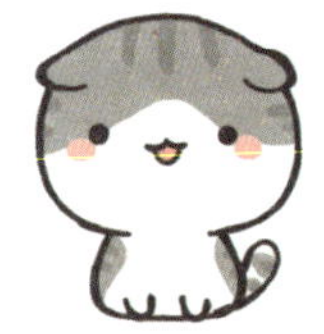

折耳猫

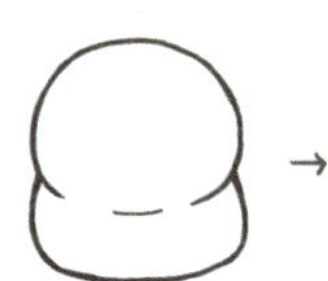
→
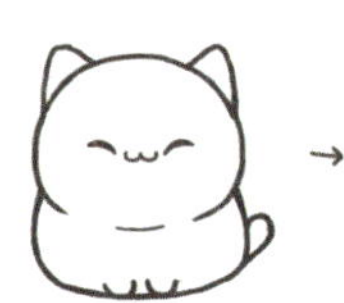
→
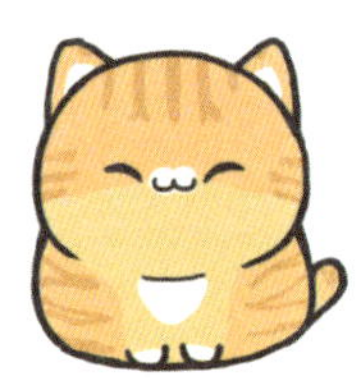

狸花猫

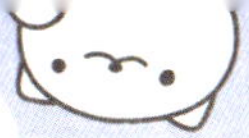

猫咪的动作

随心所欲的猫咪，猜不透的性格，把它们的萌态用不同动作展现出来吧！

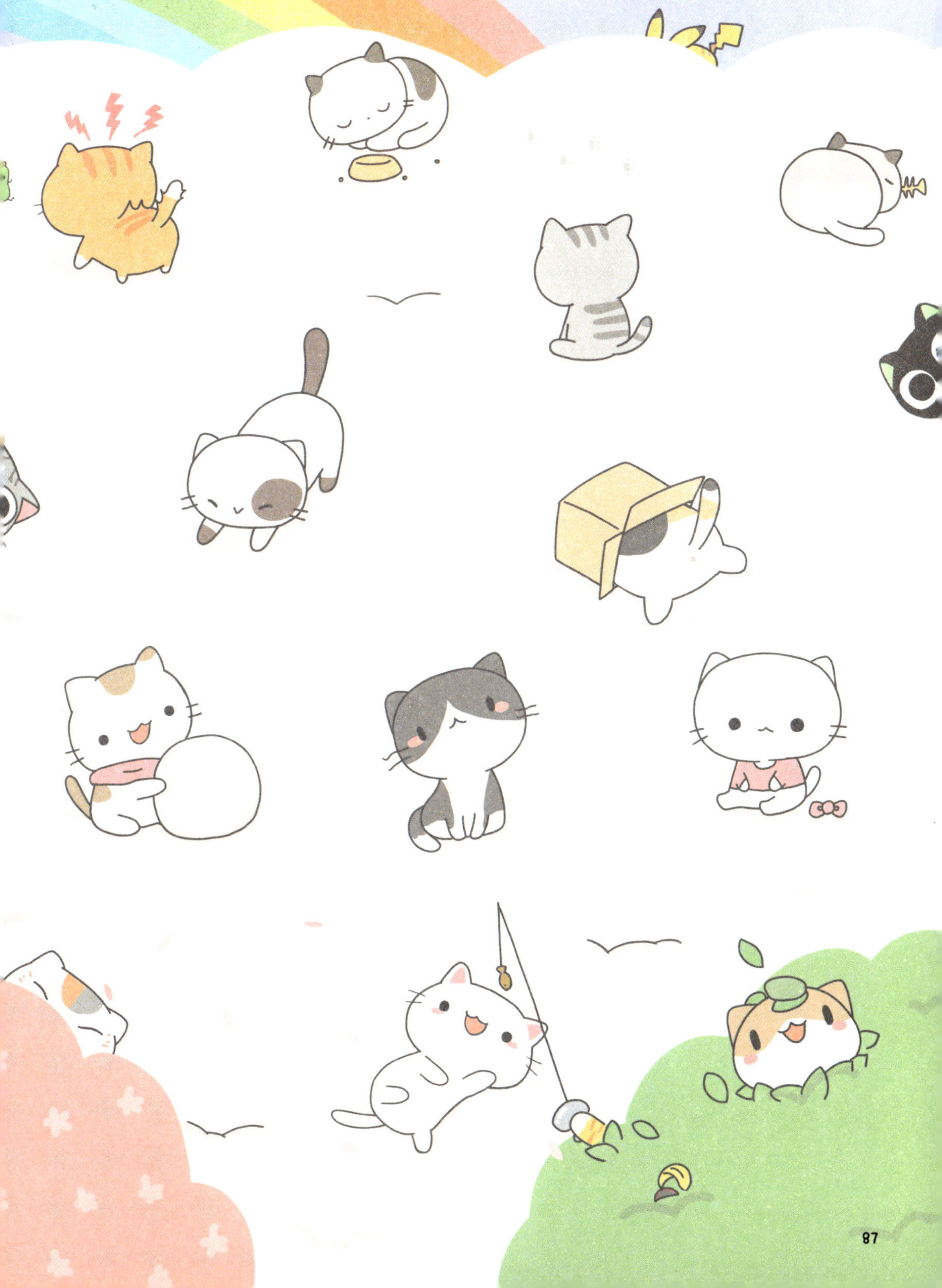

八喵图

这是一幅把世界名画改成猫咪的创意插画，只要想象力丰富，画画就会变得更有趣！

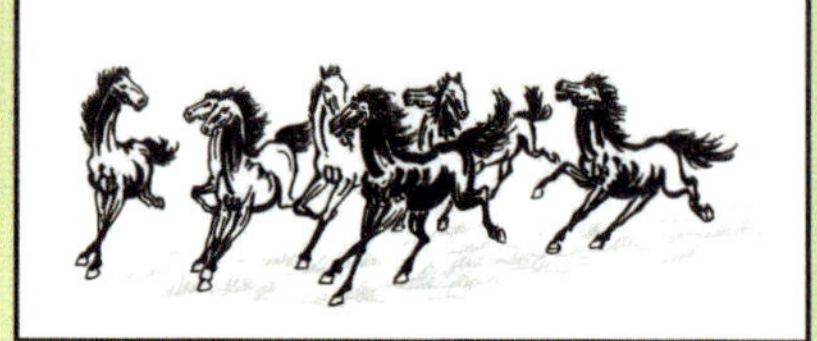
八骏图

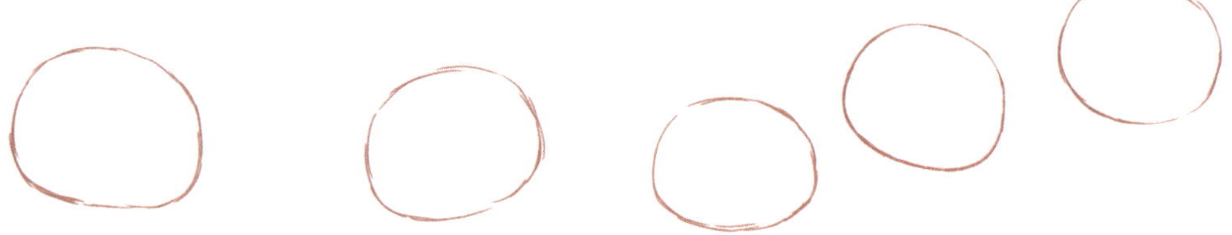

以“八骏图”里的马为参考，画出猫咪的大概位置。这里先用铅笔画出草稿。

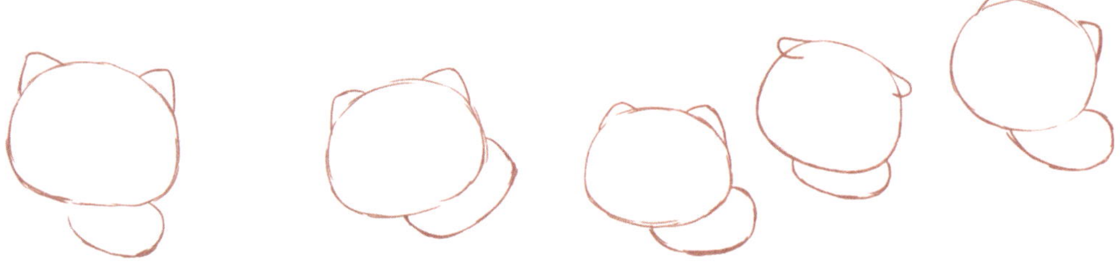

画出耳朵和身体的位置。

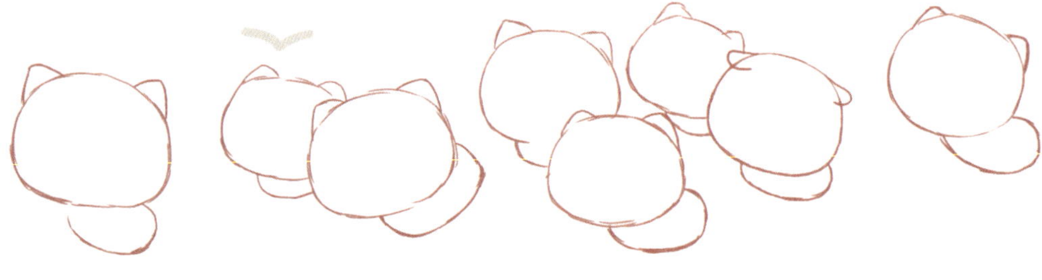

画出后面的三只猫咪。

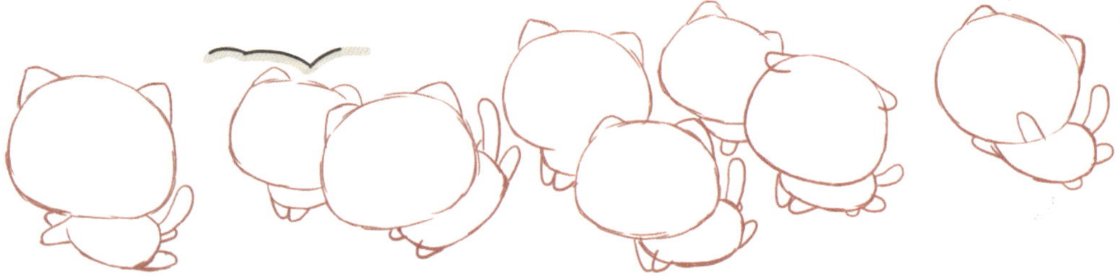

加上四肢和尾巴。

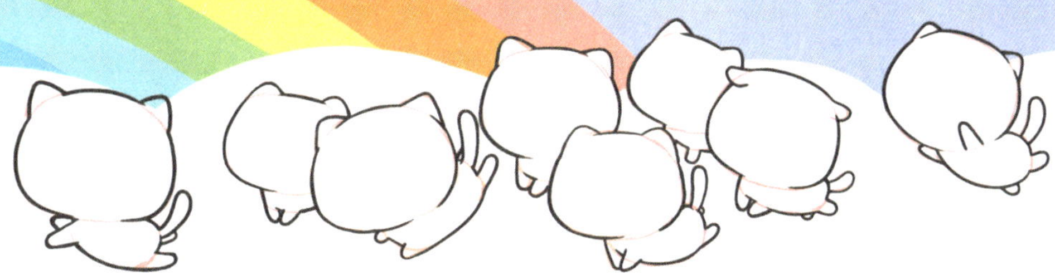

在铅笔的基础上用勾线笔画出猫咪的轮廓。

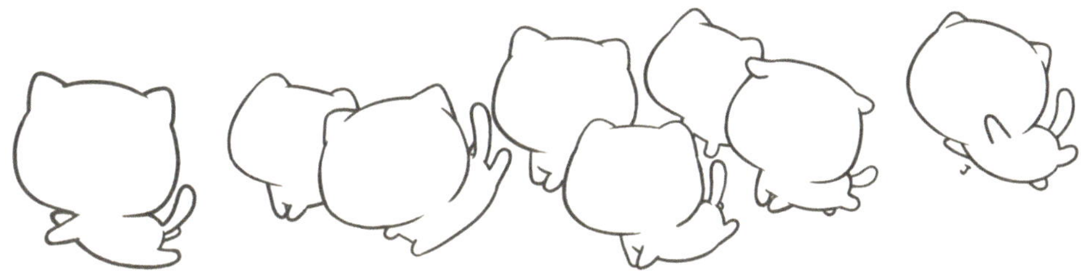

擦掉铅笔印。

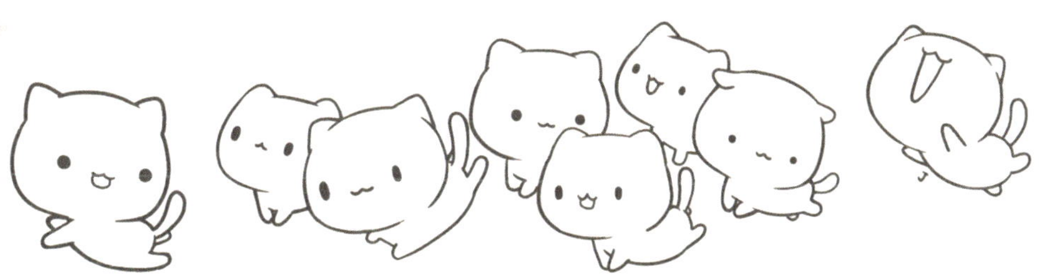

画出表情，这里的表情也可以参考"八骏图"里面马的表情。

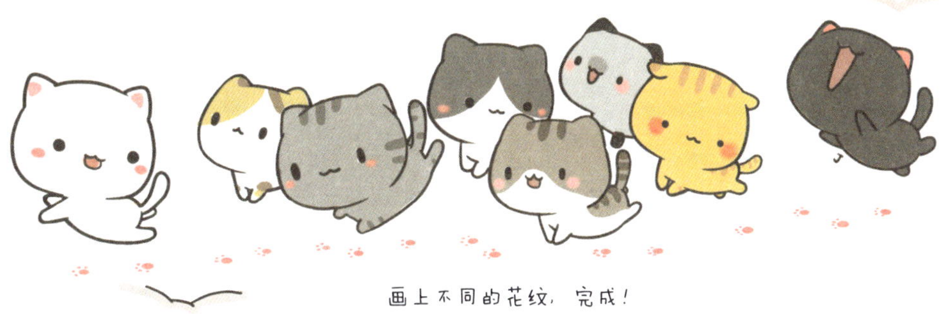

画上不同的花纹，完成！

画一画狗狗

狗狗是人类最忠诚的朋友。绘制狗狗时使用和画猫咪相同的技法，最重要的是表现出狗狗们憨态可掬的形态。

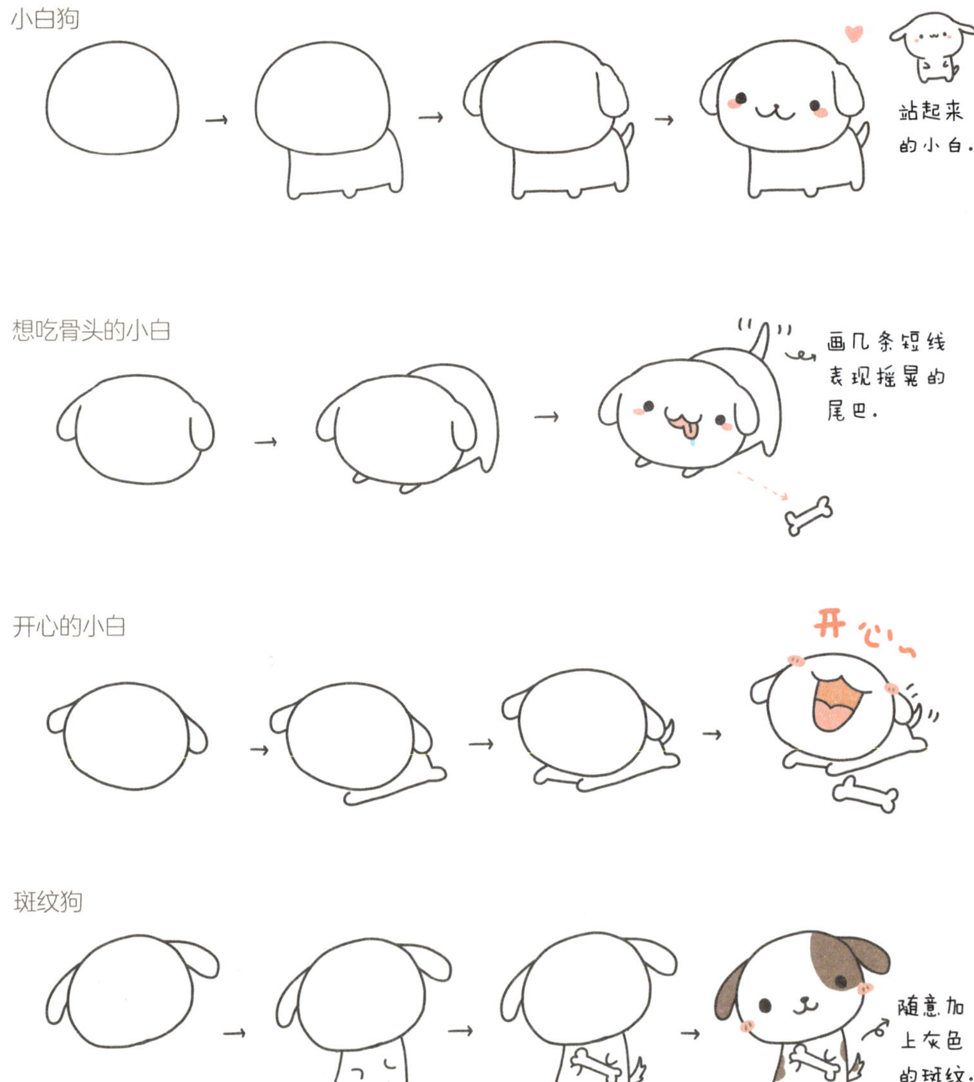

各种狗狗

绘制时要抓住不同狗狗的特点。狗狗的身体形态差不多，重要的是五官上的区别。

巴哥犬

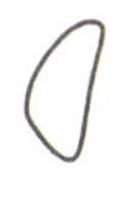
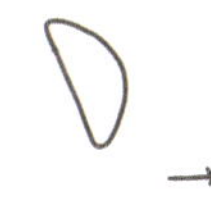
→
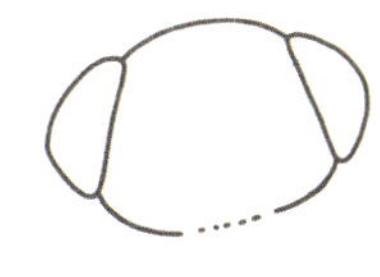
→
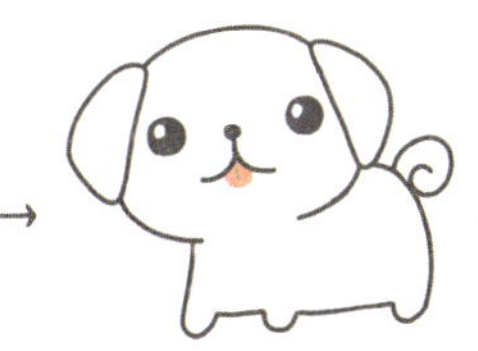
→
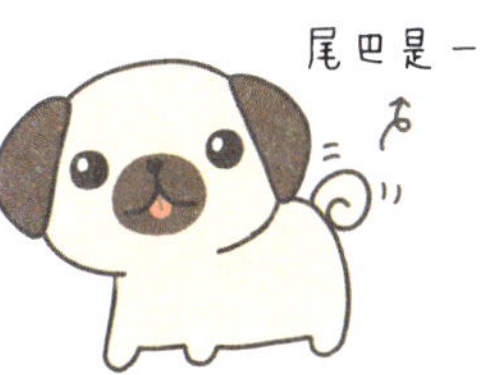

尾巴是一个卷.

哈士奇

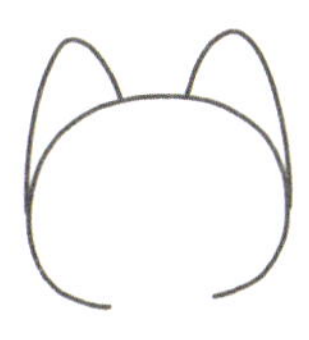
→
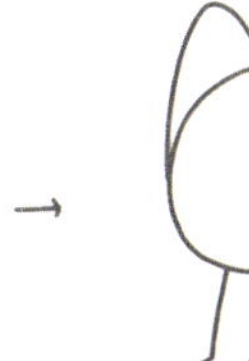
→
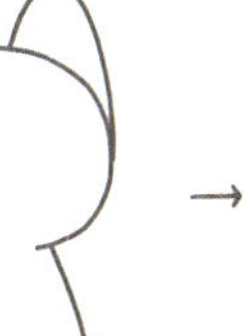
→
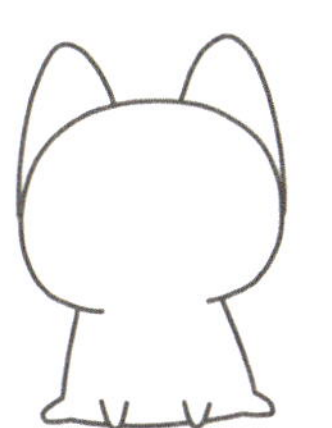
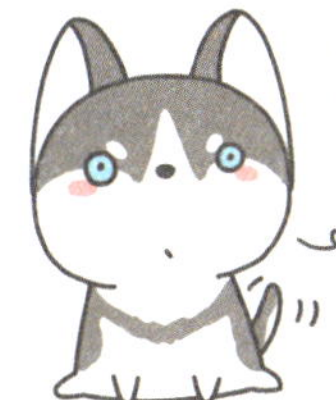

表情画得呆呆的更可爱！

秋田犬

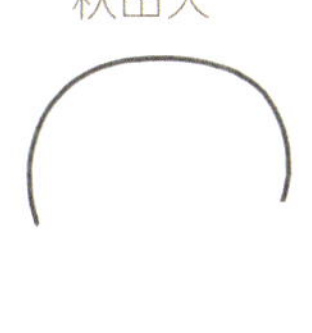
→
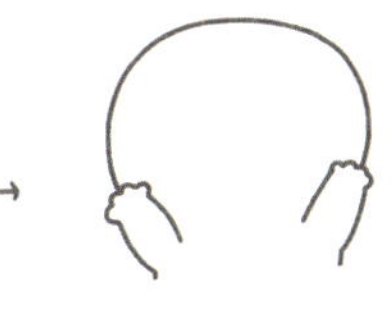
→
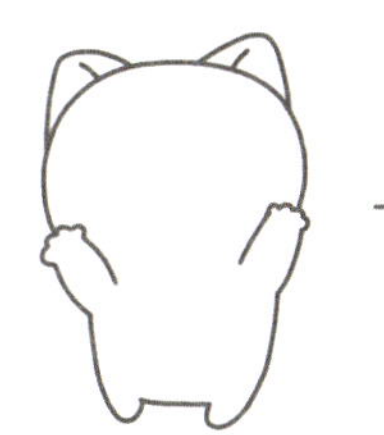
→
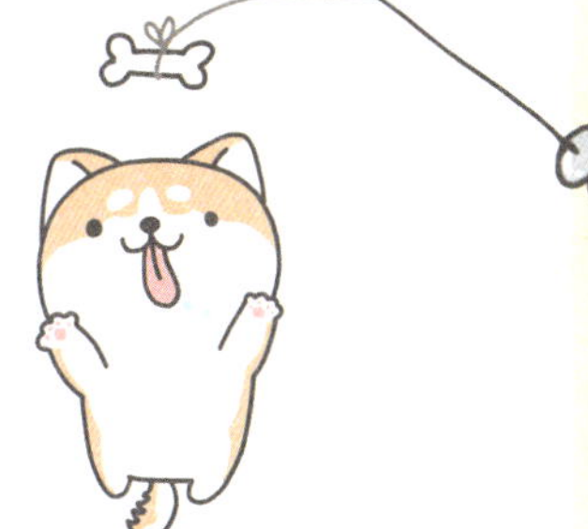

柯基犬

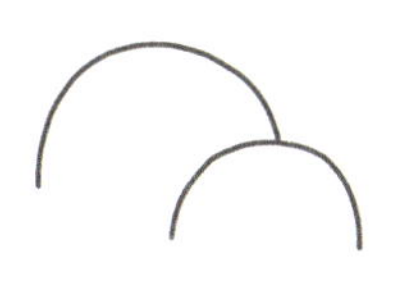
→
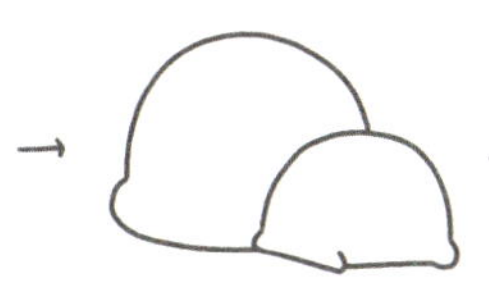
→
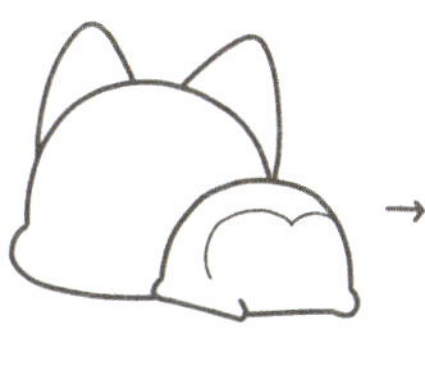
→
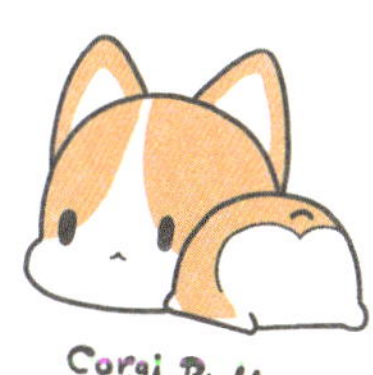

采用同样的身体动作画不同的狗狗

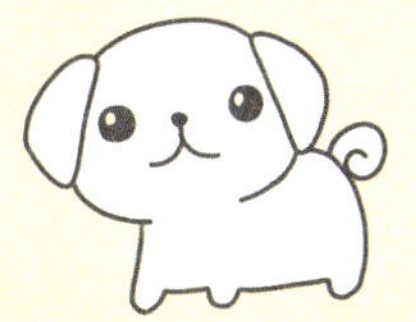

巴哥犬变柯基.

→

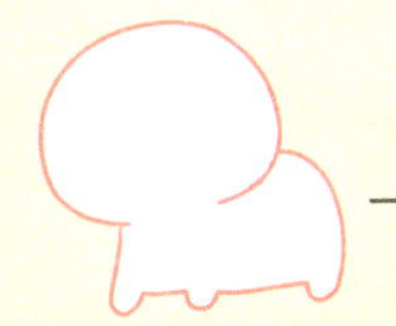

提取出巴哥犬的动作.

→

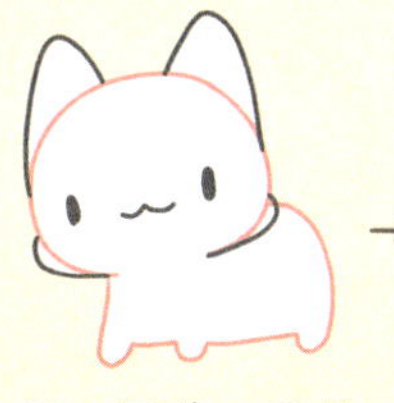

画上柯基的耳朵和眼睛.

→

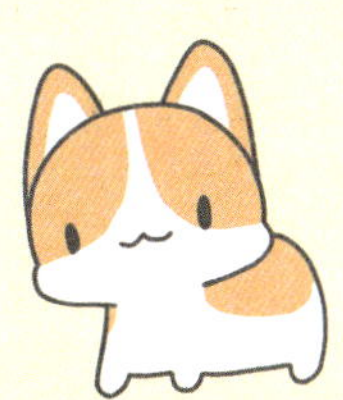

上色完成. 柯基的尾巴太短，看不见喽！

熊猫

熊猫是我特别喜欢的动物，神奇的黑白配色，怎么画都很萌！

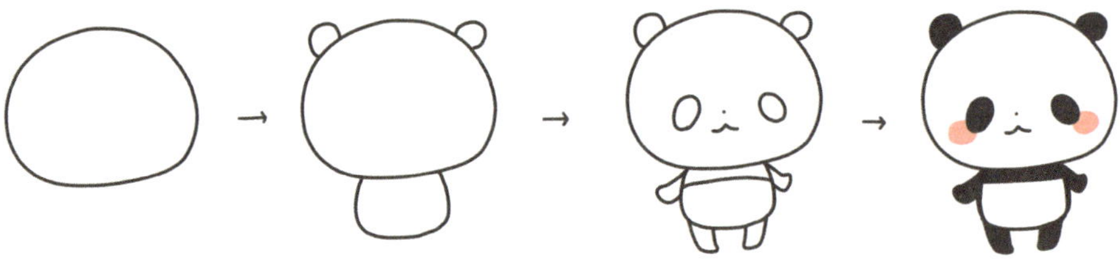

给熊猫加上不同的表情和动作，只画半身像也很可爱！

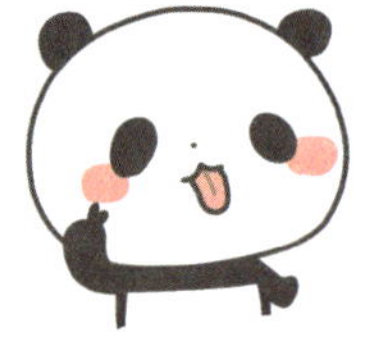

吐舌卖萌

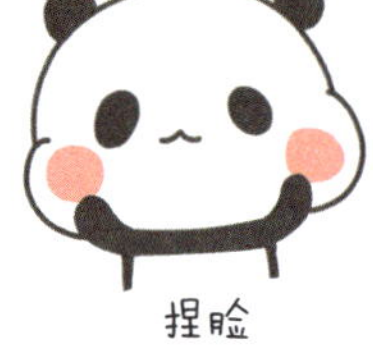

捏脸

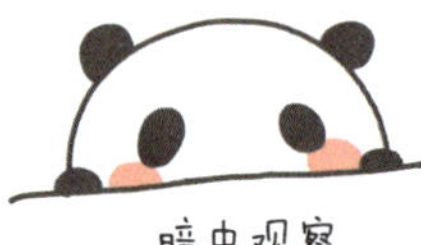

暗中观察

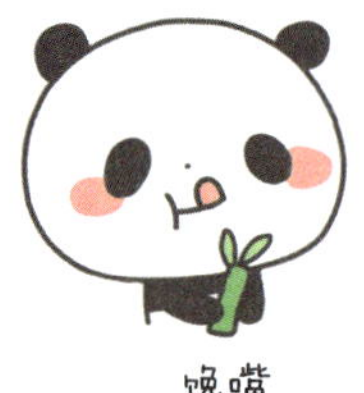

馋嘴

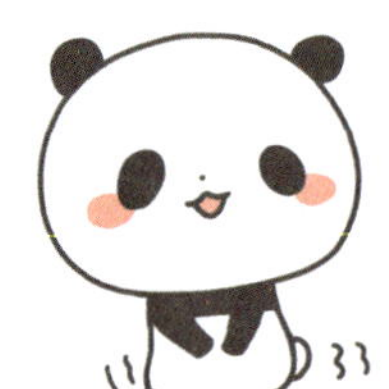

左右摇摆

画出短线代表晃动。

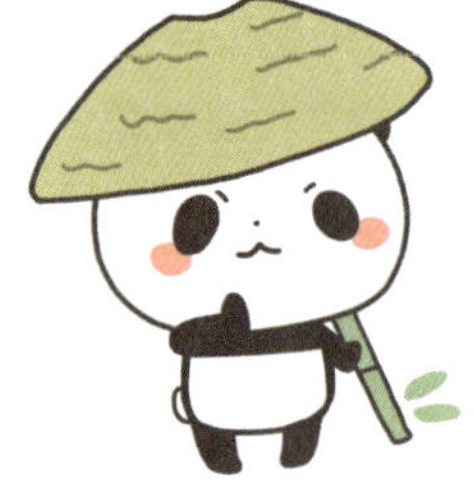

功夫熊猫

会中国功夫的熊猫，武器是竹子。

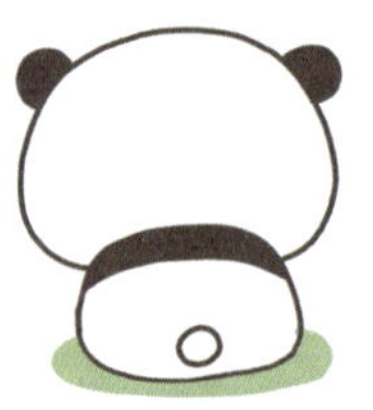

熊猫背影

有时候背影更可爱！

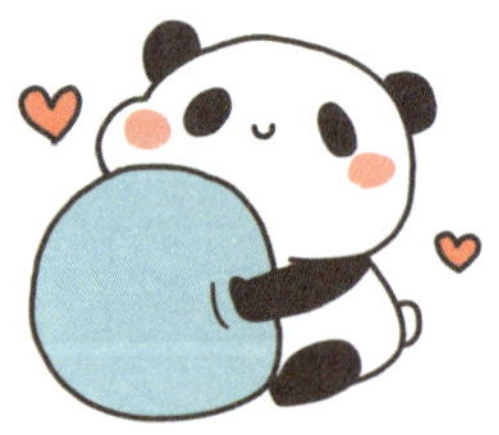

奇一抱抱

熊猫基地里一只喜欢抱“奶爸”大腿的熊猫！

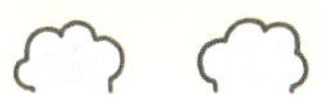

兔子

相对于其他动物，
兔子长得更像女孩子，适合画成小清新的风格！

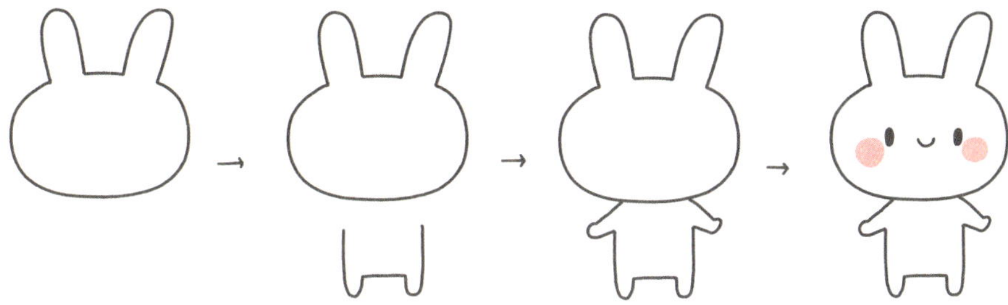

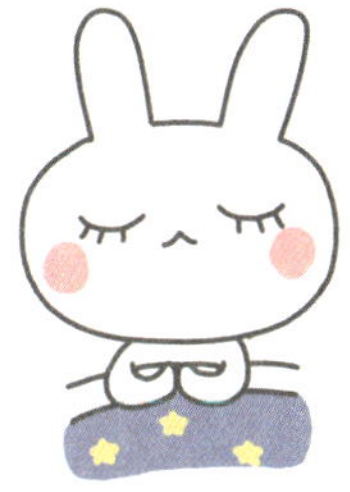

睡眠兔

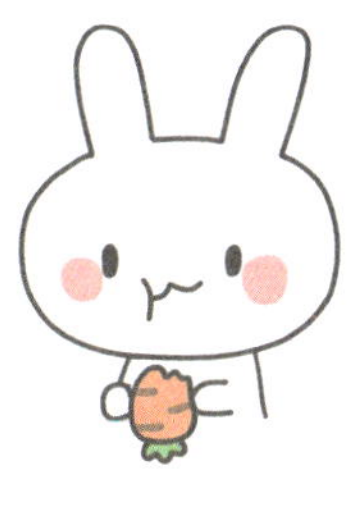

吃胡萝卜

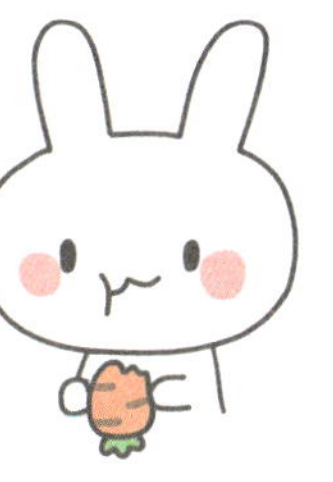

害羞的兔子

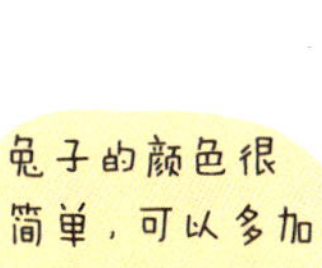

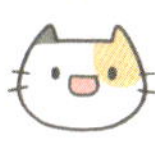

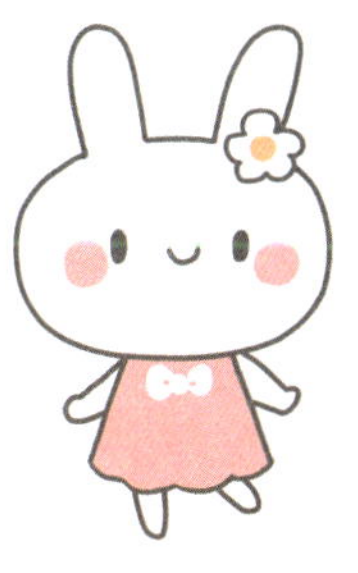

时尚兔子

像女孩子一样，给
兔子画上衣服和
头饰。

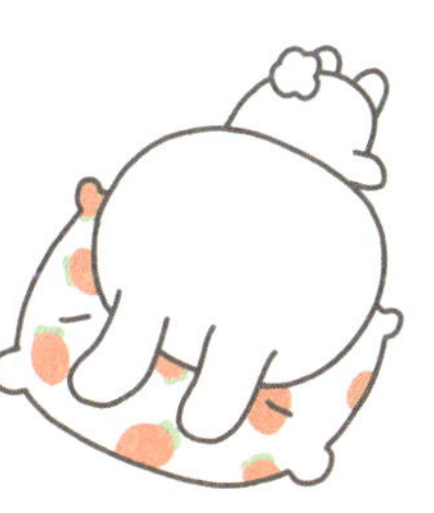

懒兔子

趴在枕头上呼呼
大睡！

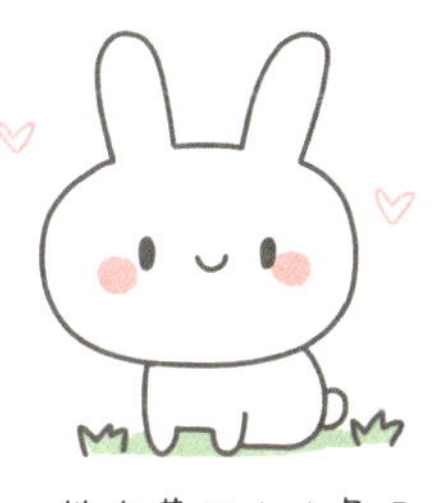

坐在草地上的兔子

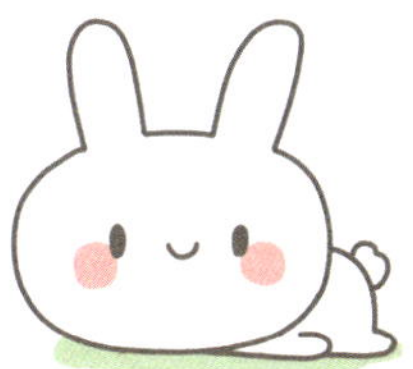

趴在草地上的兔子

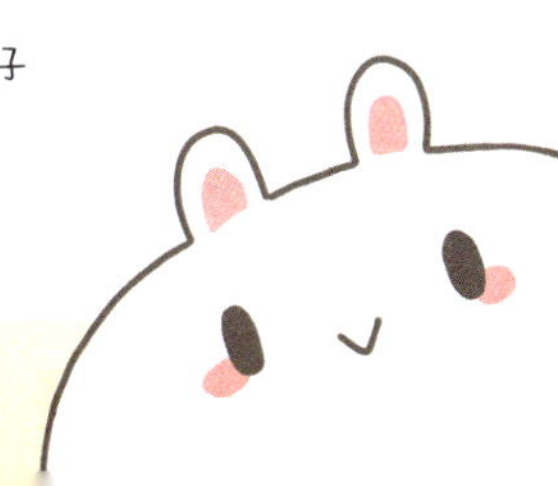

疯狂动物城

看看动物城里还有哪些可爱的动物！
抓住它们的特点画！

小熊

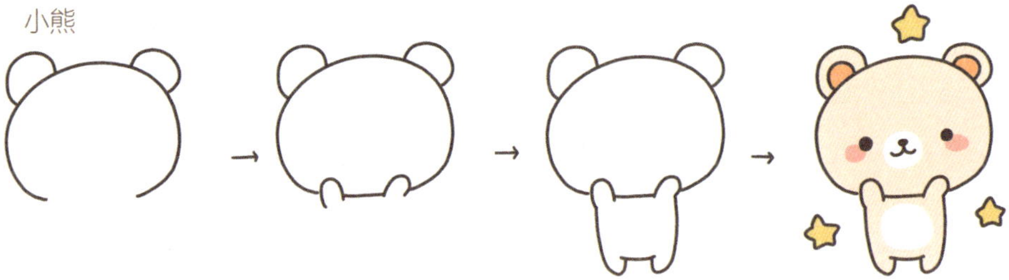

喜欢说“晚安”的小熊。用夜晚和星星点缀画面！

小猪

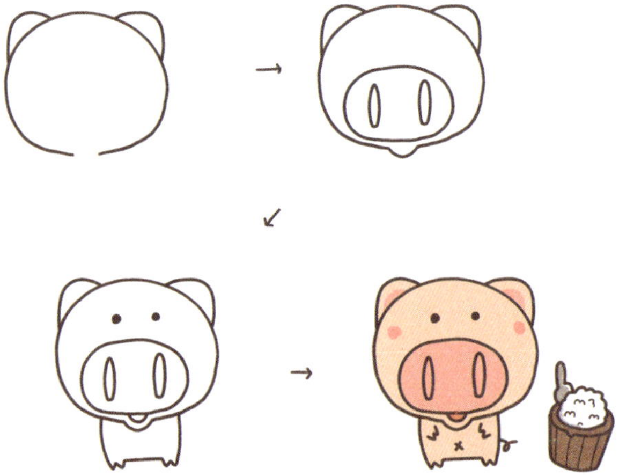

饭桶

总是感觉吃不饱的小猪。

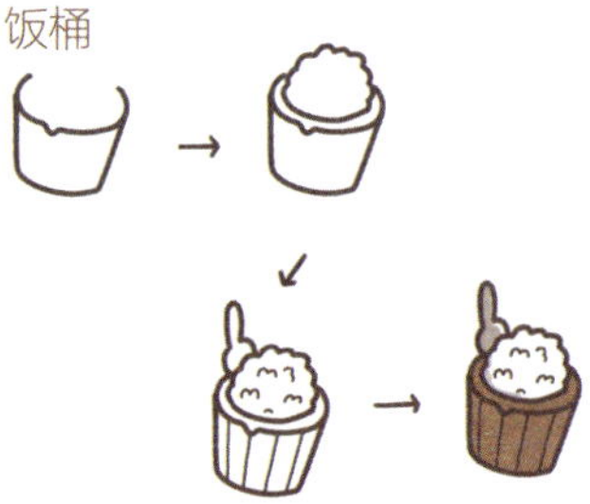

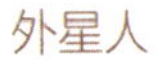

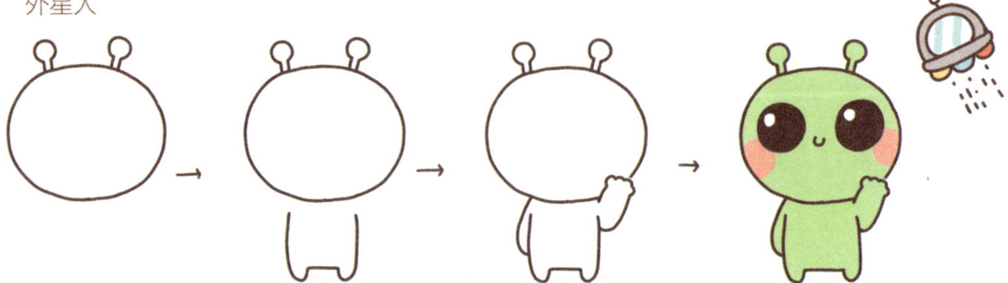

友好的外星人，觉得地球很美丽！

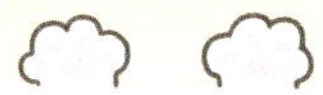

鲸

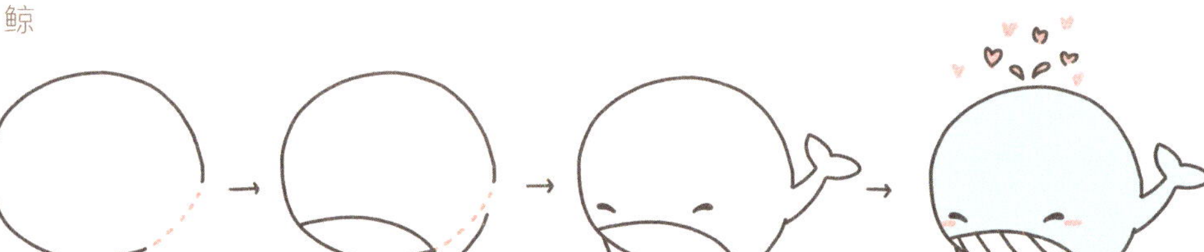

大象

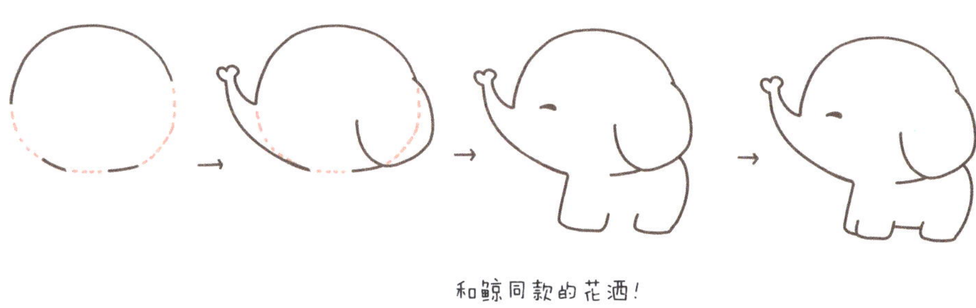

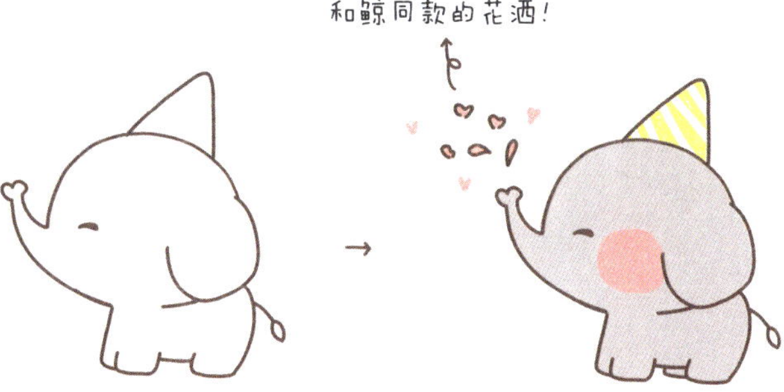

戴个领结，像大恐龙的模样！

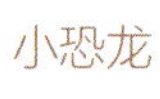
小恐龙

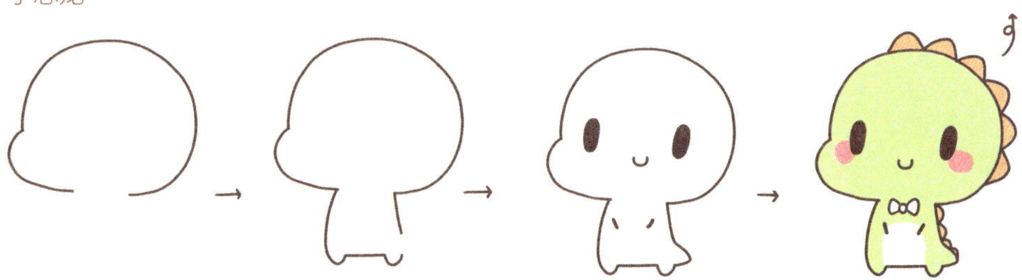

猴子

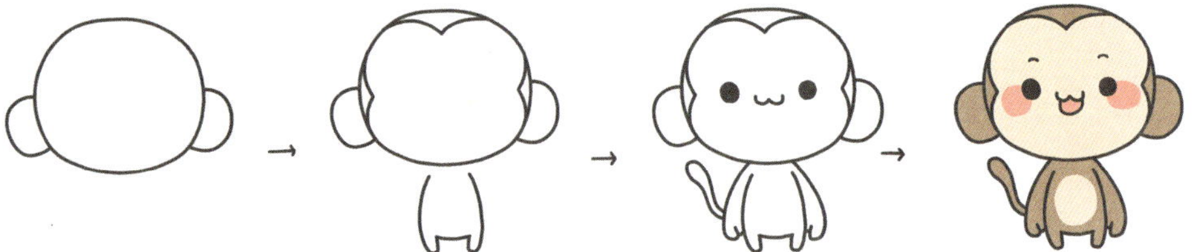

小狐狸

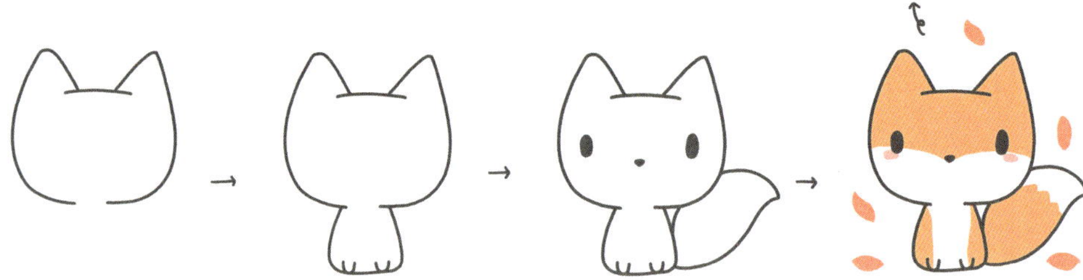

狮子

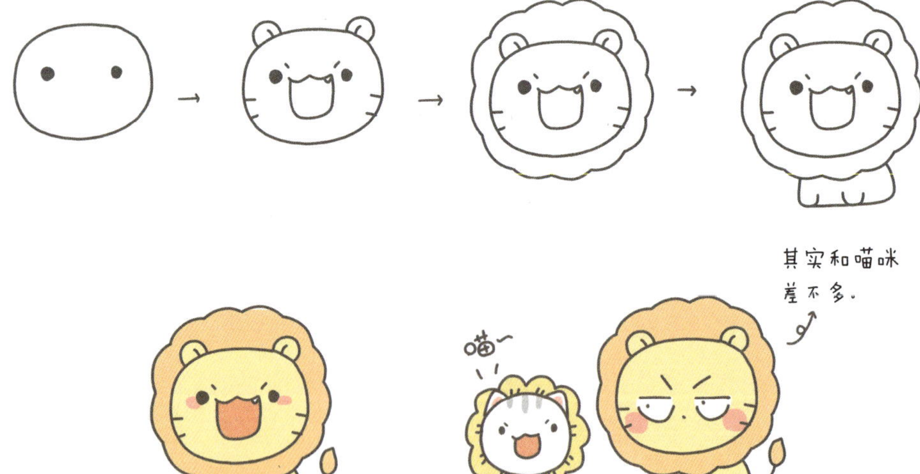

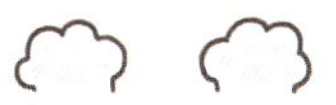

发型酷酷的羊驼，
给人高冷的感觉！

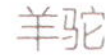

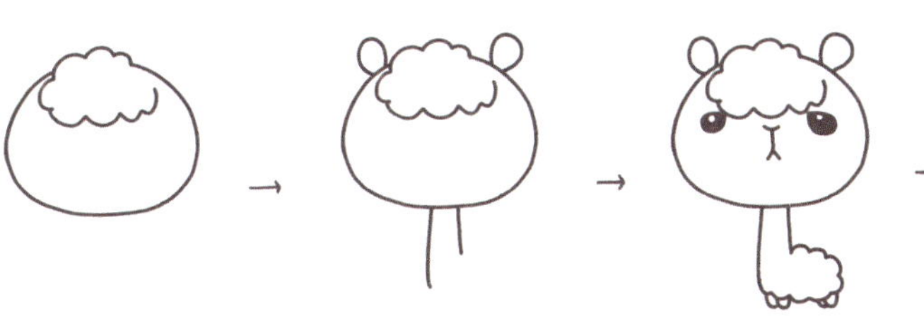

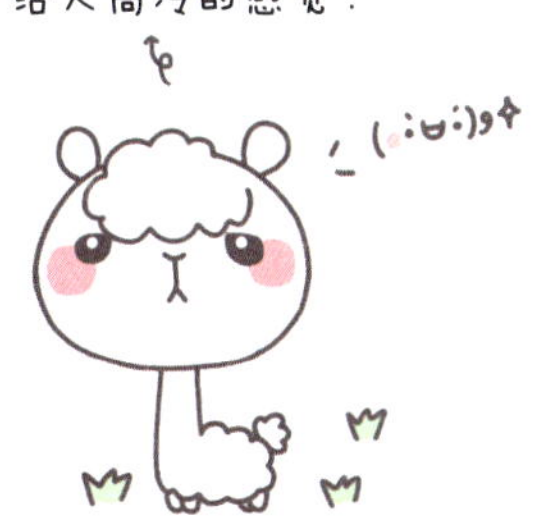

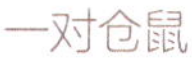

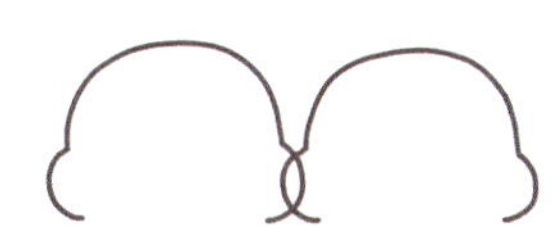

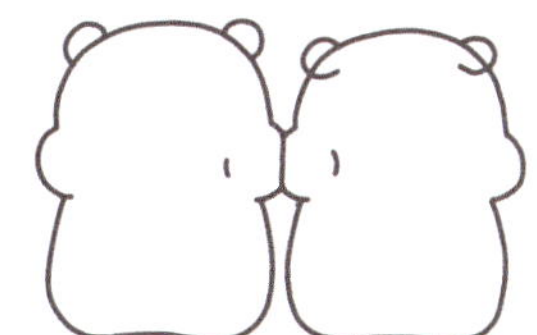

把脸蛋挤在一起画！

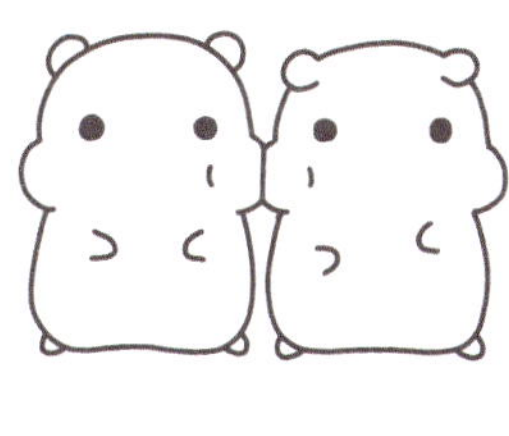

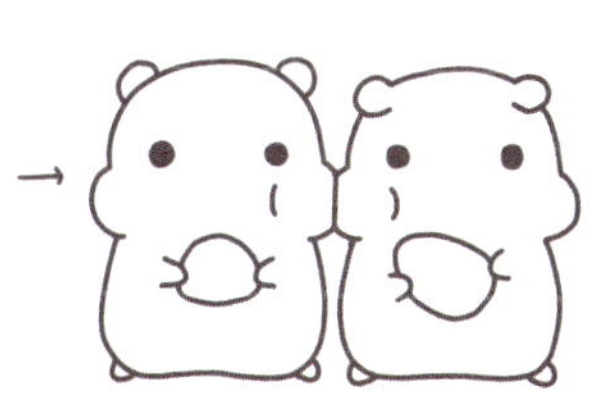

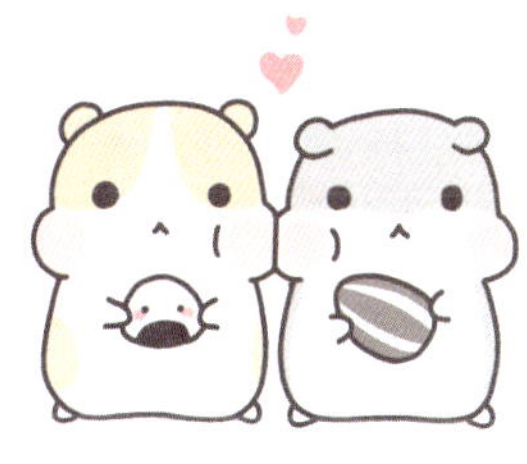

头上戴着路由器！

长颈鹿

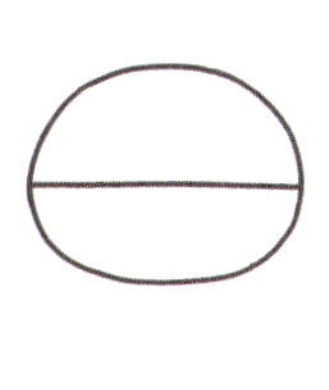

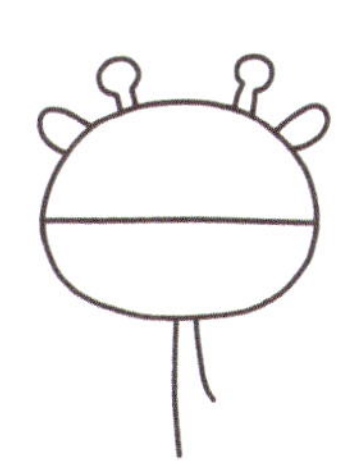

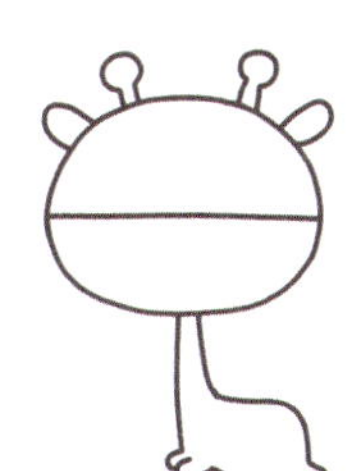

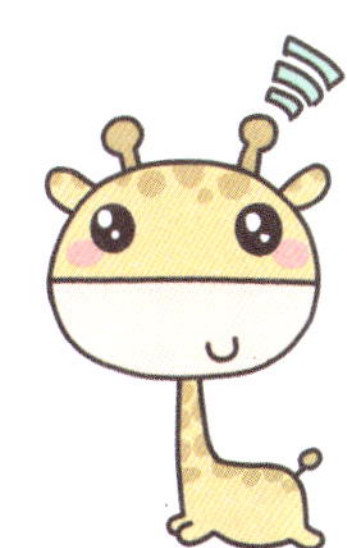

十二生肖

有时候我们可以不按照动物本身的体态画，在这里我们试试只用一个圆画出动物的整体形象！

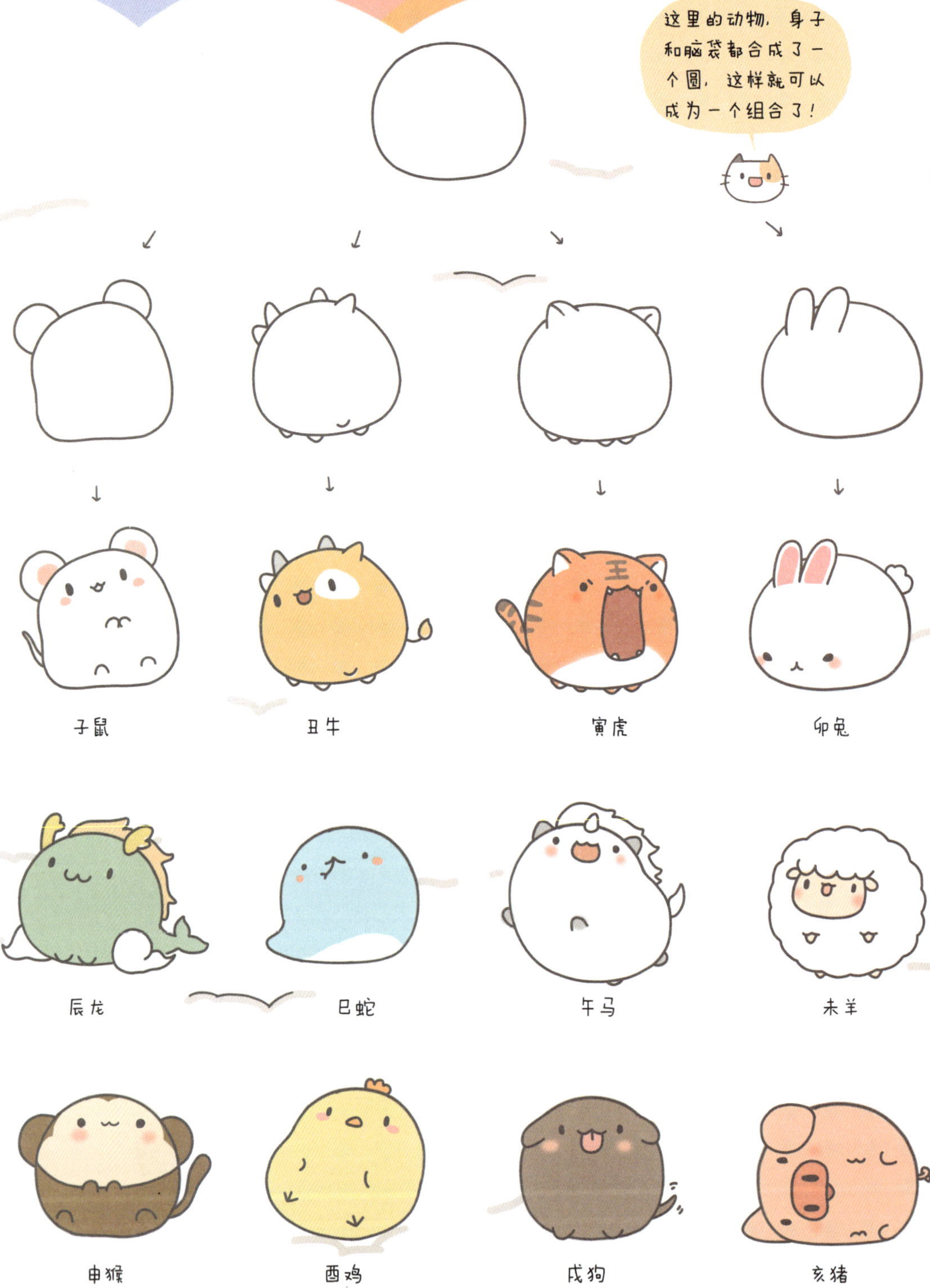

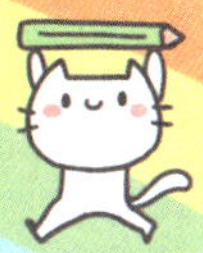

想一想还有什么动物可以用一个圆画出来吧！

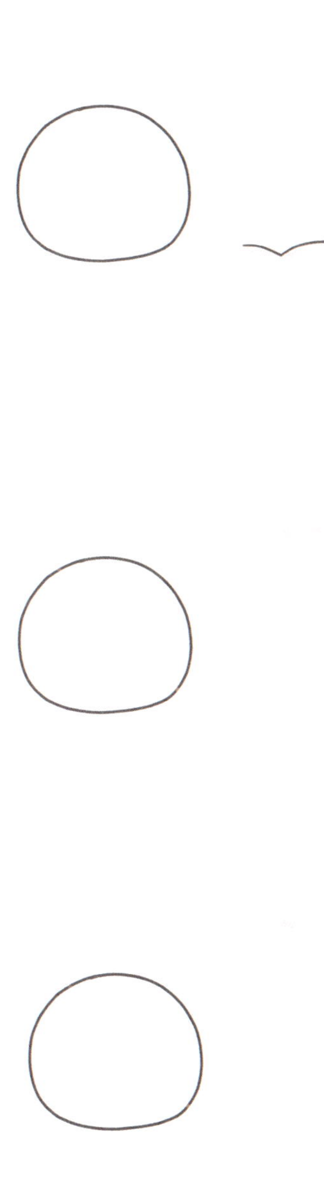

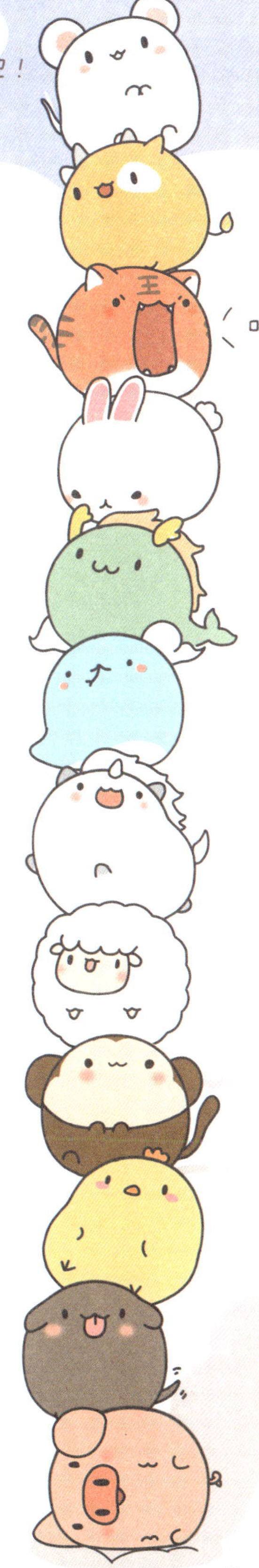

方块动物

延续上一篇的"脑洞"，我们用圆画了动物，那么现在用方块来试试吧！

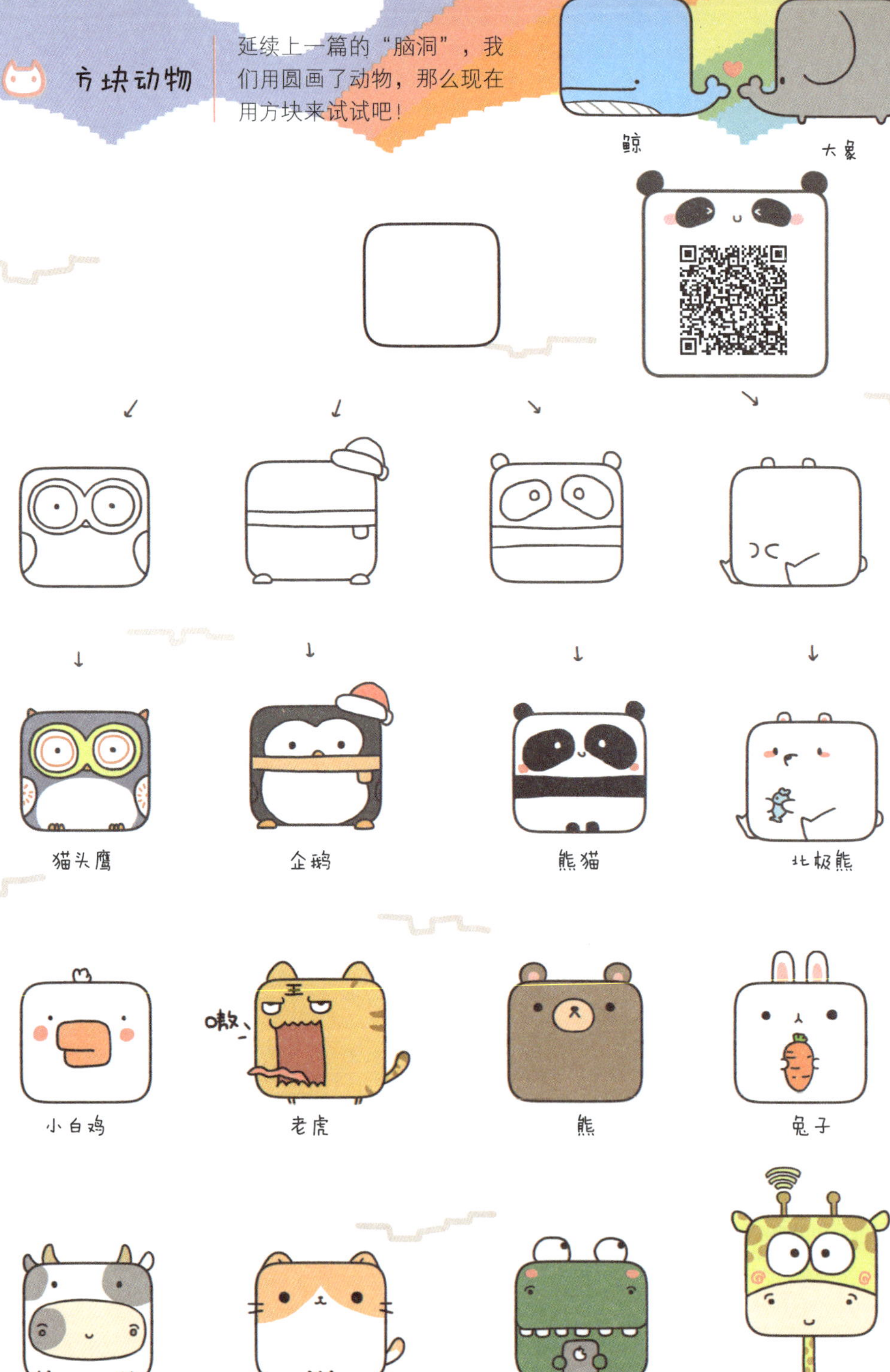

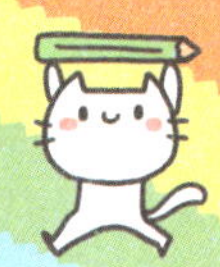

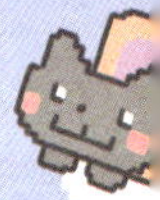

想一想还有什么动物可以用一个方块画出来吧！

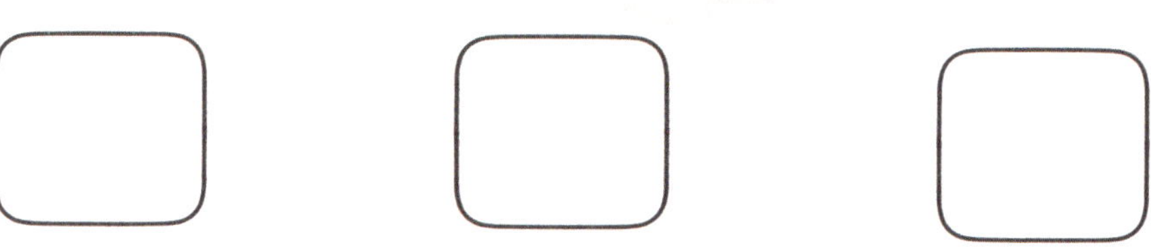

方块二班·毕业照

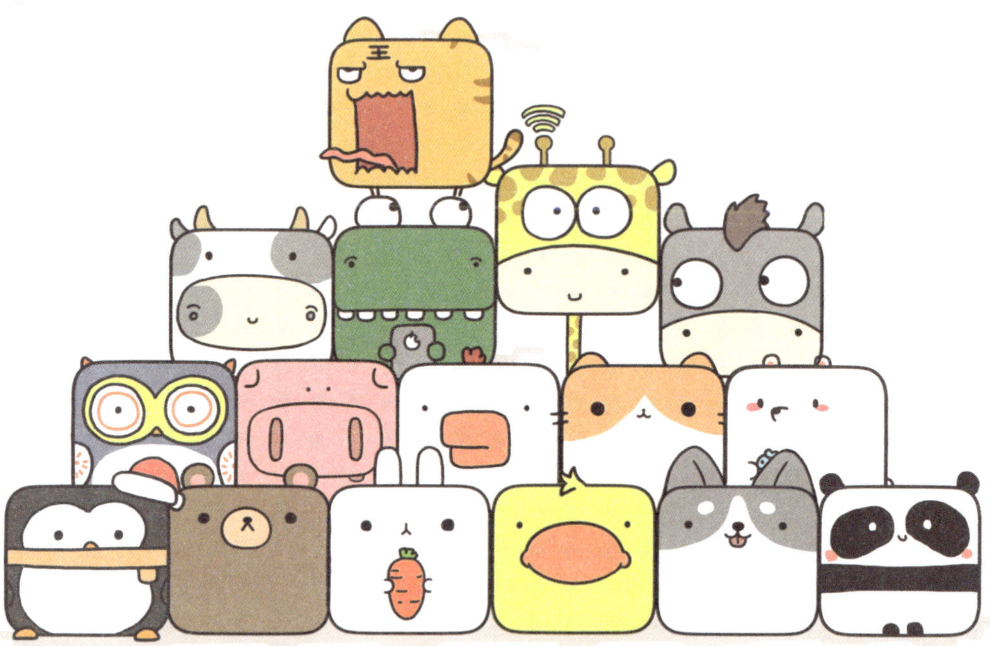

堆起来画

把动物堆在一起画，从上到下。
要注意它们的先后顺序。

一堆猫咪

1

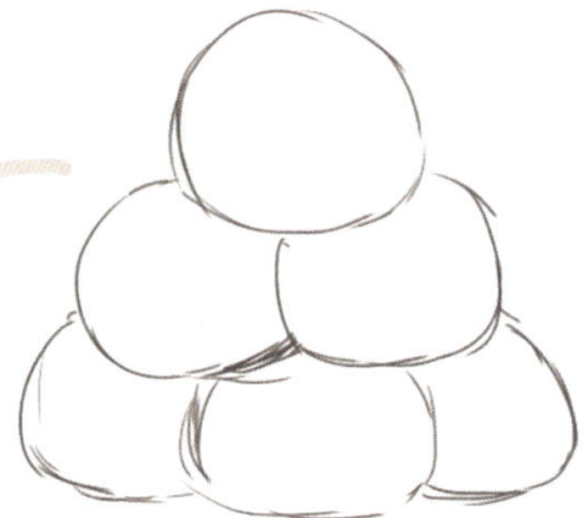

用铅笔画出每个猫咪大致的位置。

2

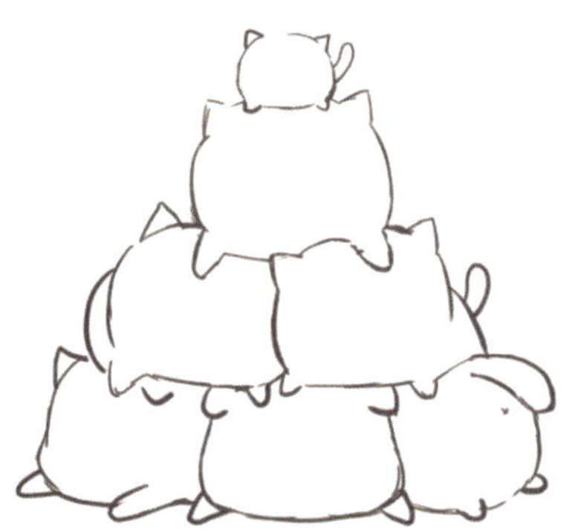

画出轮廓。

3

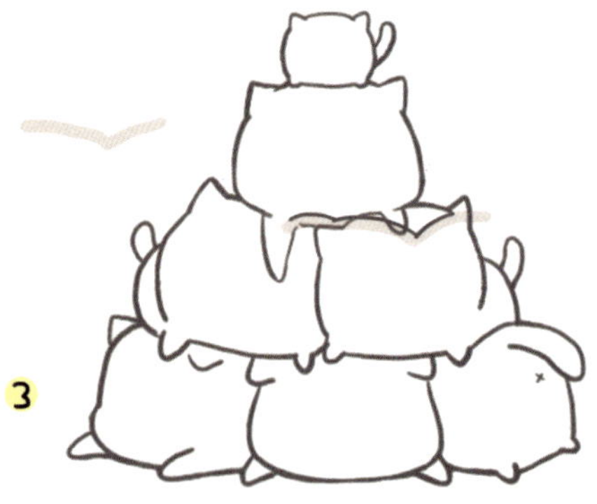

再用勾线笔描一遍。

4

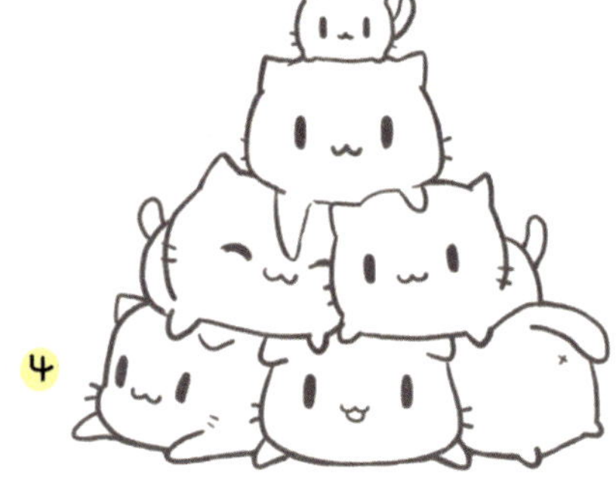

画出五官。

5

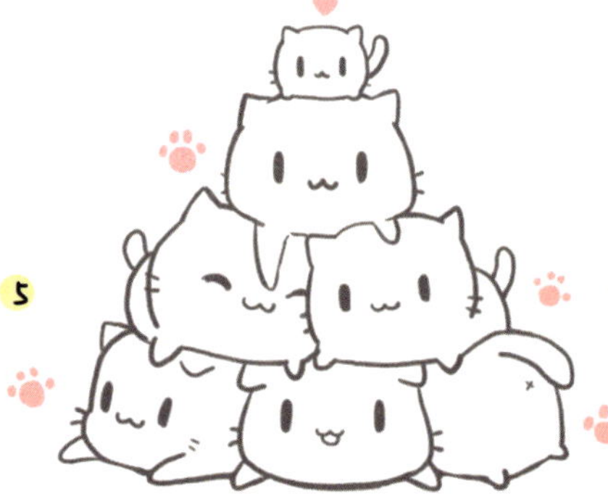

背景中加一点装饰。

6

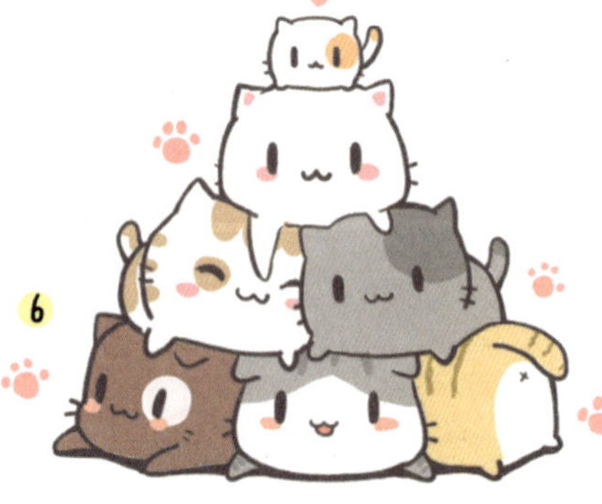

涂上颜色，完成！

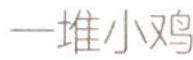

一堆小鸡

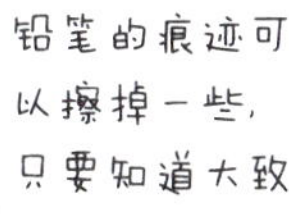

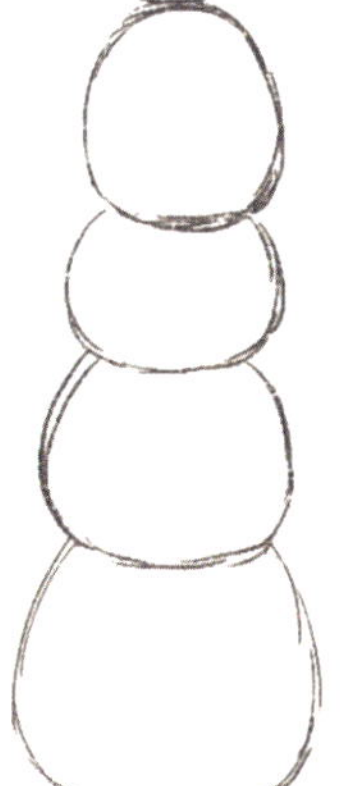

用铅笔画出轮廓。

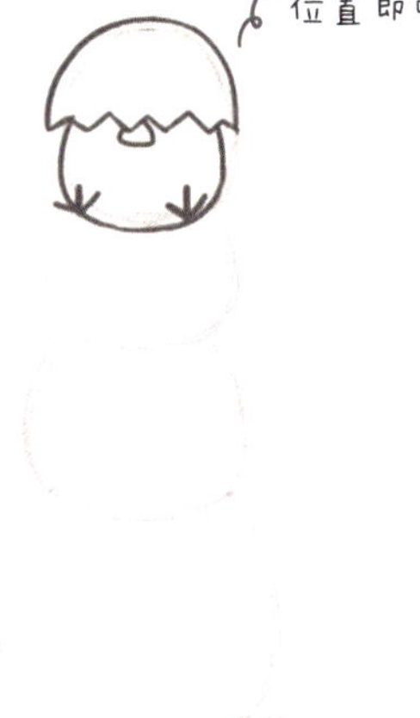

画出最上面的小鸡。

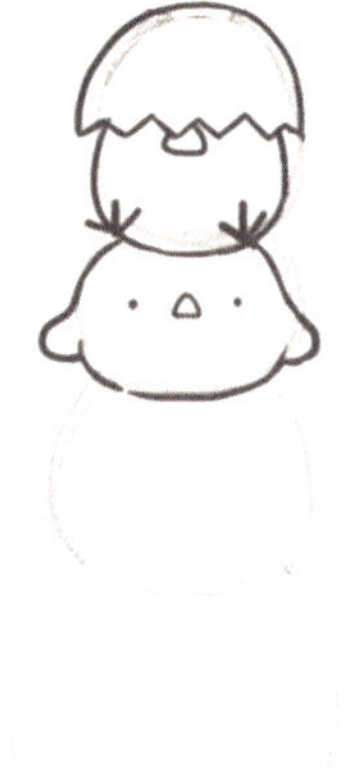

画出第二只。

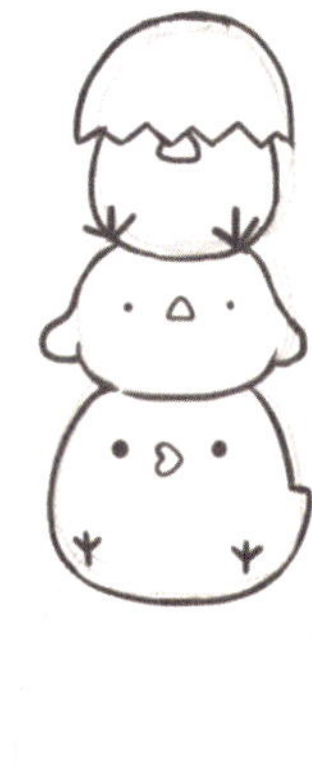

画出第三只。

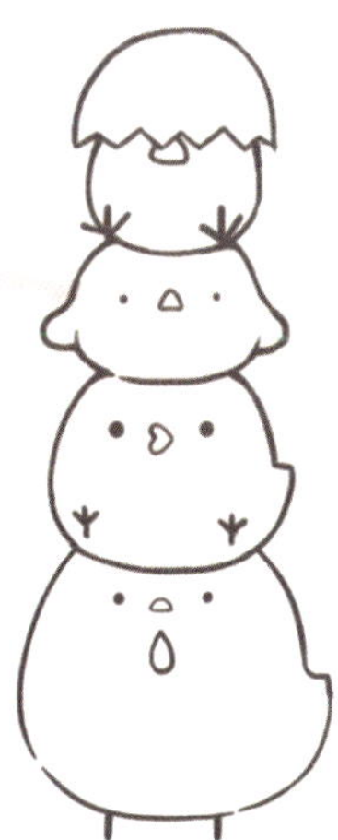

画完后完全擦除铅笔痕迹。

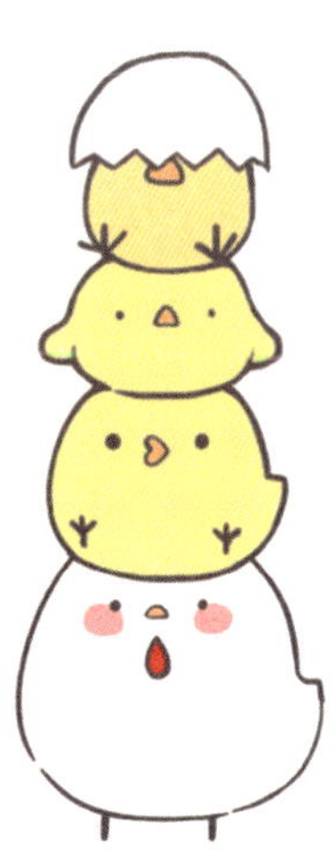

涂上颜色。

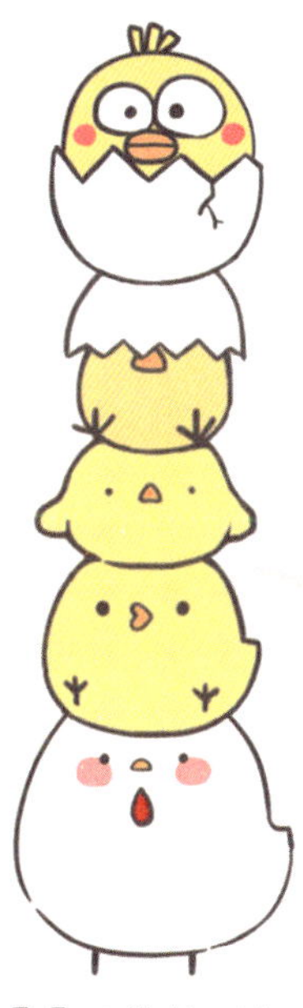

要是还觉得不够，
就再加一只小鸡！

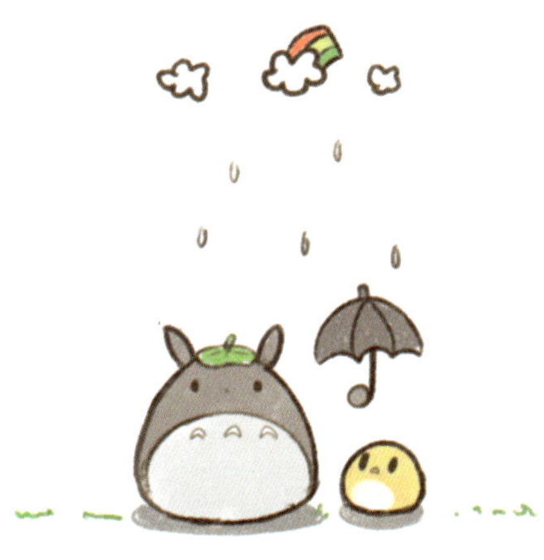

Don't Worry

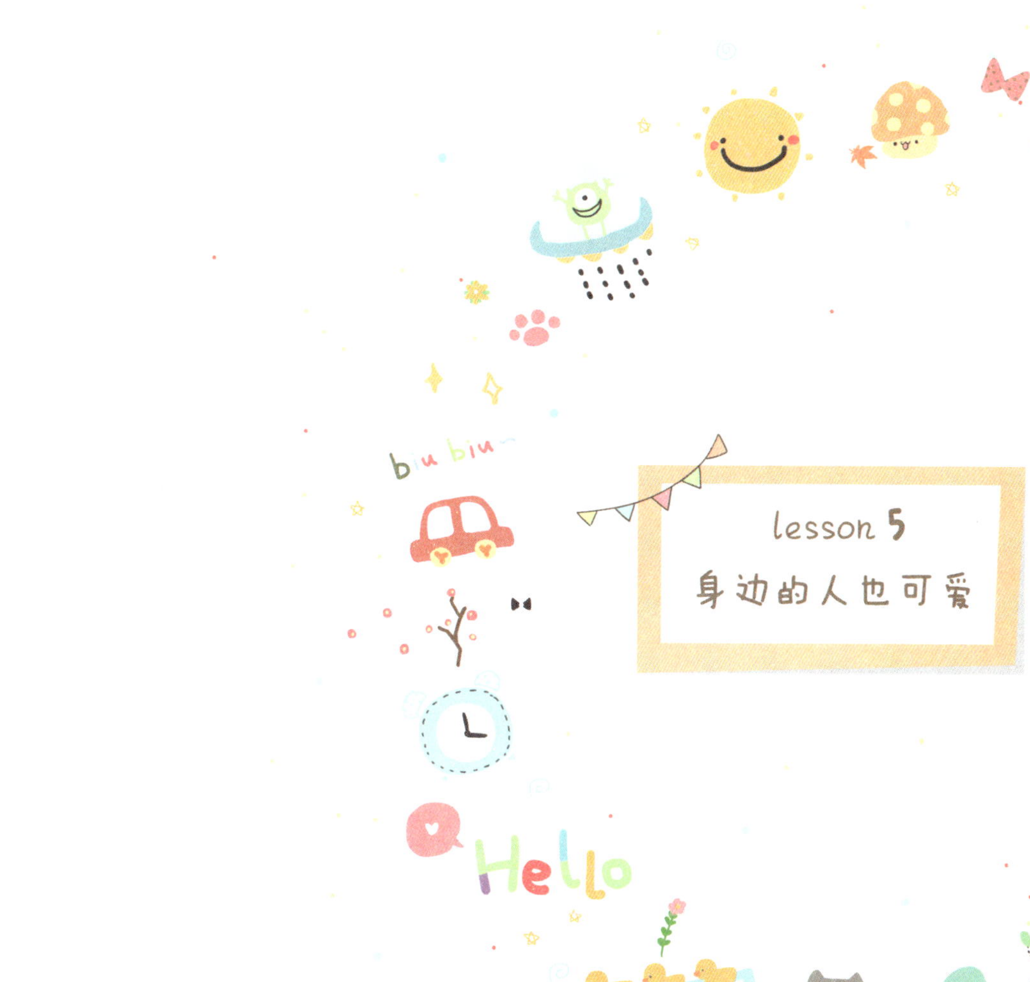

lesson 5
身边的人也可爱

绘制萌系人物的基本技法

只要掌握了画人物轮廓的方法，然后改变发型、表情、服饰等，就可以画出不同类型的人物。

脸型

萌系人物的脸型都是圆圆的，
要和实际的人物区分开来。

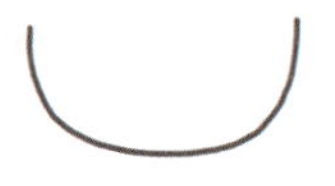
先画出半圆的脸型。

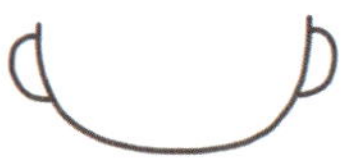
在两边加上耳朵。

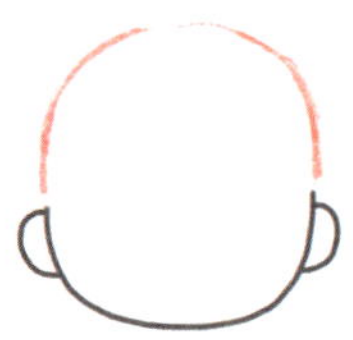
画头发之前要想象出脑袋的轮廓。

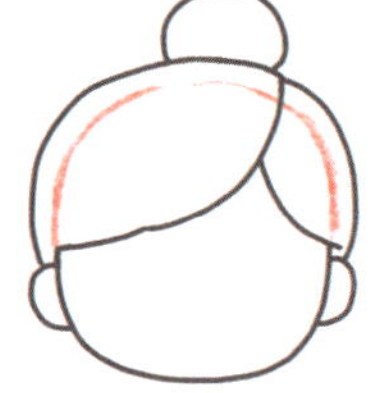
头发要有一定的厚度，画在轮廓外面一点。

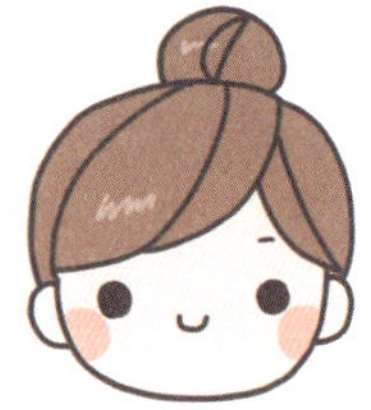
最后加上可爱的五官。

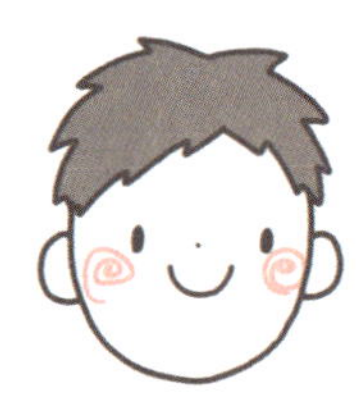
人物造型简单时，白色也可以作为皮肤色来使用！

为了表现出人物个性，也可以画其他脸型与人物结合。

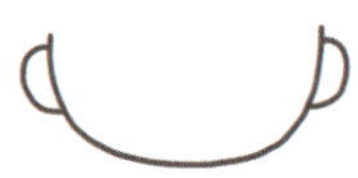

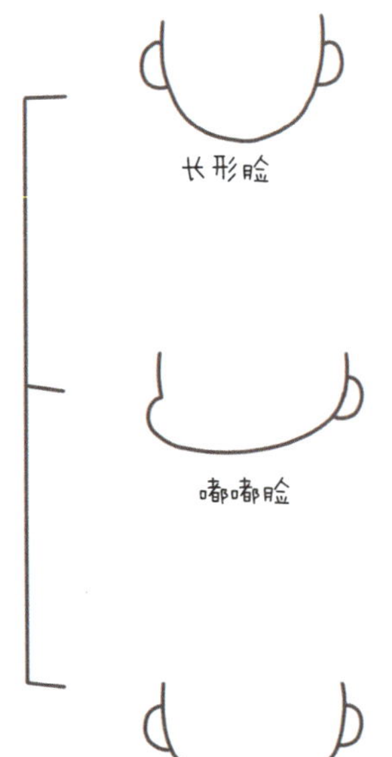

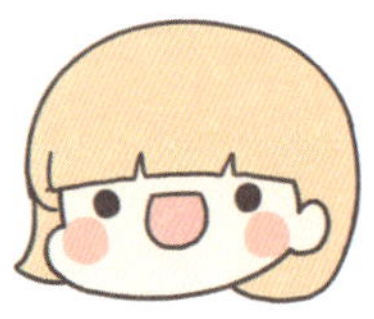

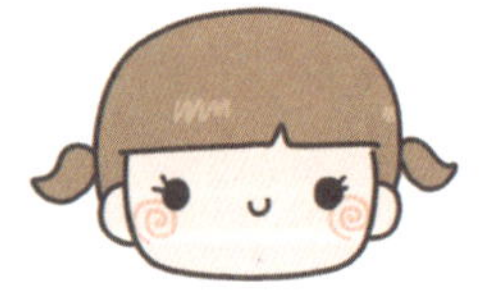

五官

一般情况下，萌系人物的五官都在脸的中间或者中间往下的位置。

这个人物的五官都在绿色中线以下。

更多的眼型

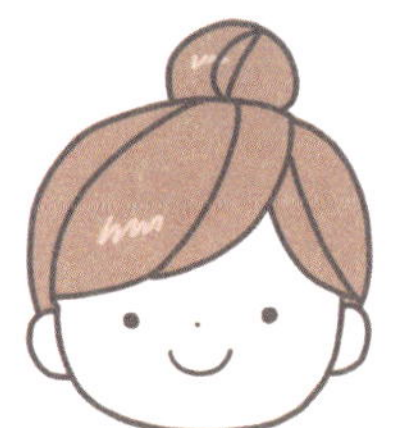

呆呆的小眼睛也很萌。

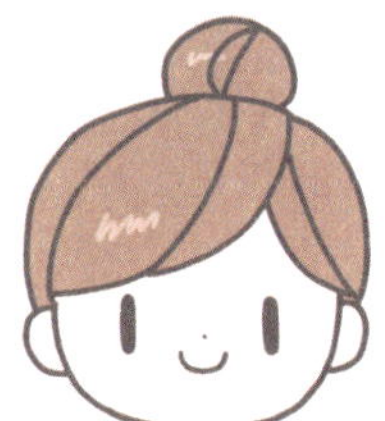

很有运动精神的长眼睛。

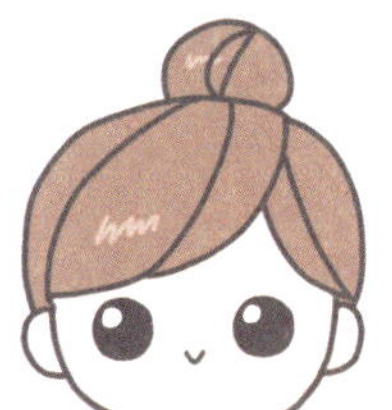

忽闪忽闪的大眼睛，很迷人。

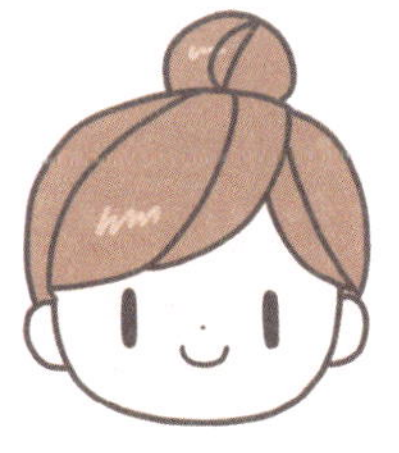

鼻子用一个点来表示。

→

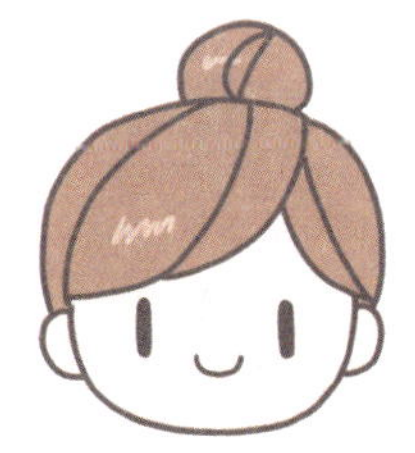

鼻子也可以直接省略不画！

在萌系插画里，动物以及拟人的物品都可以与人物的五官通用哦！

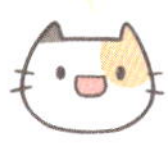

更多的嘴型。

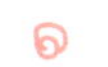

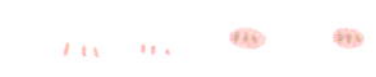

更多的腮红。

表情

把自己的喜怒哀乐画在本子里吧，
表情可以夸张地画！

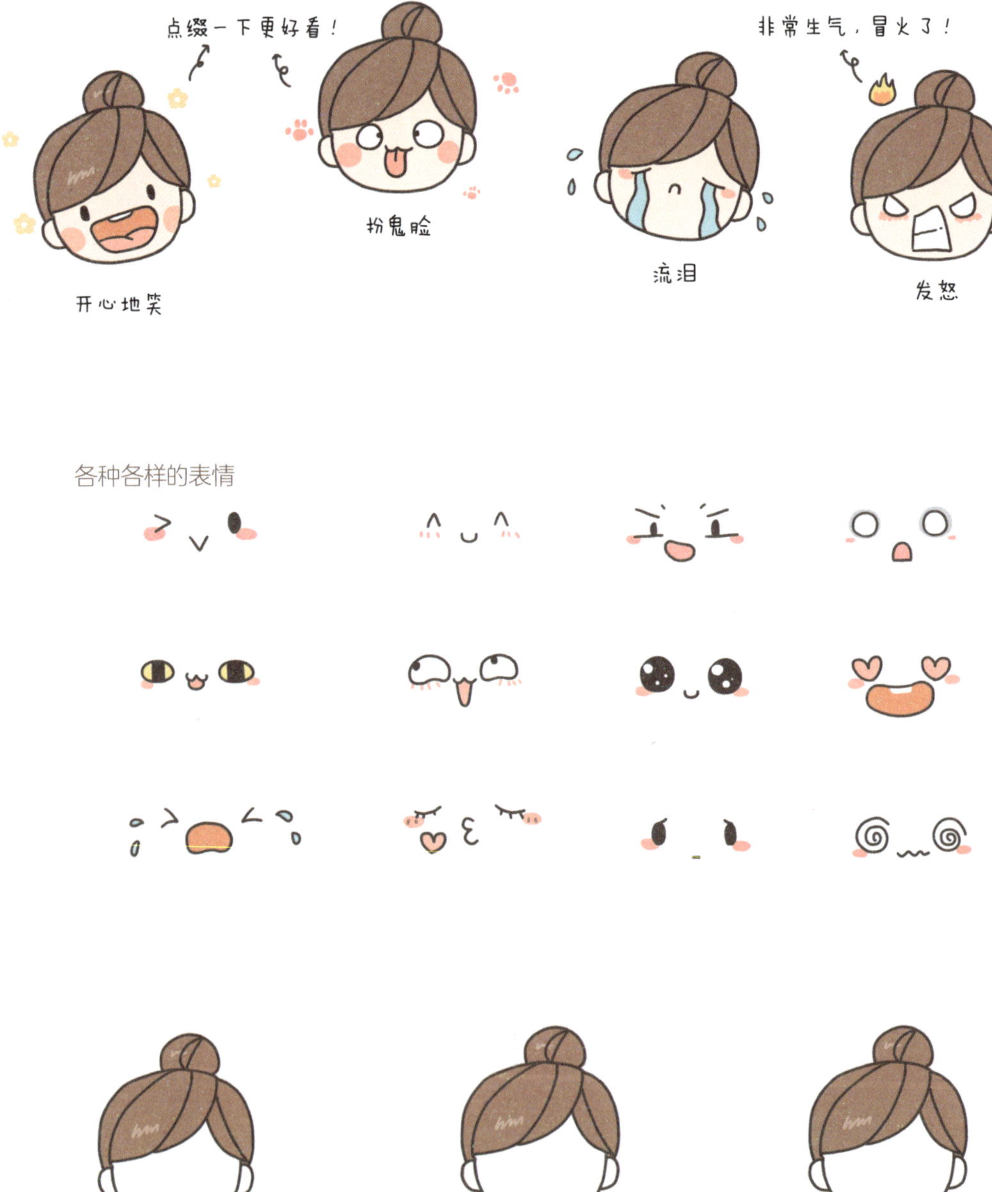

动手画一画不一样的表情吧！

发型

先尝试画短发，
在短发的基础上可以变化出不同的女生发型。

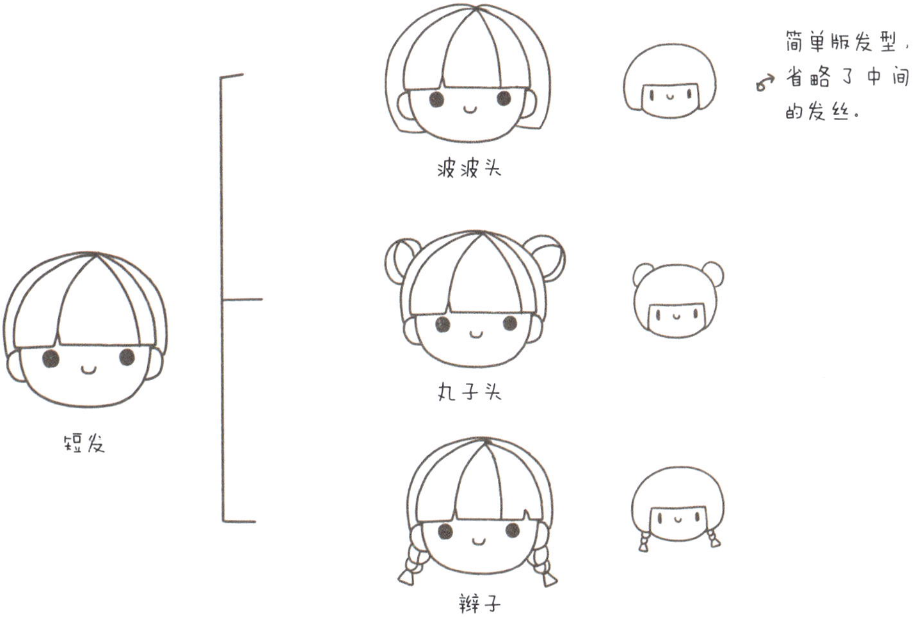

简单版发型，省略了中间的发丝。

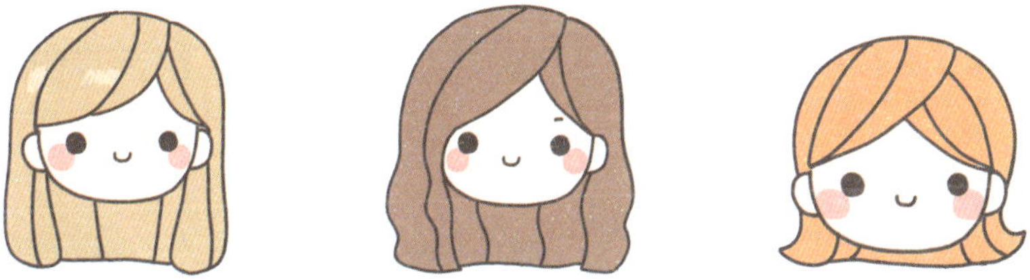

短发

波波头

丸子头

辫子

长发

大波浪

末尾翘

男生的发型更加简单，种类也更少。

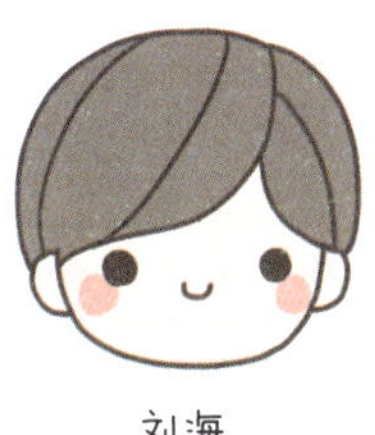

刘海

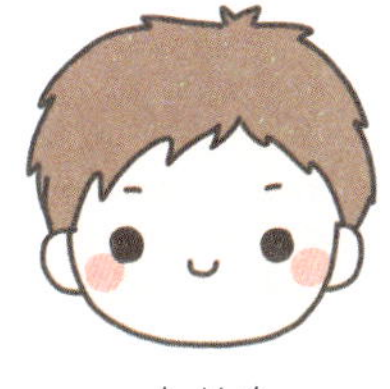

中长发

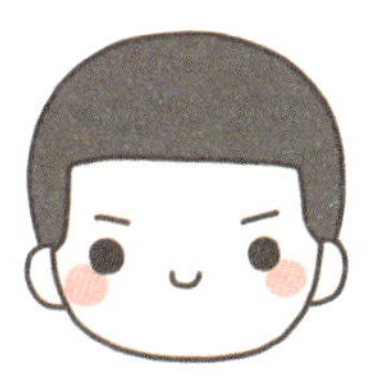

寸头

身形

掌握了脸型的画法就可以挑战画身体了，
萌系人物的身体一般都是二头身或三头身。

二头身

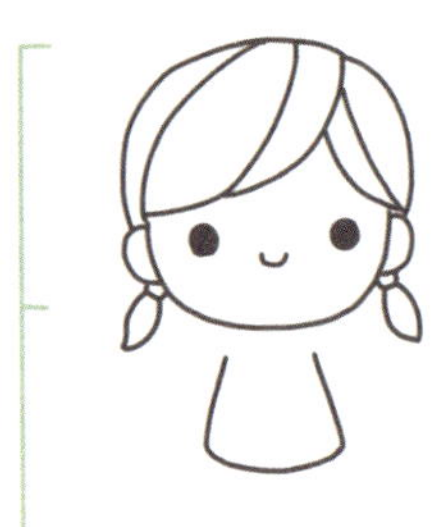

上半身用一个"凵"表示。

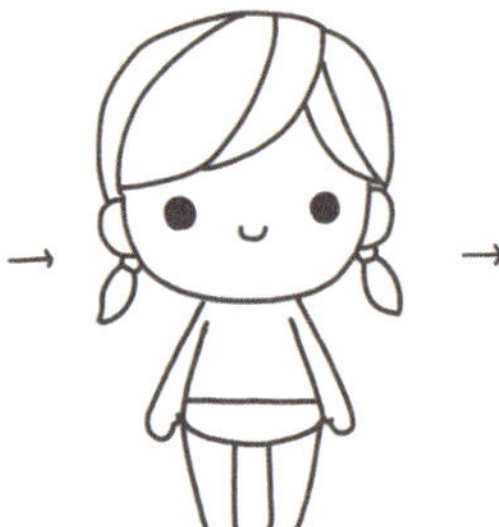

头部和整个身体的长度是相等的。

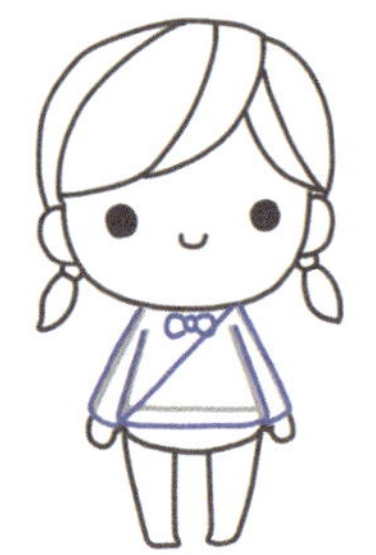

画衣服的时候要根据身体的位置来画。

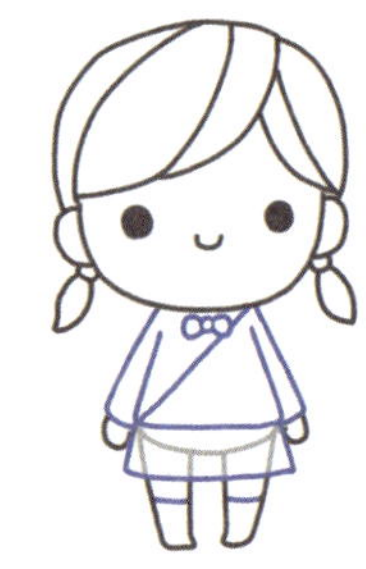

有身体的位置，就知道应将衣服画在什么地方了。

并不是要完全按照比例的规定来画，画成1.8头身或2.5头身也很可爱！

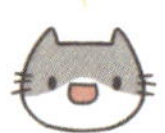

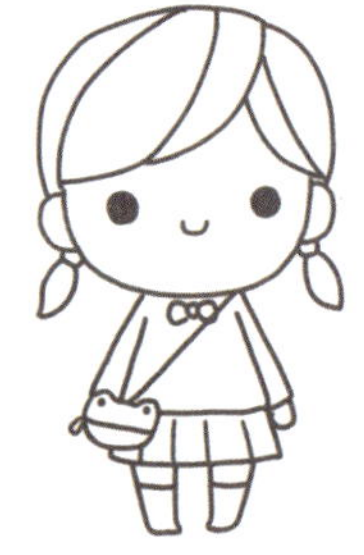

擦掉身体上的线条。

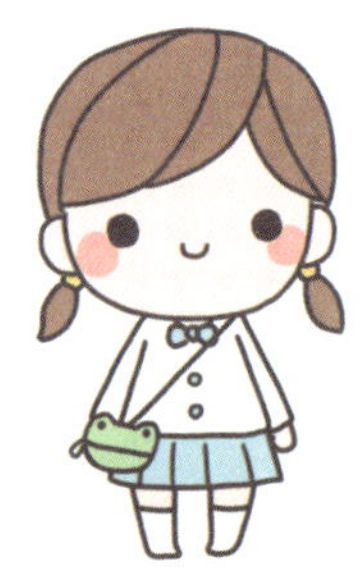

完成可爱的小学女生的绘制。

三头身

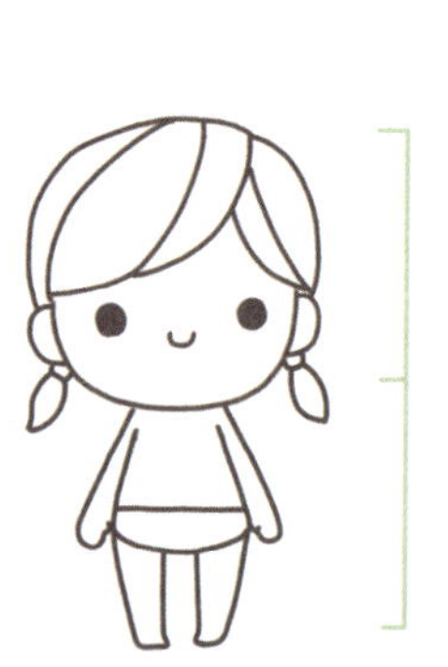

和画二头身的步骤是一样的。

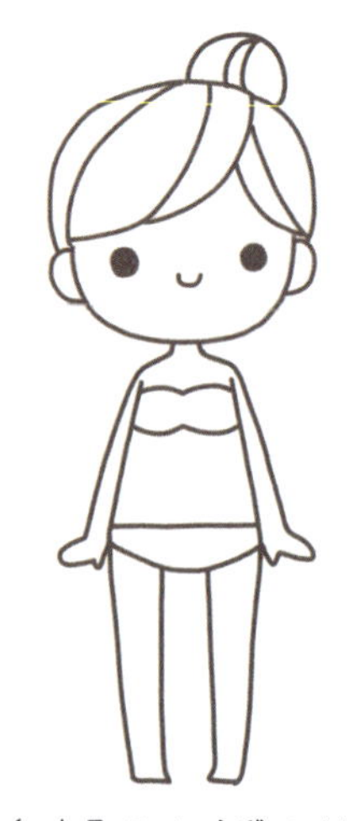

身体是两个脑袋的长度。

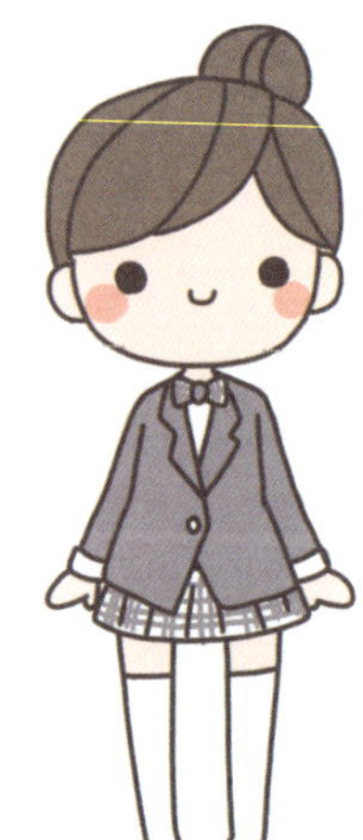

在身体的基础上添加衣服。

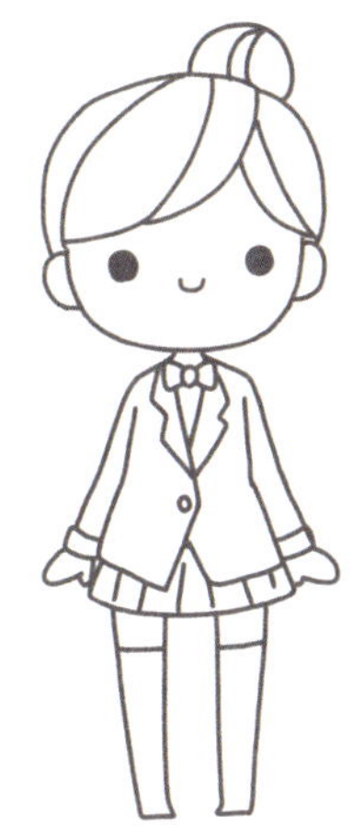
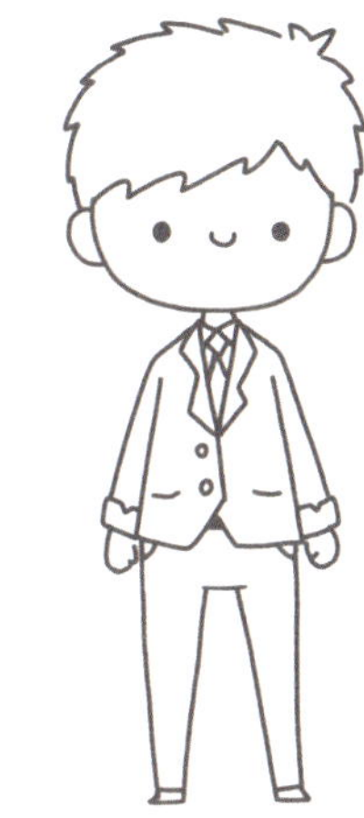
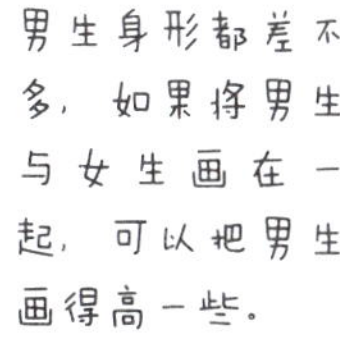
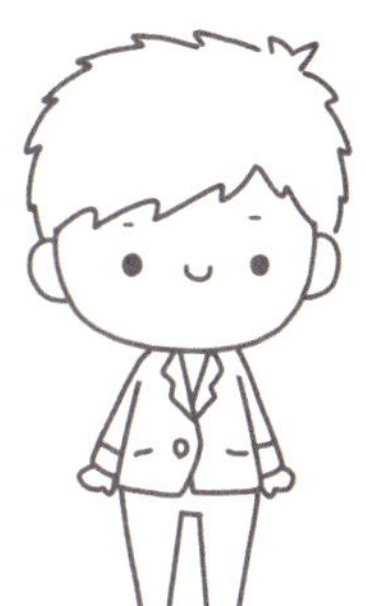

男生身形都差不多，如果将男生与女生画在一起，可以把男生画得高一些。

头身比例并不代表年龄，就算是成年人也可以画成二头身。

直接画衣服

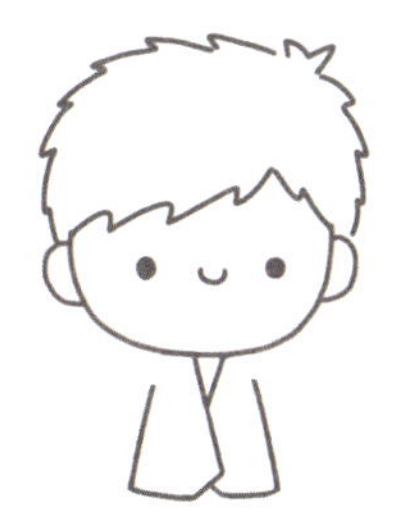
→
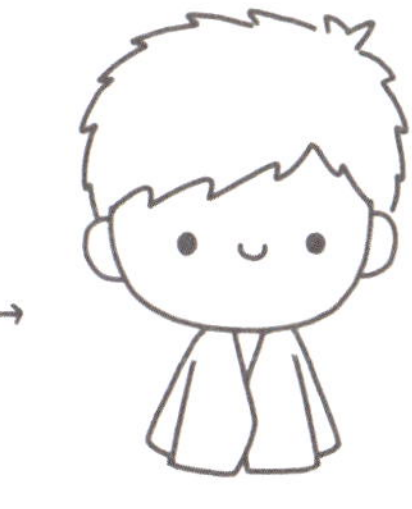
→
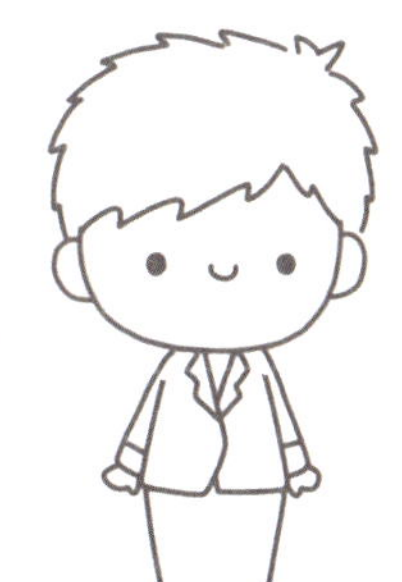
→
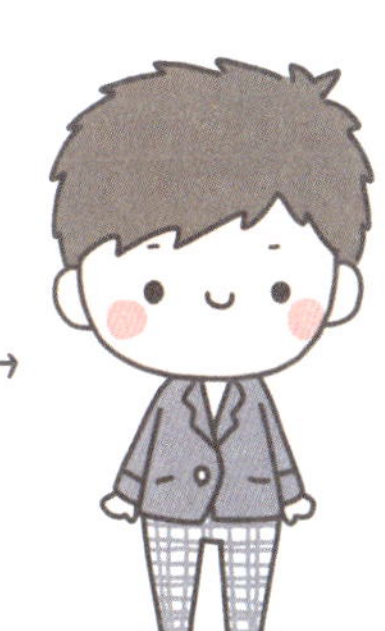

当我们对人物的体型比较熟悉了，就可以直接画衣服，不用再先画出身体了。

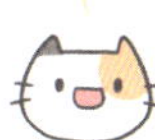
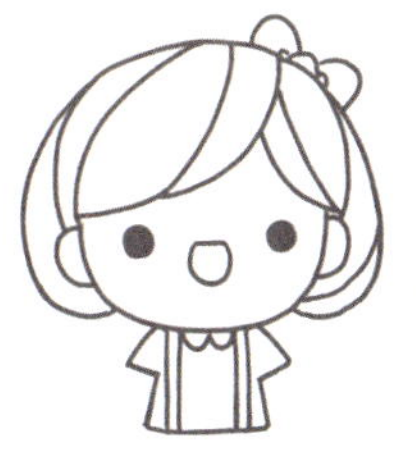
→
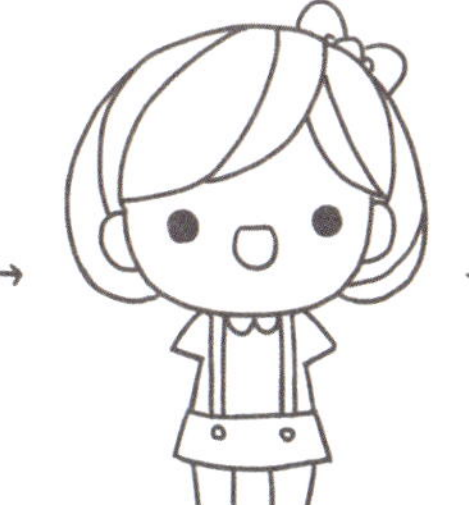
→
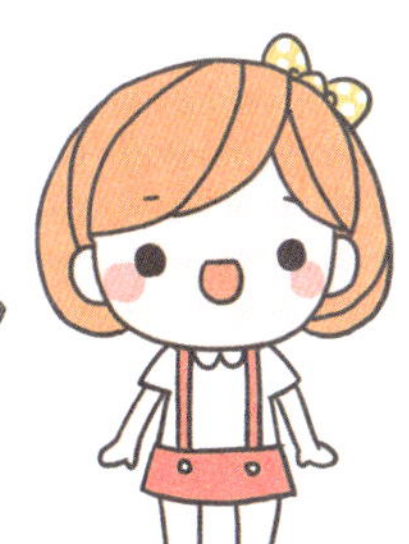

火柴人

初学手绘，用火柴人练习绘制人物的动作再合适不过了，只要注意关节的转动就可以画出动作。

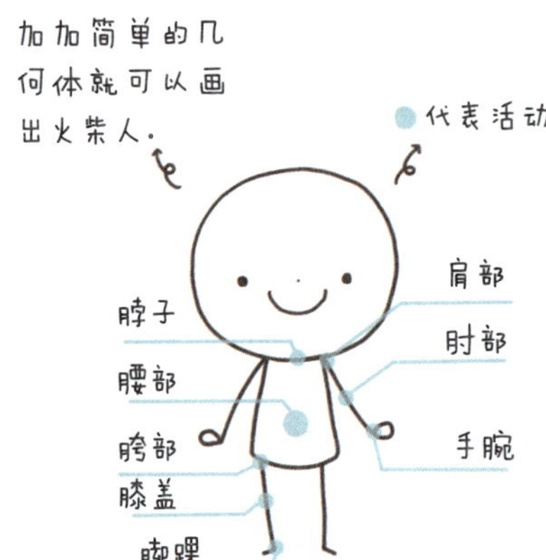

头的朝向

确定好五官的位置，就可以画出头部的朝向.

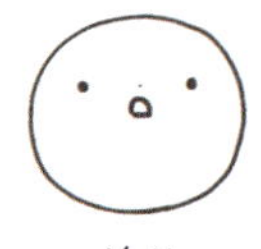
抬头

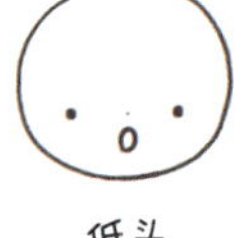
低头

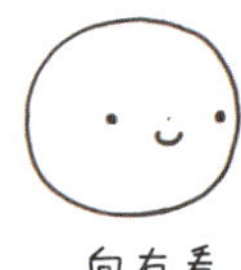
向右看

火柴人的动作

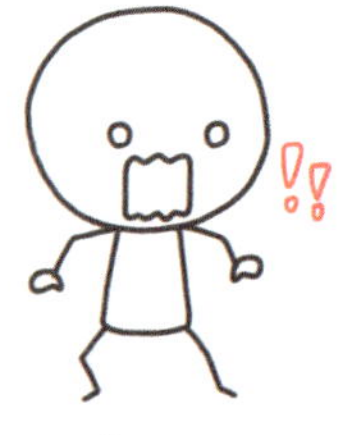
惊吓

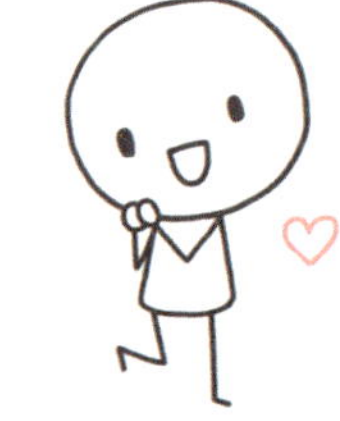
女孩子

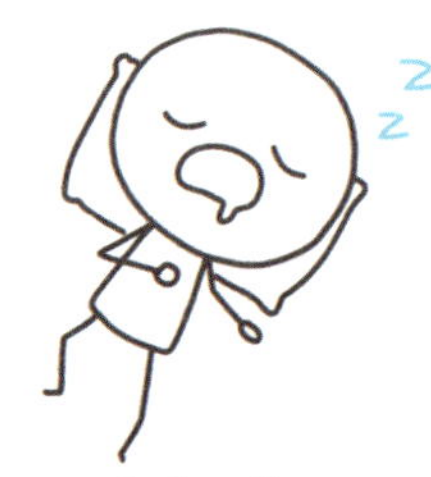
呼呼大睡

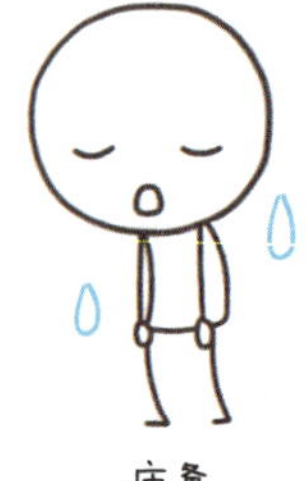
疲惫

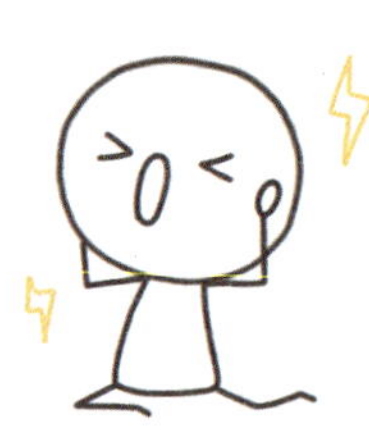
惊讶

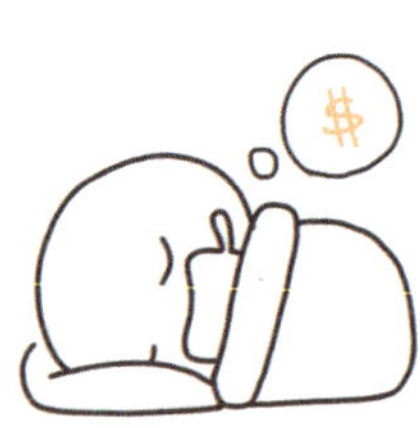
做梦

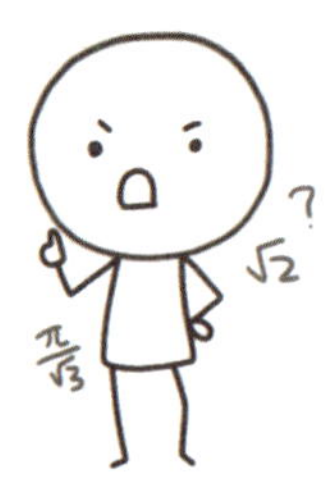
说教

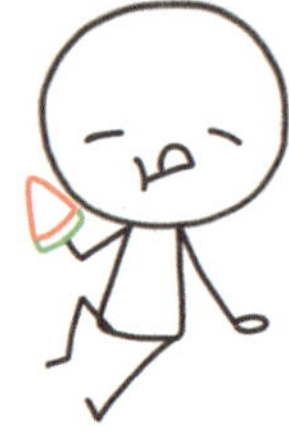
坐在地上

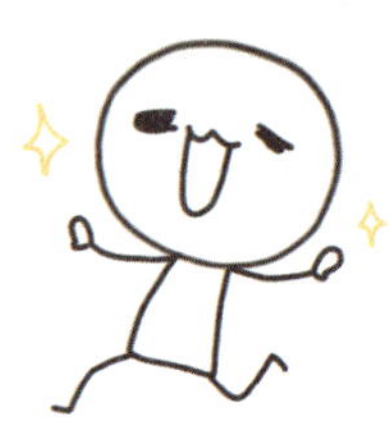
欢喜

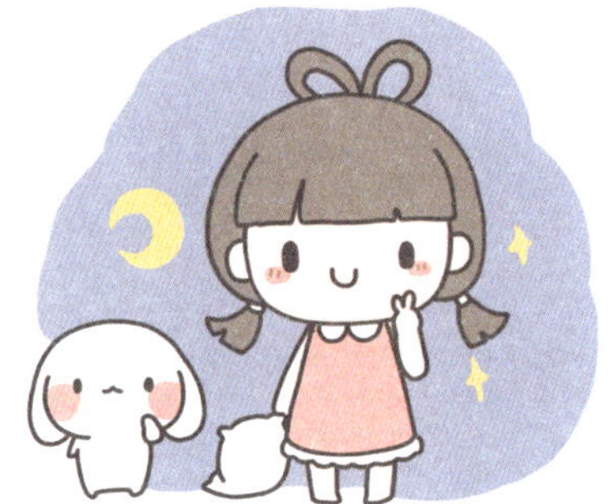

动作表情包 嫦娥的日常

将火柴人的动作加上肢体，就可以画出人物的动作了。

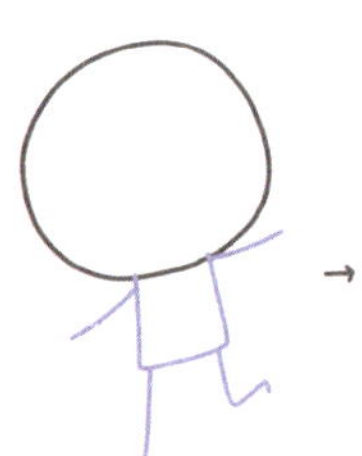

先用铅笔勾画出动作。

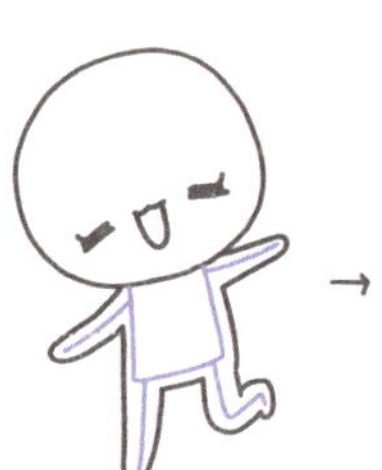

画出人物的身体。

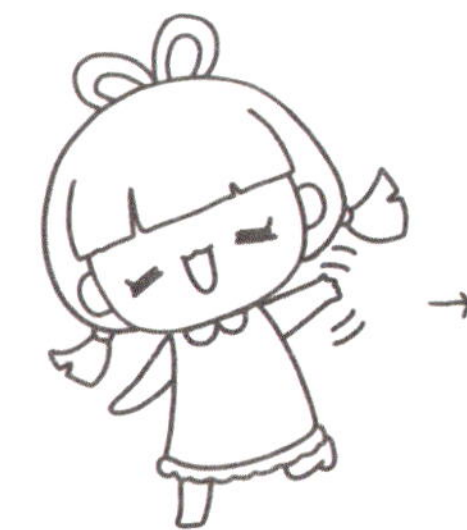

画上衣服，擦掉多余的线条。

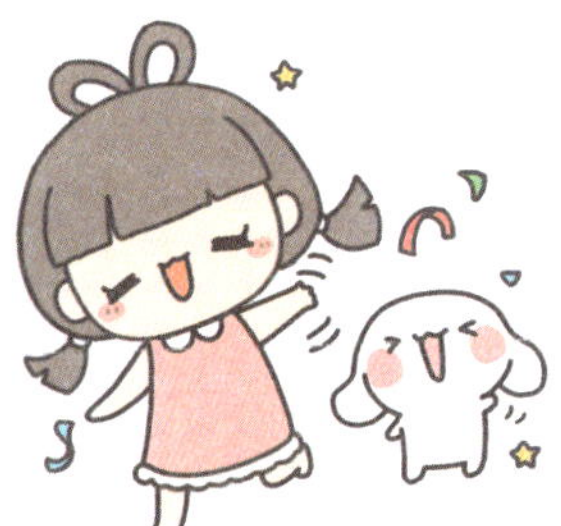

庆祝动作绘制完成！

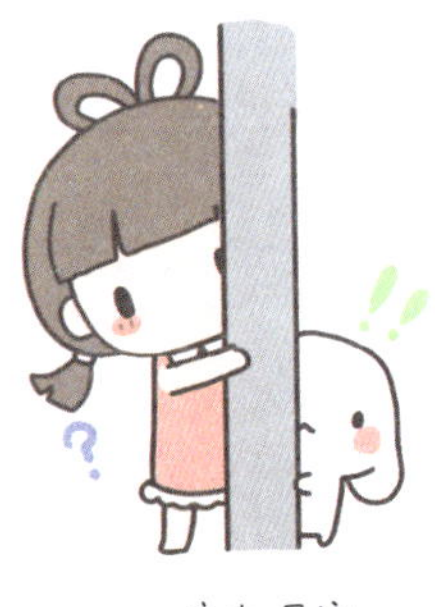

暗中观察

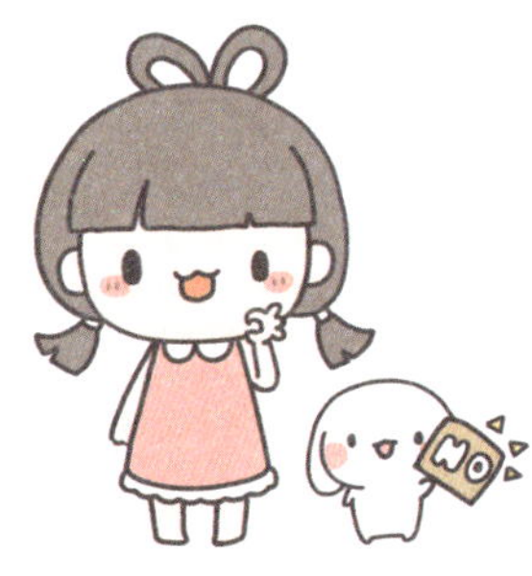

"OK"和"NO"

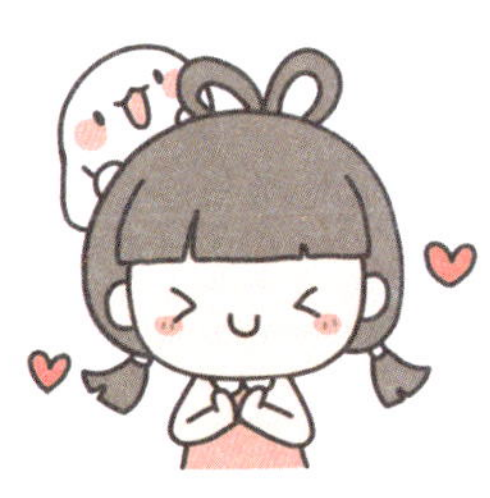

鼓掌

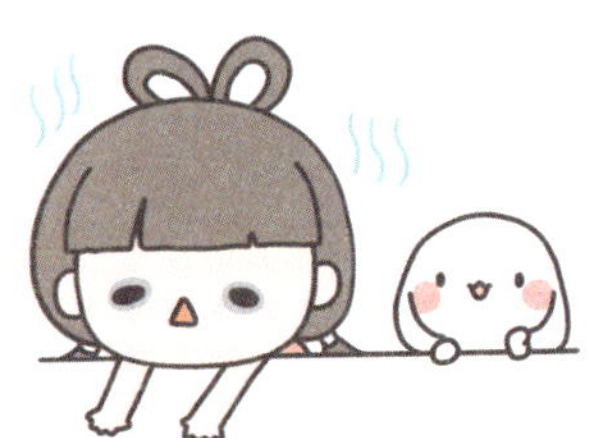

趴在桌子上

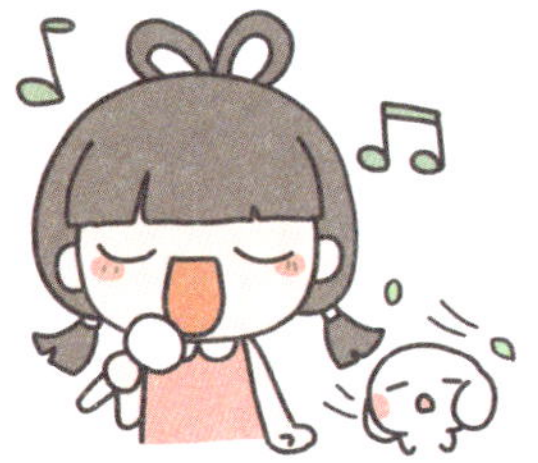

卡拉OK

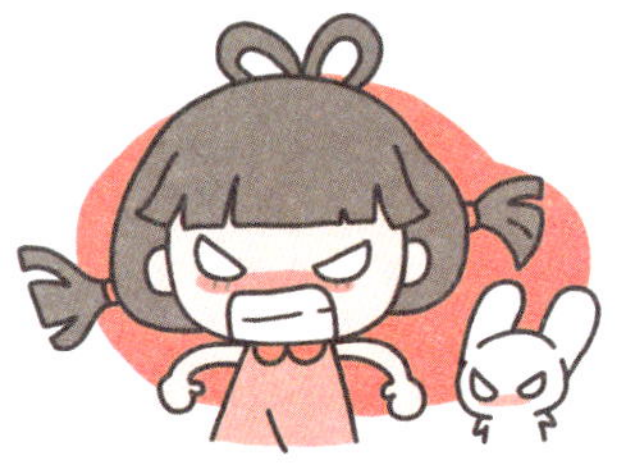

生气

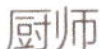

可爱的人们

画一画不同职业的人，
给不同的角色画上不同的服装。

厨师

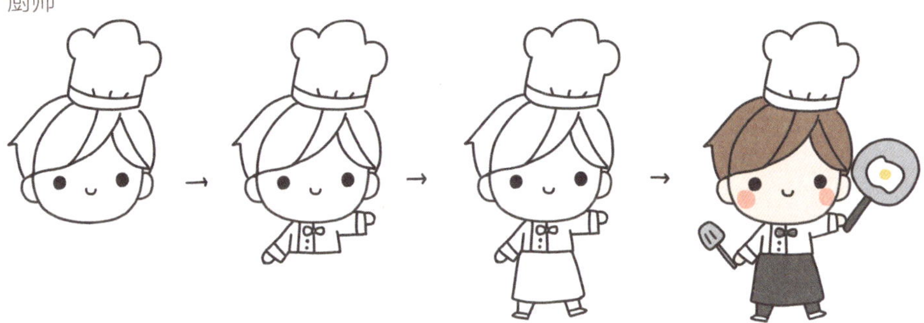

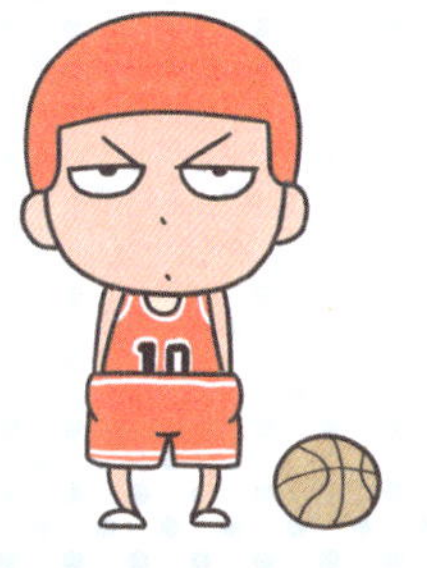

篮球选手

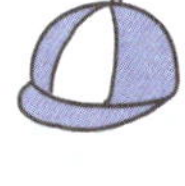

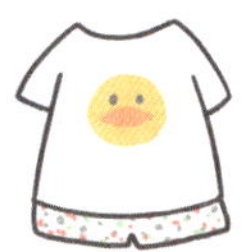

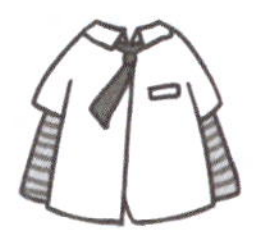

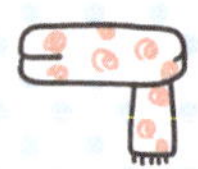

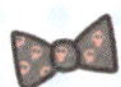

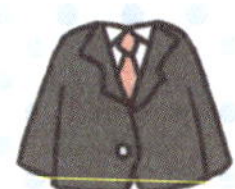

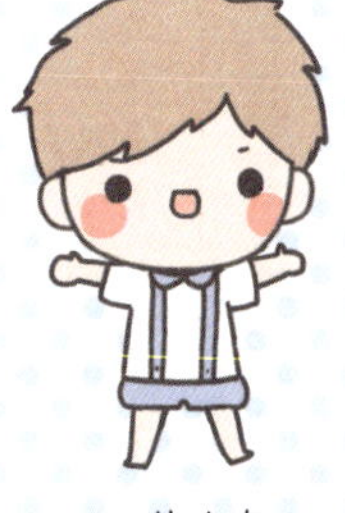

花少年

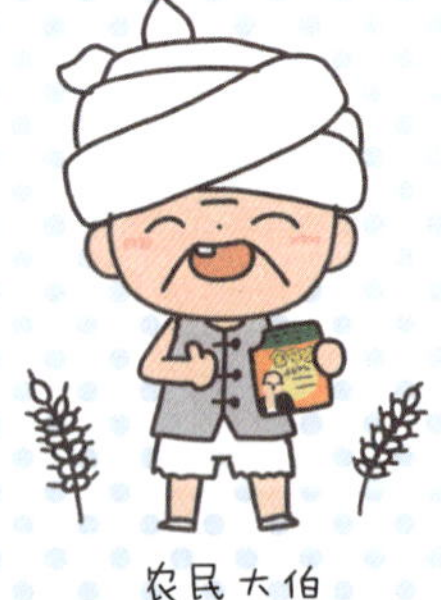

农民大伯

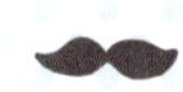

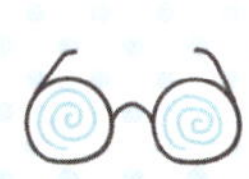

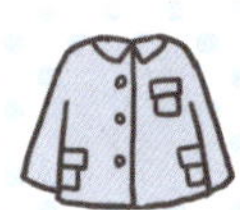

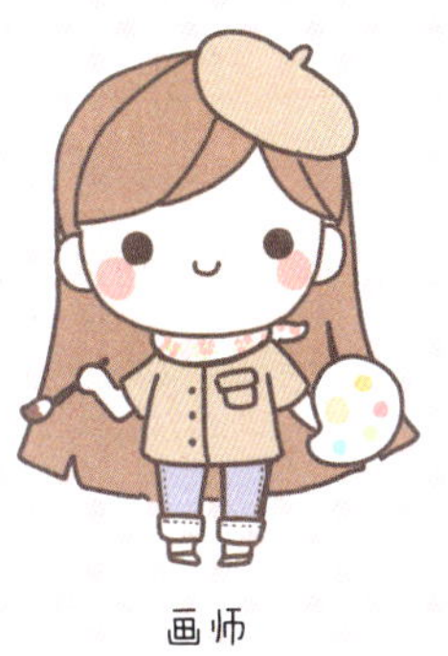

画师

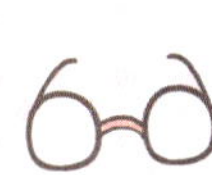

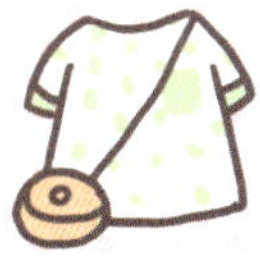

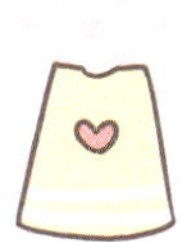

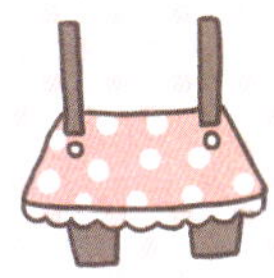

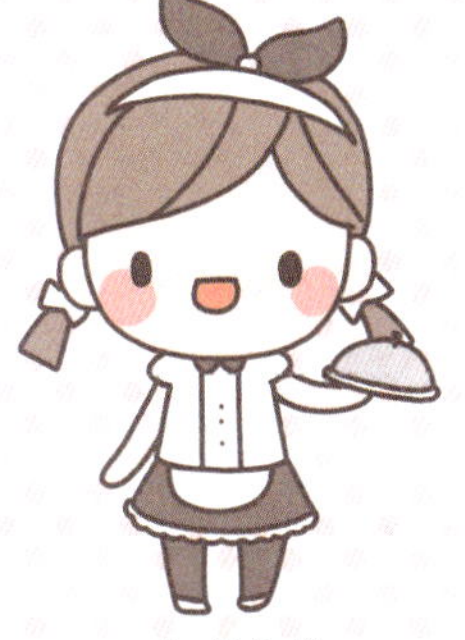

女服务员

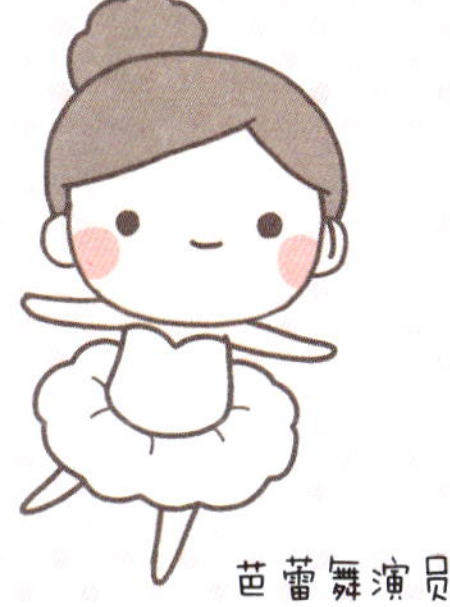

芭蕾舞演员

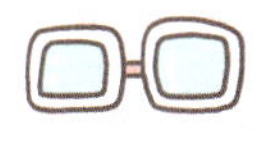

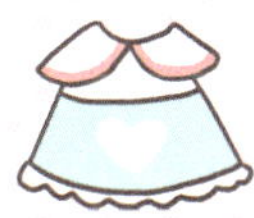

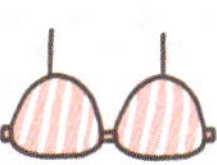

刷牙的女孩

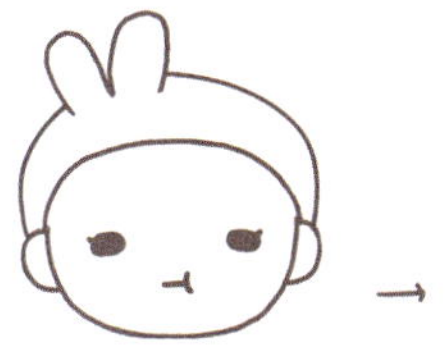

→

把眼睛画成没有睡醒的感觉。

→

好像又睡着了！

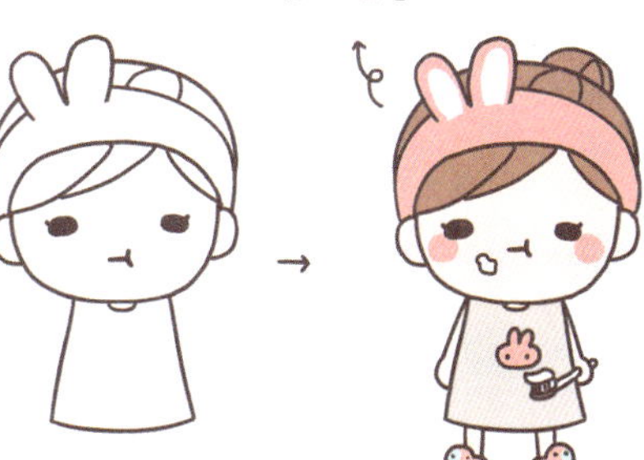

化装舞会

把自己装扮成各种人物吧，
不论什么人物都可以画出萌版！

改变身体的比例和五官即可，其他的按照角色本身的样子画！

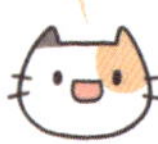

孙悟空

 → 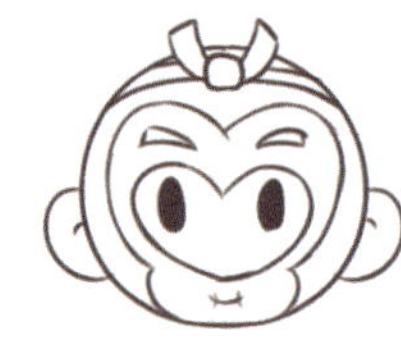 → 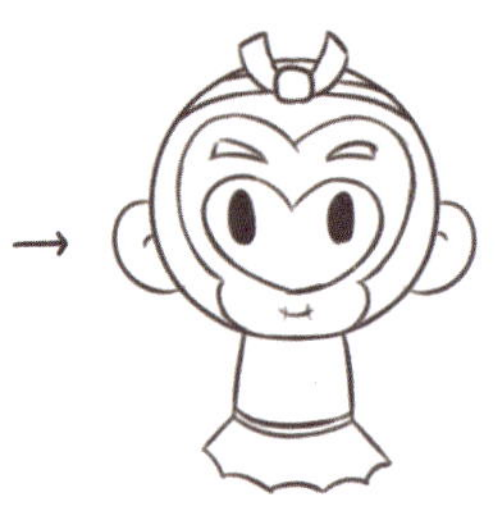 → 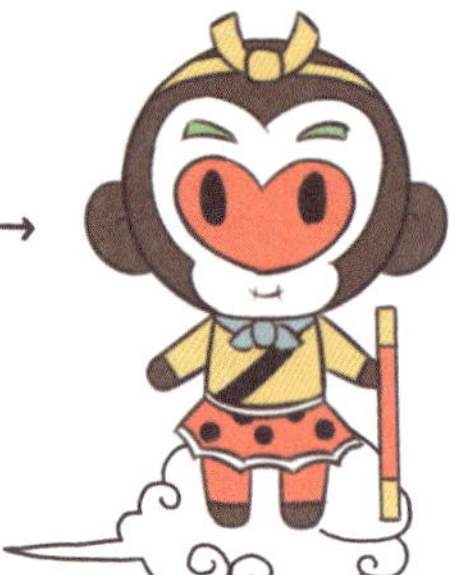

小仙女

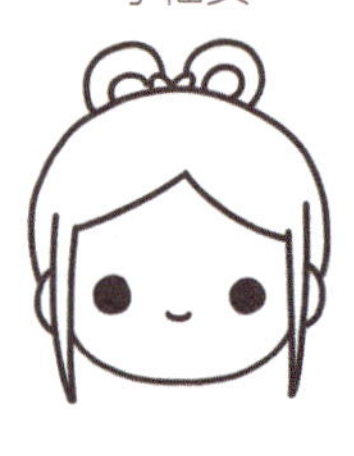 → 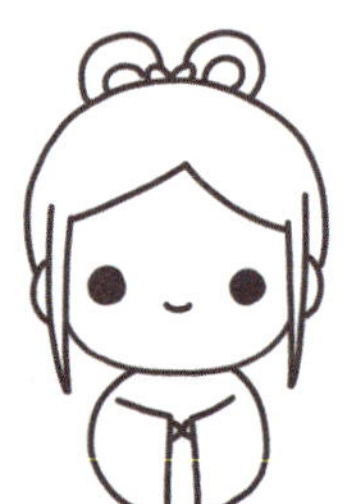 → 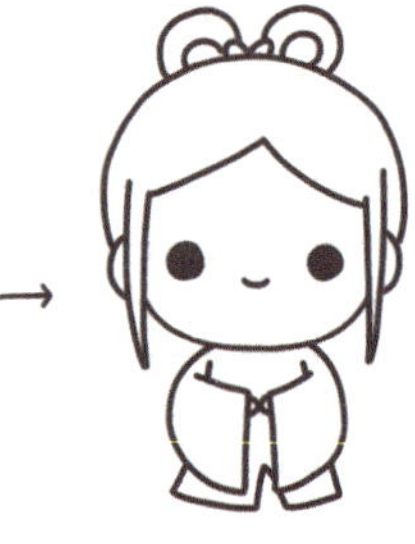 → 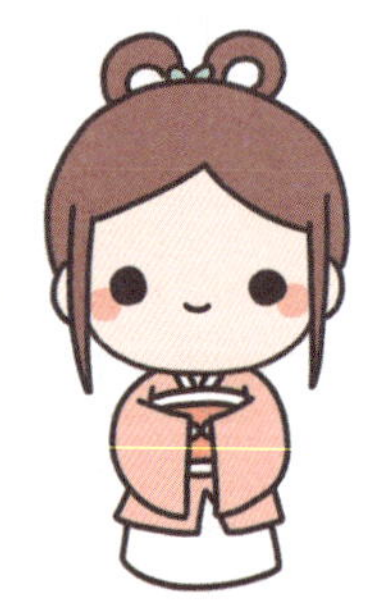

梅长苏

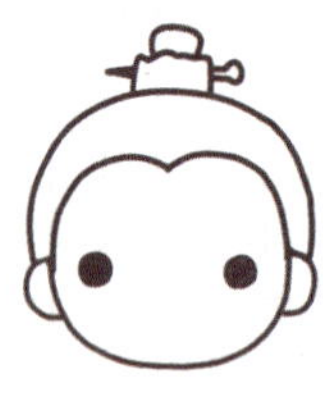 → 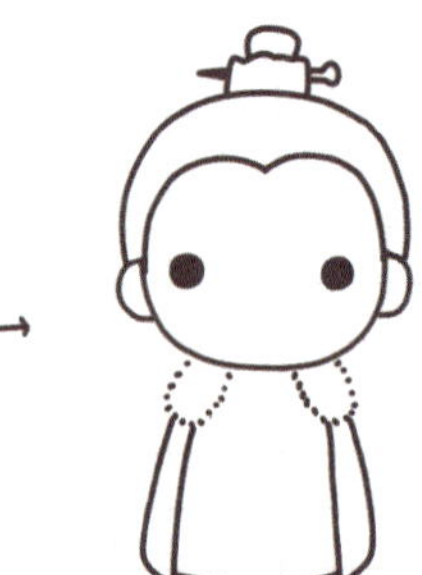 → 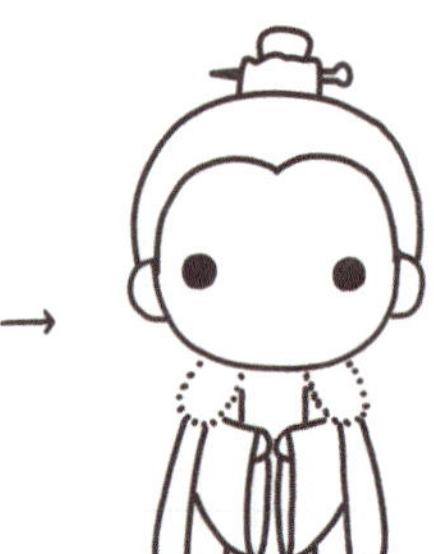 → 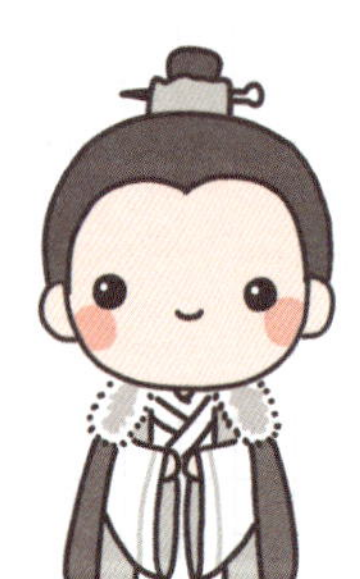

小蜘蛛侠

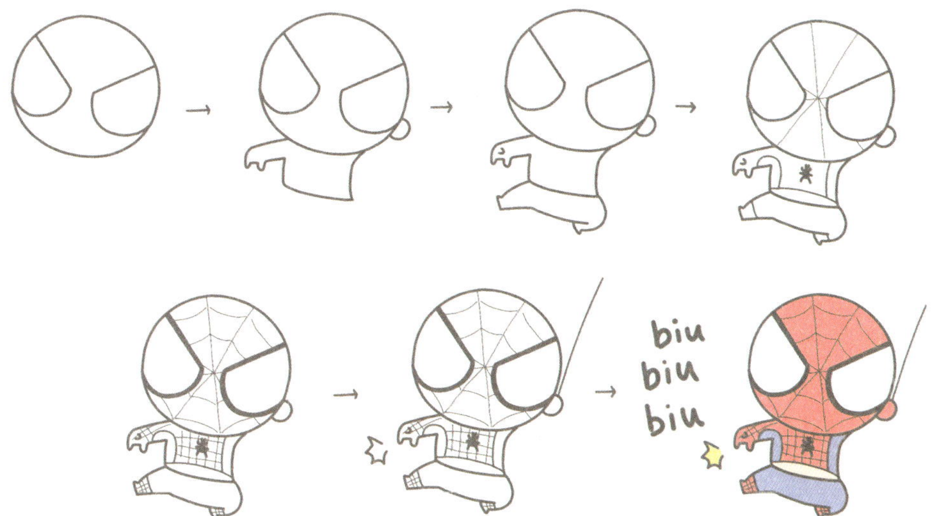

小红帽

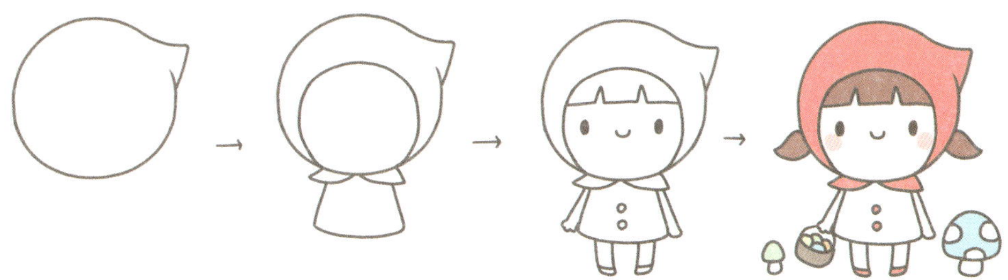

小王子

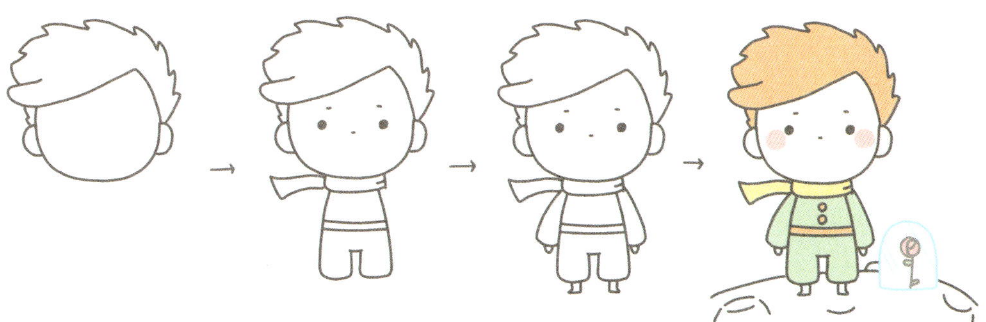

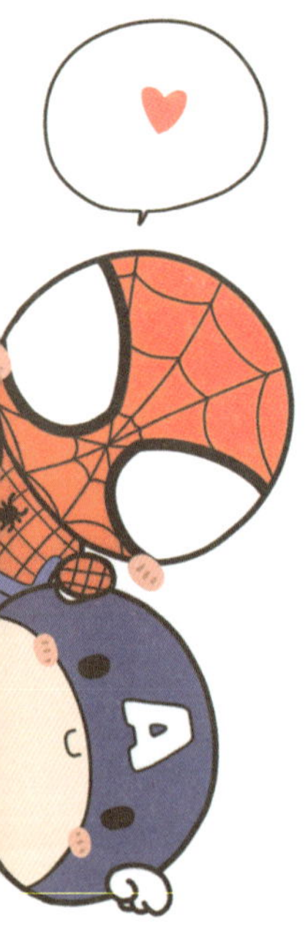

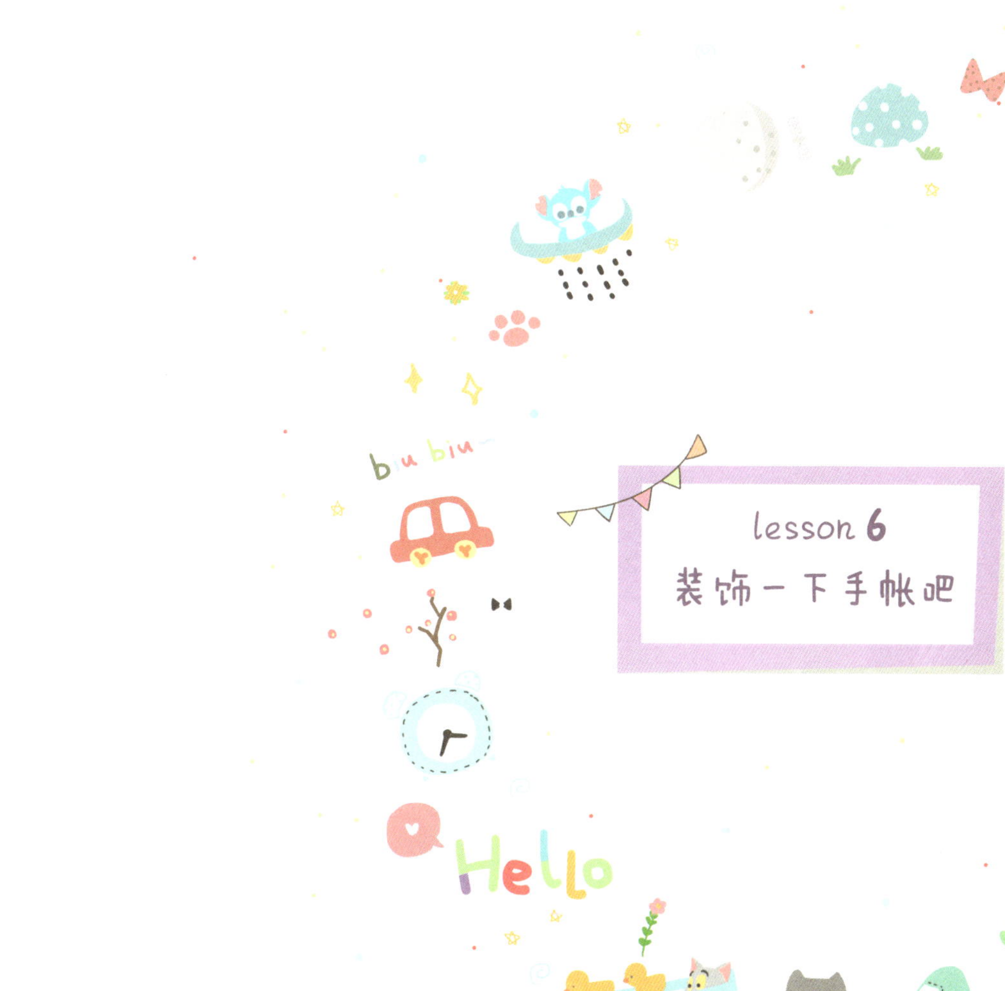

lesson 6 装饰一下手帐吧

装饰文字的方法

绘制是有装饰性的文字，就像画画一样需要激发灵感。下面介绍几种简单的方法。

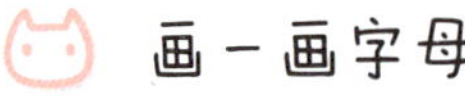

画一画字母

字母的结构比较简单，
更适合使用画画的方式去写。

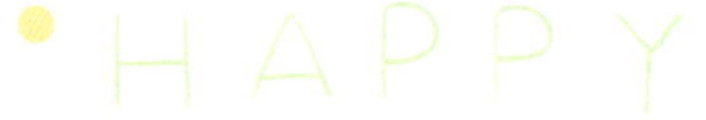

先用铅笔写。

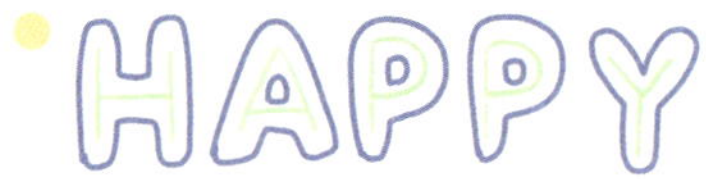

然后勾出外轮廓。

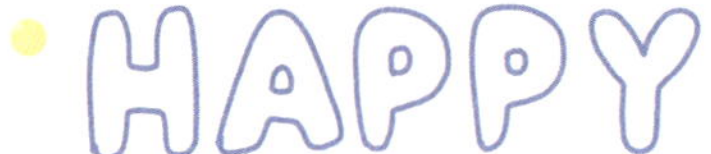

擦除铅笔线条。

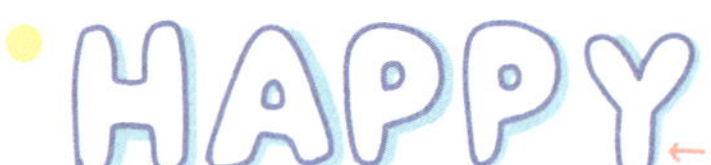

画出阴影，使其具有立体感。

阴影画在字母的右侧和下方。

填色技巧

可以根据不同单词的意思加上不同的颜色。

里面的圈圈可以画在不同的方向。

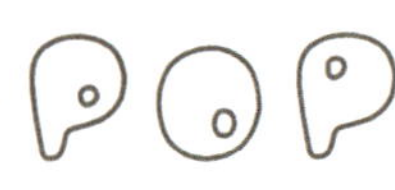

画出字母。

这里的空白要画得大一些，留出空间。

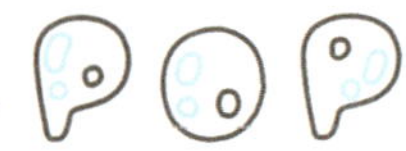

用彩笔勾出白色的部分。

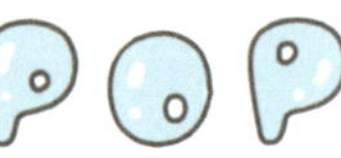

用彩笔涂满其余的部分。

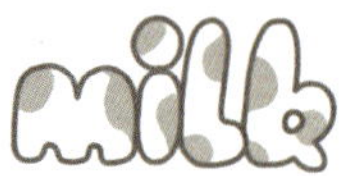

加上奶牛身上的灰色斑纹，画出牛奶字。

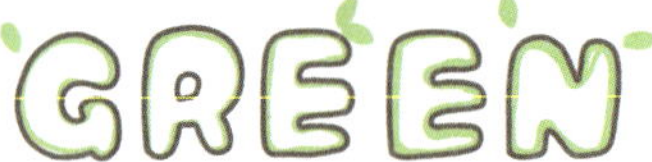

用树叶装饰出森林字。

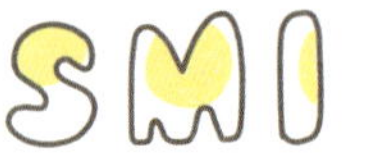
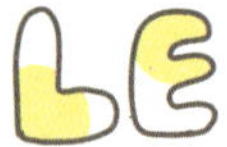

结合字义，给 smile 加上笑脸。

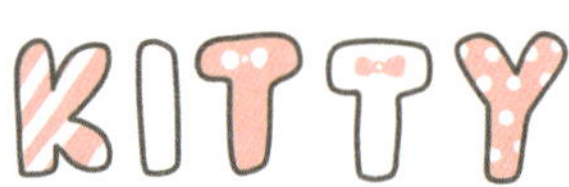

用不同花纹装饰同一个单词。

Happy Birthday

像平常一样写。

Happy Birthday

在圈圈里涂颜色。

Happy Birthday

用小图标装饰一下。

HELLO!

大写字母。

HELLO!

把竖线条加粗，在圆圈的地方画一条线。

HELLO!

在粗的部分画上花纹。

Good Luck!

彩色字体

用粗彩笔画，写一笔换一种颜色。

霓虹字体

像霓虹灯一样的字，很有节日的气氛。

HAPPY NEW YEAR

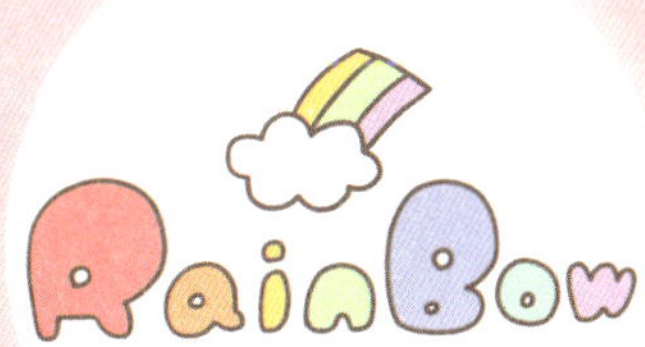

彩虹字体

按照彩虹的颜色顺序来画，然后再画一朵彩虹装饰一下。

兔子字体

在字母周围加上小兔子，把字母O画成一个兔子。

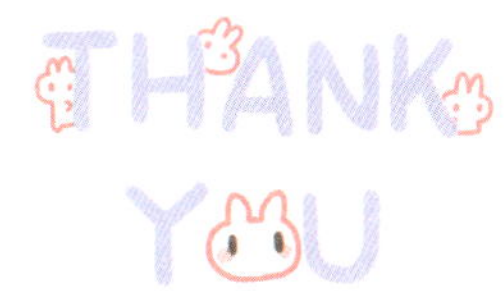

萌萌的汉字

用简单的图标代替汉字里的偏旁，能激发新的灵感。

团子字体

1 你不用多好
我喜欢就好

先想好要写的文字。

2 你不用多好

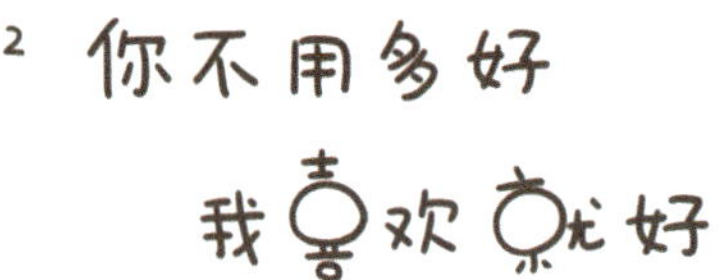

把字里带有“口”“日”这样封闭的偏旁画成团子圆。

3 你不用多好
我喜欢就好

给圆形画表情。如果有多个团子圆，可以涂上不同的颜色。

爱心字体

不忘初心

想好要写的文字。

不忘初心

把笔画写得圆润一些，汉字就可爱了。

不写要被代替的部分。

不忘初心

这里用爱心代替“点”这一偏旁。

不忘初心

也可以加上其他小图标。

生日快乐

每一笔多画几下的素描字体。

新年快乐

把某几笔加粗的方块字体。

谢谢你哦！

把点画成蝴蝶结。

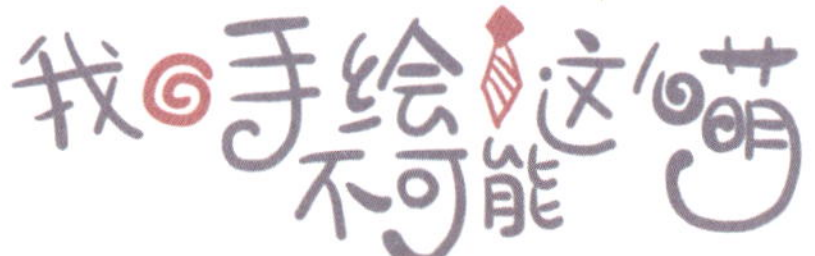

在字的排列上花一点心思，可以当成标题。

我的手绘
不可能这么萌

1

我的手绘
不可能这么萌

2

我的手绘
不可能这么萌...

3

我的手绘
不可能这么萌...

4

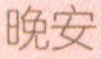

晚安

画出深蓝的背景，
看起来很温馨。

惊呆了

与惊呆的表情结合
起来画，创意十足。

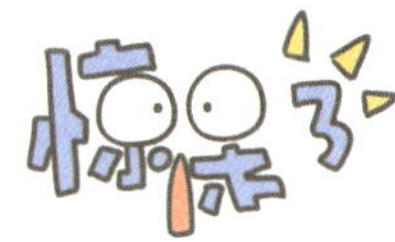

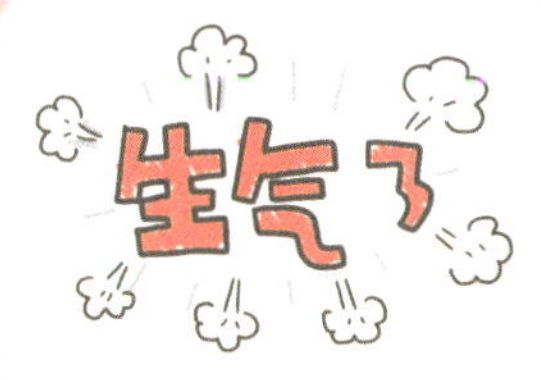

生气了

像动画片中一样，
画出生气时会喷出
的气体。

萌萌哒

把“萌”字画
成圆圆的造型。

装饰"颜文字"

还记得聊天时用的可爱"颜文字"吗？
现在把它们画进本子里吧！

只画"颜文字"会有些单调，可以在"颜文字"上加上不同的装饰，让其看起来更可爱。

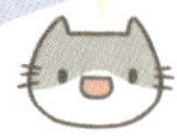

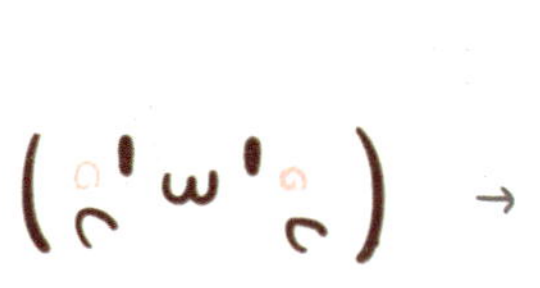

先画出"颜文字"。

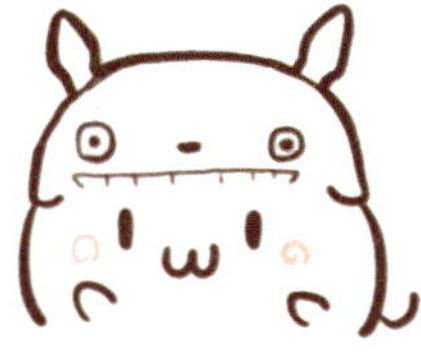

加上一顶帽子。

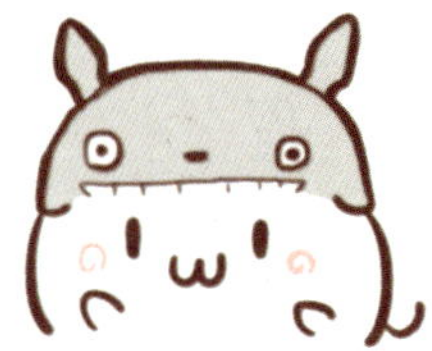

涂上颜色，完成。

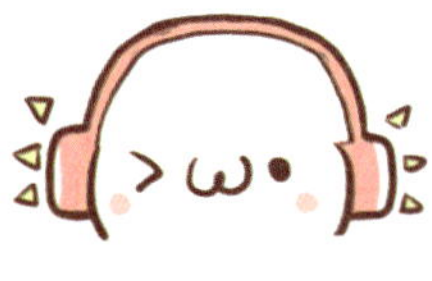

听音乐

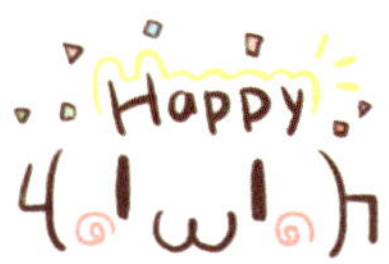

高兴

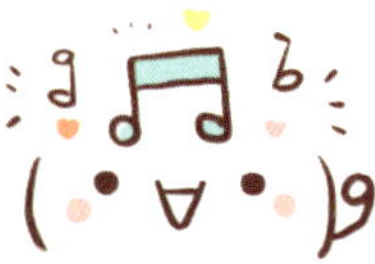

唱歌

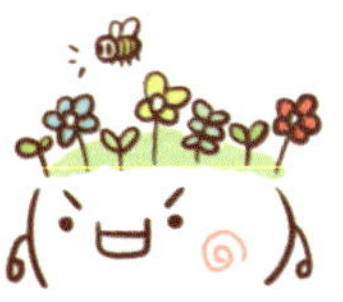

风景

泡泡浴

鸭子帽

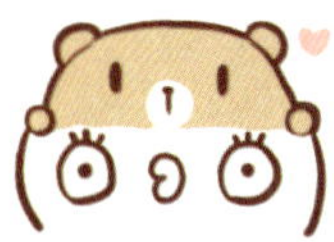

小熊帽

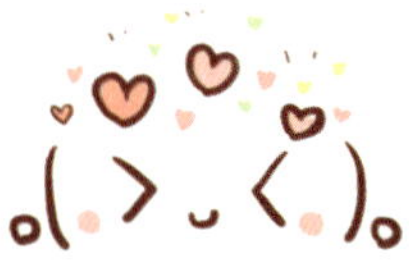

爱心

晚安

萌的标签

不同花样的标签是手账里常用的装饰品，还可以画在卡片上做便利贴、明信片。

小标签

常常要在本子里记录重要的事情，
用小标签装饰一下更醒目。

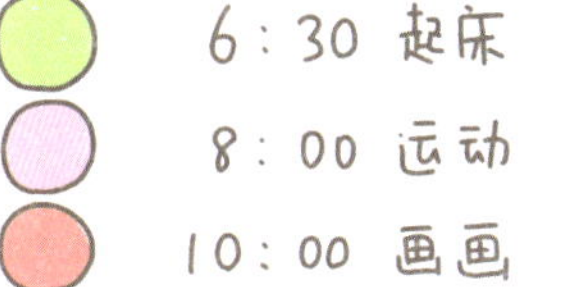

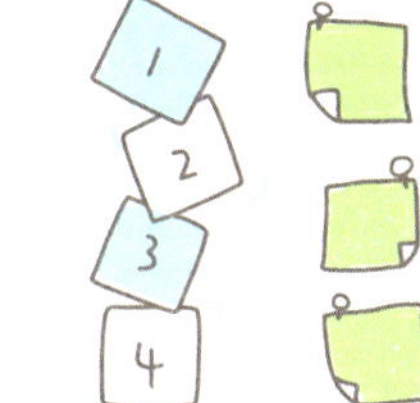

绘制简单图形的标签更省时，适合快速记录。

便利贴

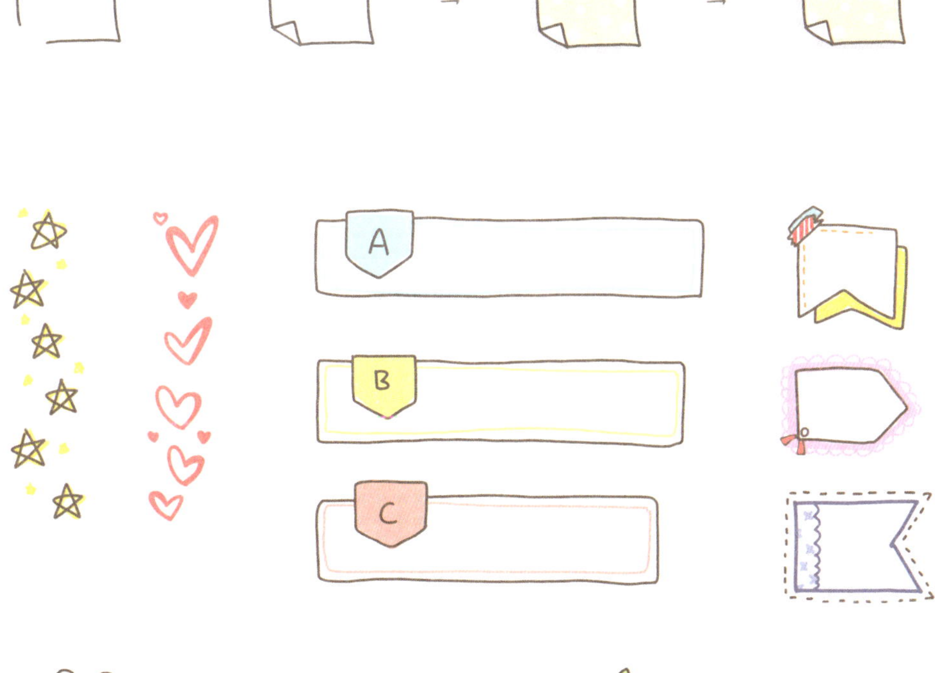

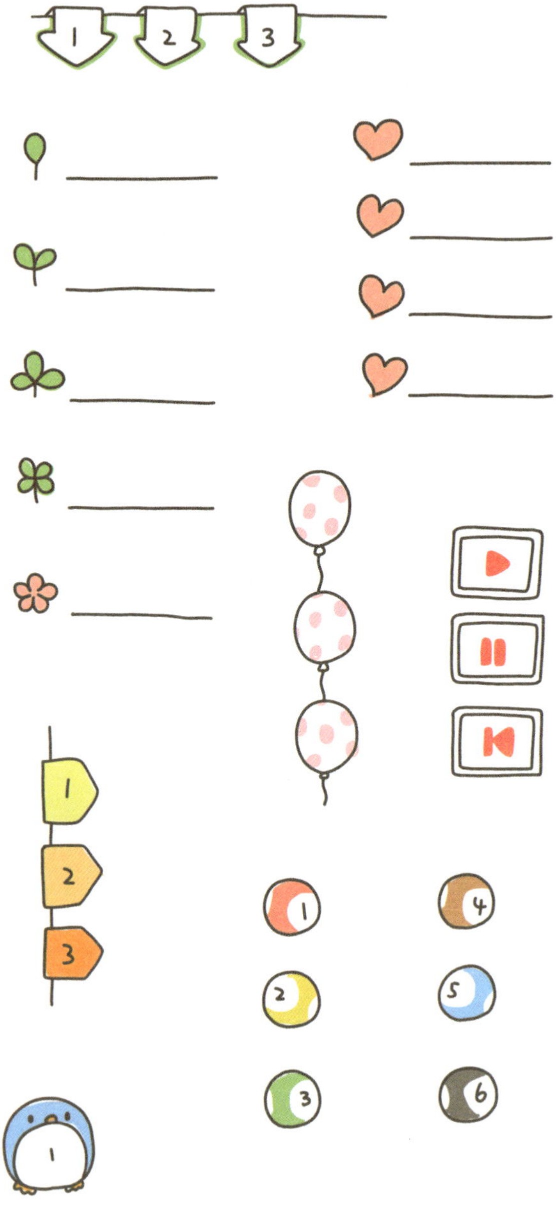

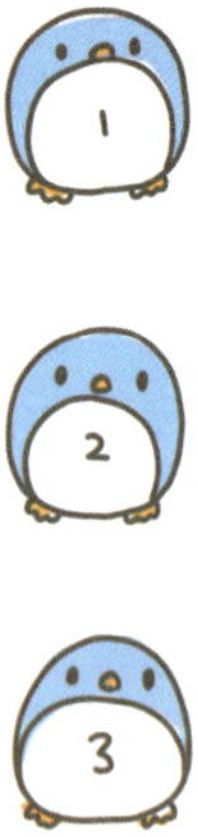

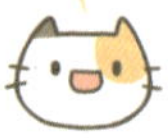

用标签代表相应的事物或心情。

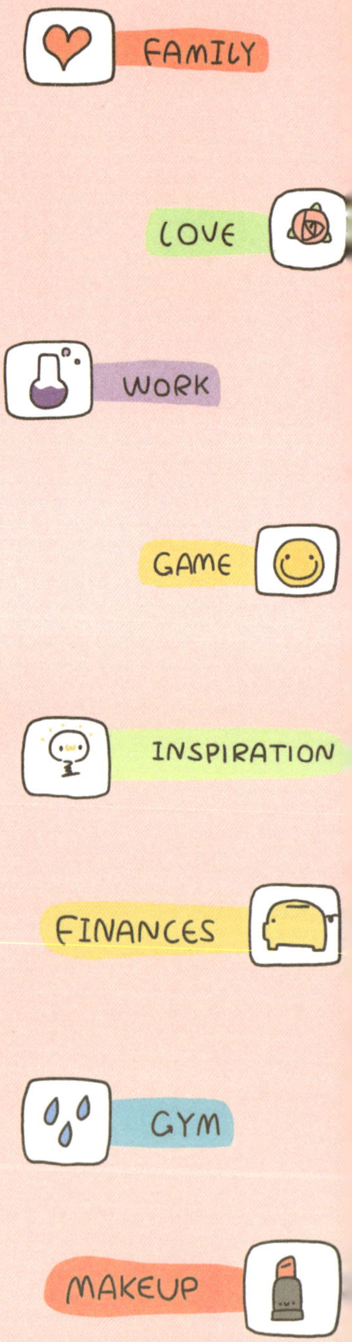

FAMILY

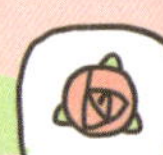

LOVE

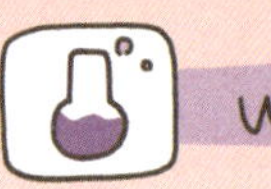

WORK

GAME

INSPIRATION

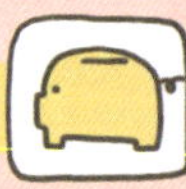

FINANCES

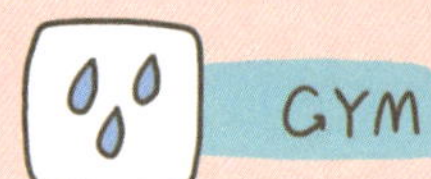

GYM

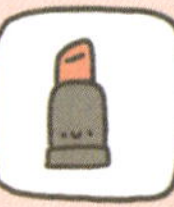

MAKEUP

1 2 3

1 2 3

1 4 2 5 3 6

1 2 3

生活中的很多物件都可以画成标签来使用。

让日程表变得可爱

用可爱的小标签装饰一下自己的日程表吧！

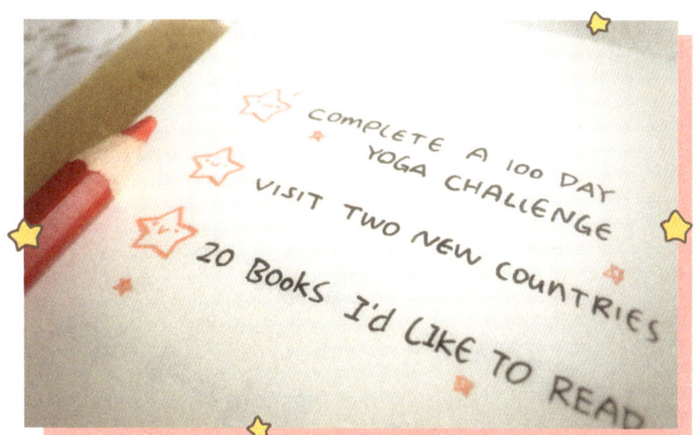

不同标签代表不同的日程，可以更好地突出主题，如太阳代表好心情，小鱼干代表午餐。

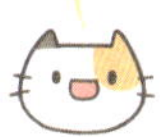

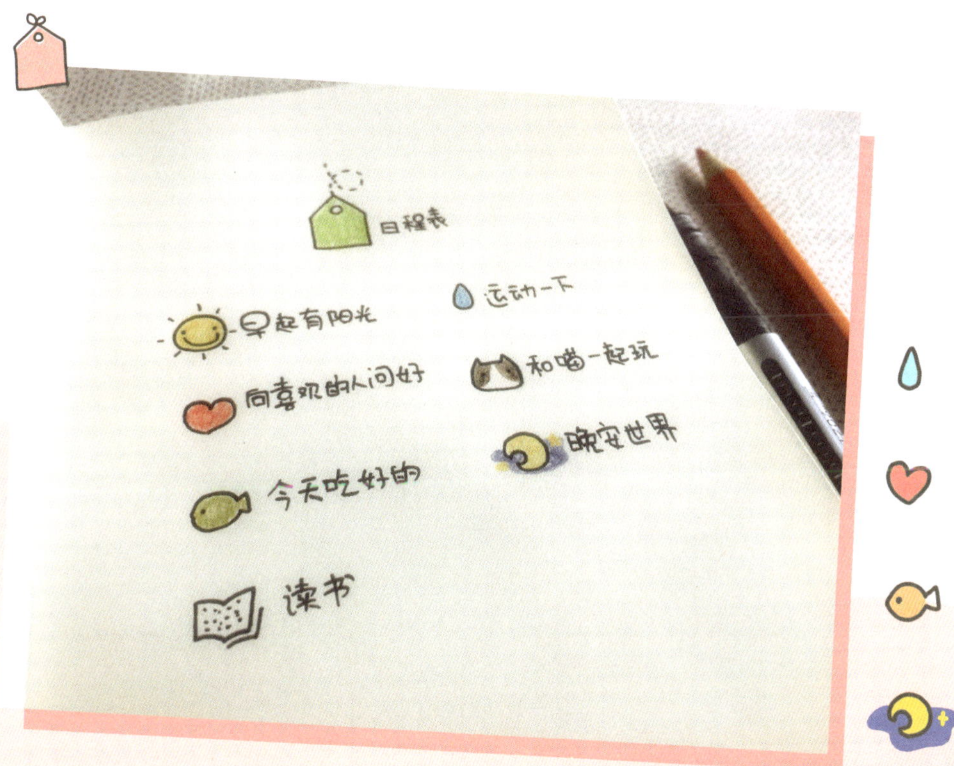

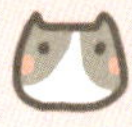

标签框框

用框框配合文字最合适了，
剪下来可以当作便利贴使用。

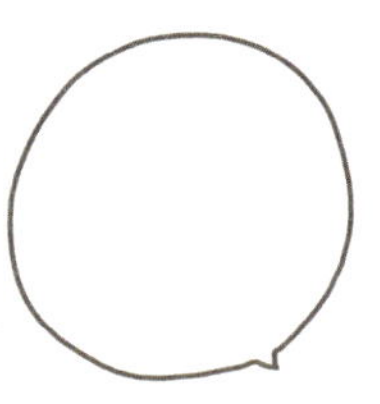

先画一个对话框。

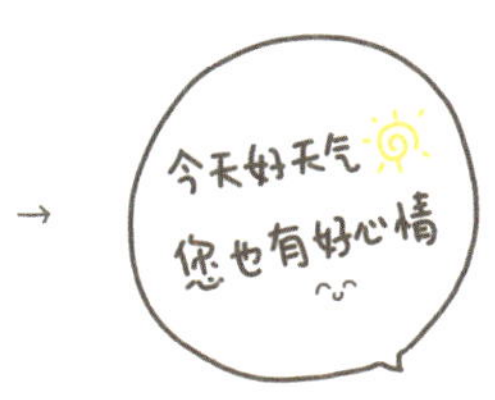

在框框里面加上图案和想写的文字。

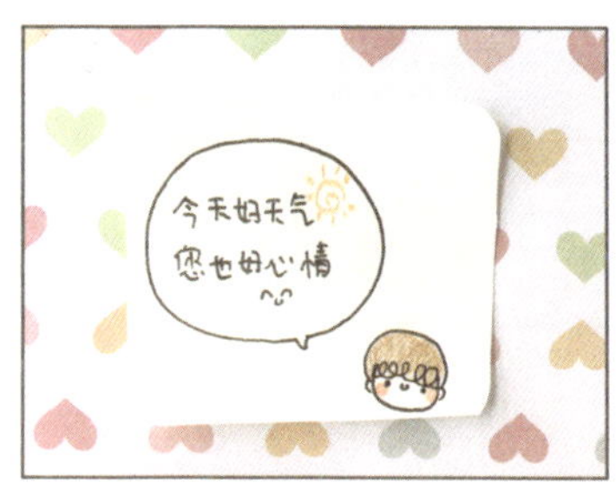

留言帖

像画插画一样创作标签

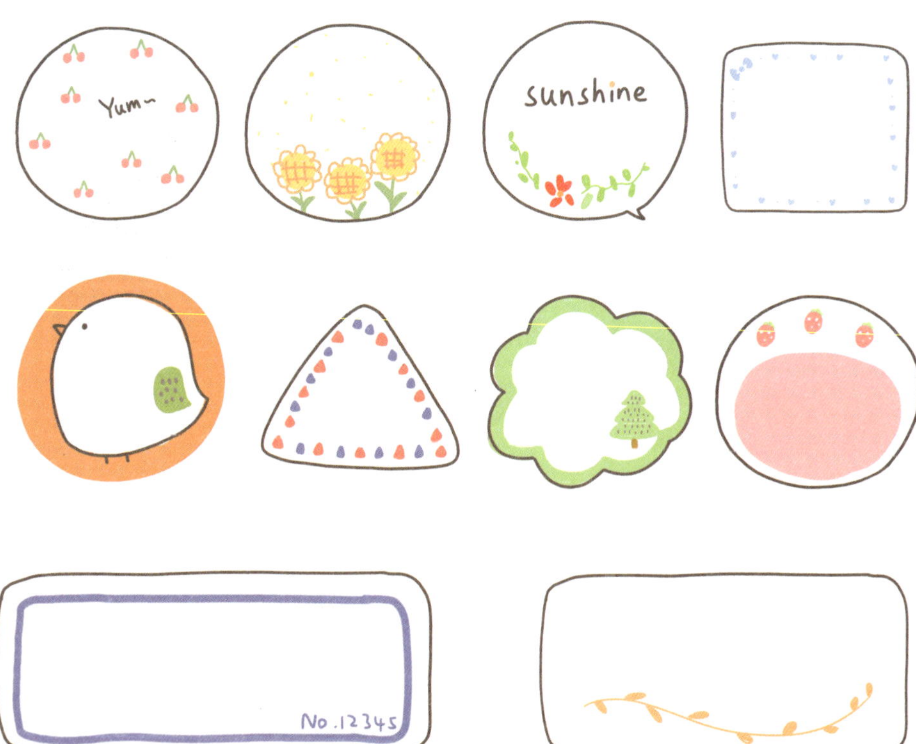

猫咪标签

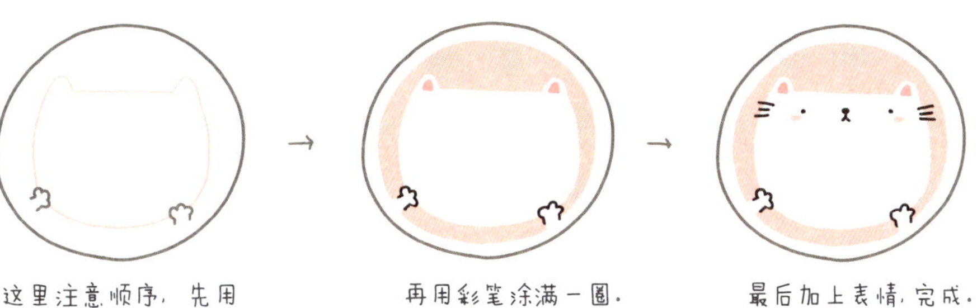

这里注意顺序，先用彩笔画出轮廓。

再用彩笔涂满一圈。

最后加上表情，完成。

藤蔓标签

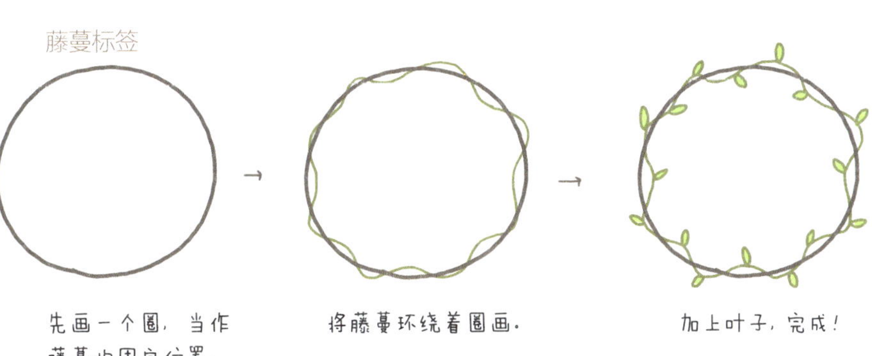

先画一个圈，当作藤蔓的固定位置。

将藤蔓环绕着圈画。

加上叶子，完成！

多彩标签

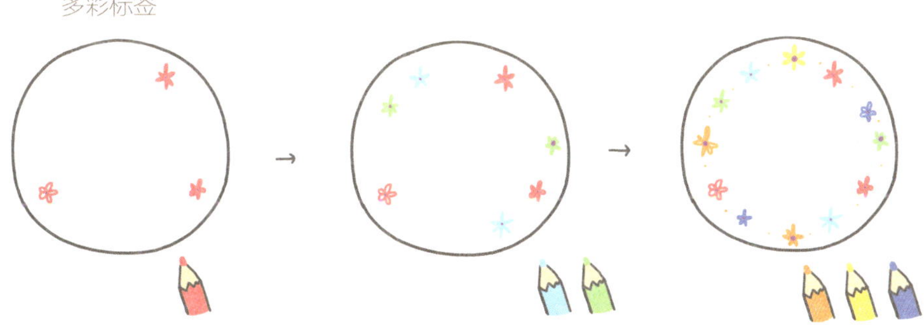

如果像上面的图案一样要用到几种颜色，可以先用一种彩笔画，再用第二种彩笔画。画完一种颜色再用其他颜色，这样不用画一次换一支笔，画起来更便捷。

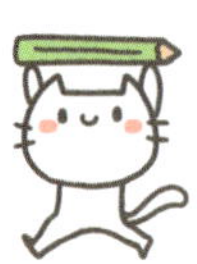

标签框框和文字搭配

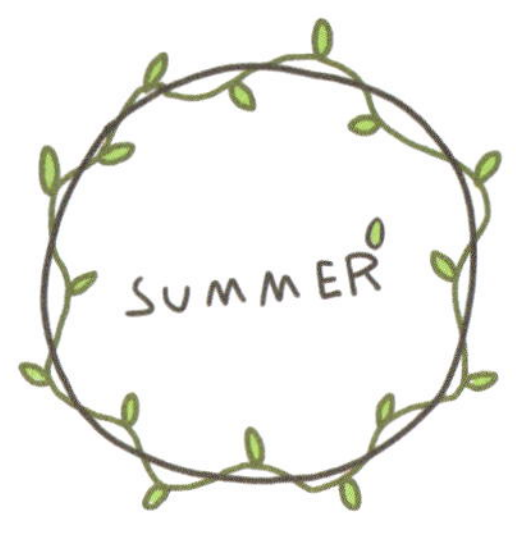

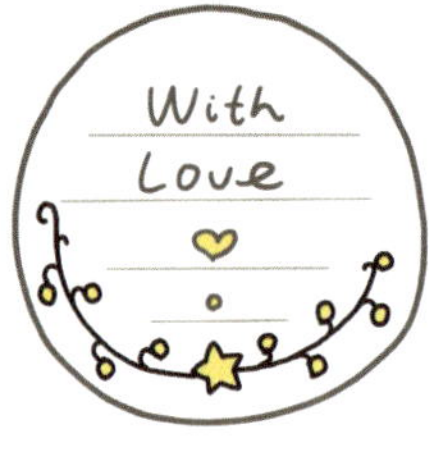

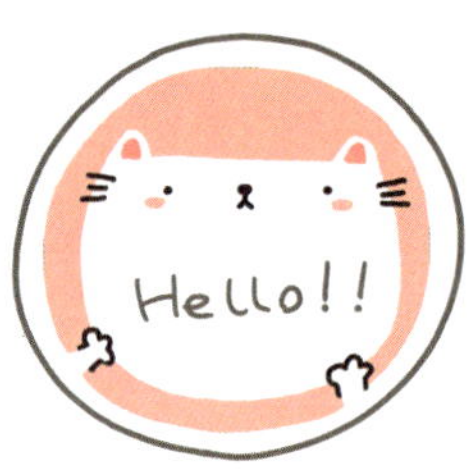

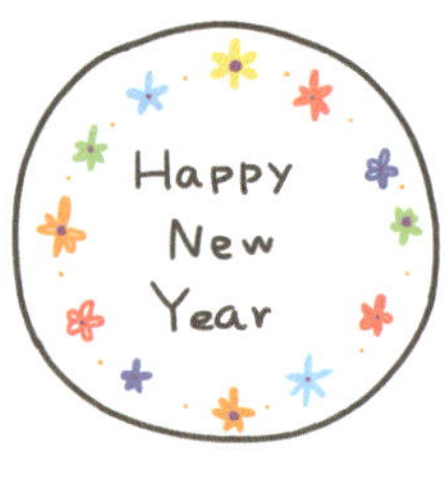

在下面的框框里写上想写的文字吧！

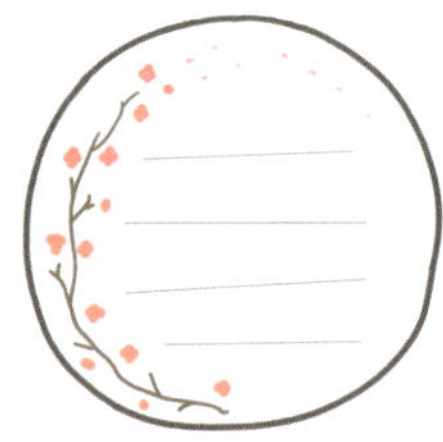

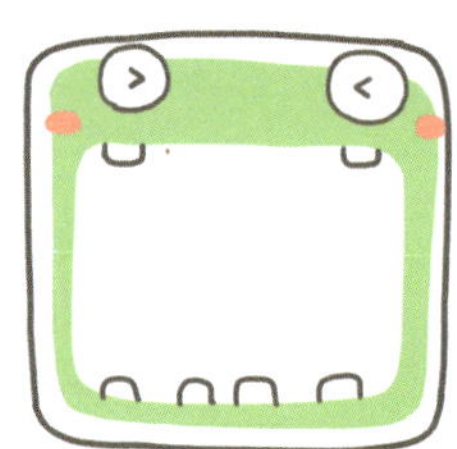

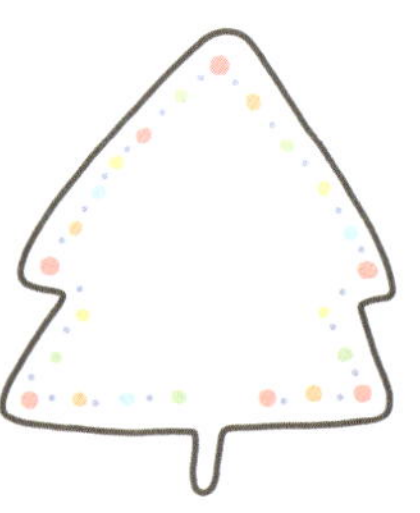

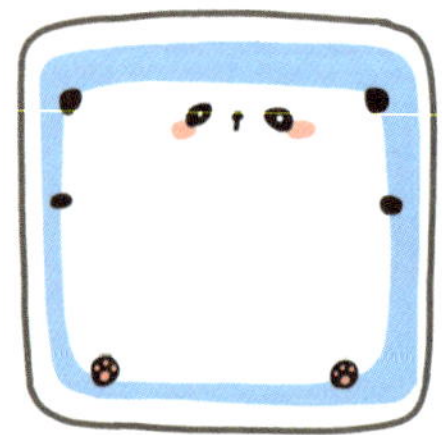

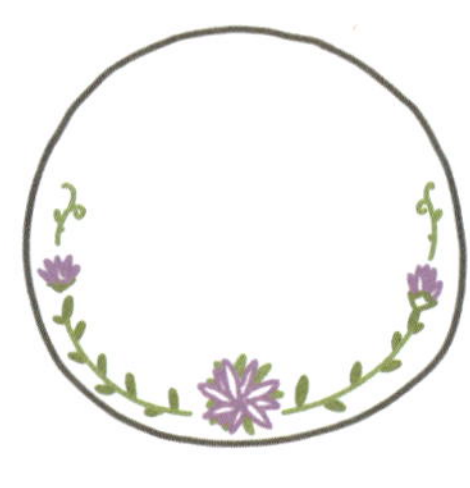

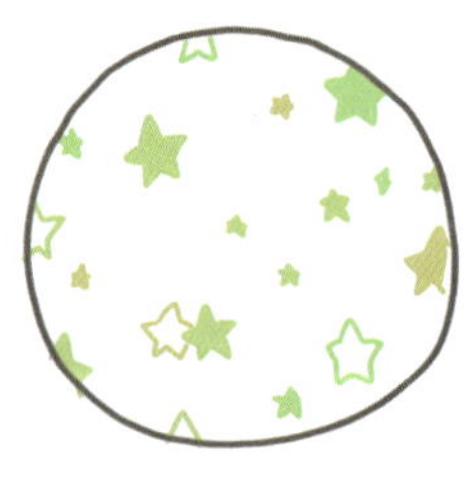

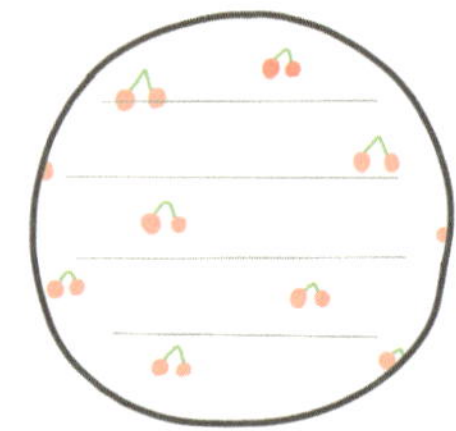

动物标签

一开始画了一只猫咪的标签，突然想起还可以用其他动物继续创作出更多，这样就可以集齐一套标签了，抓住灵感，试一试吧！

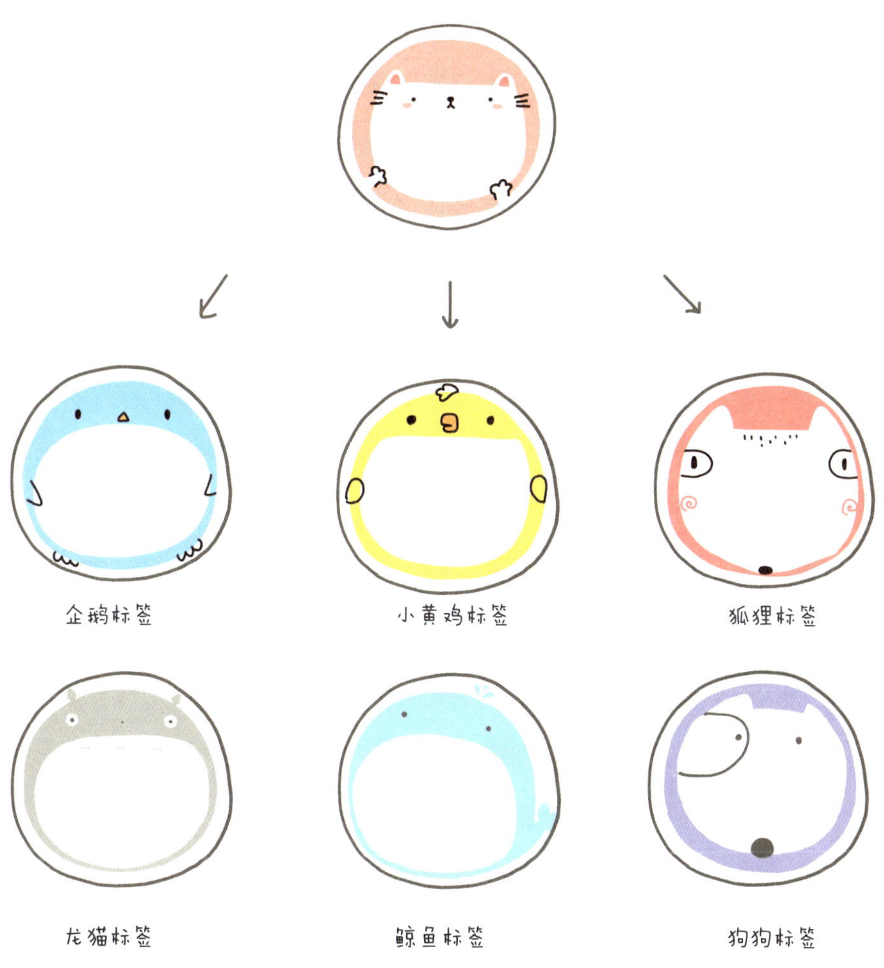

下面三个画什么呢？兔子、老虎……

试一下！

用花边画标签

灵感无处不在，之前画过的花边也可以画成标签哦。把花边圈着画，就是花环标签了。

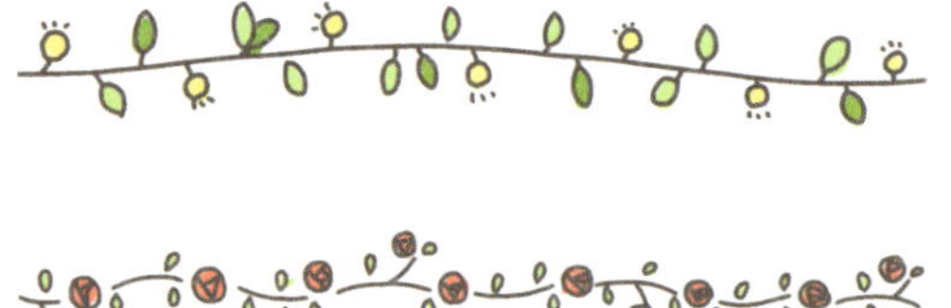

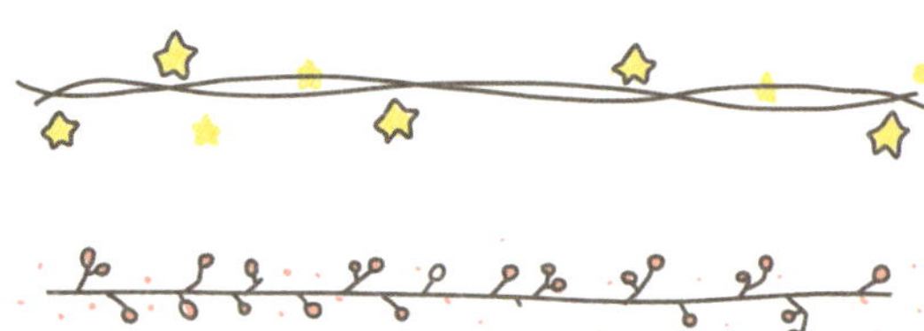

圆形花环

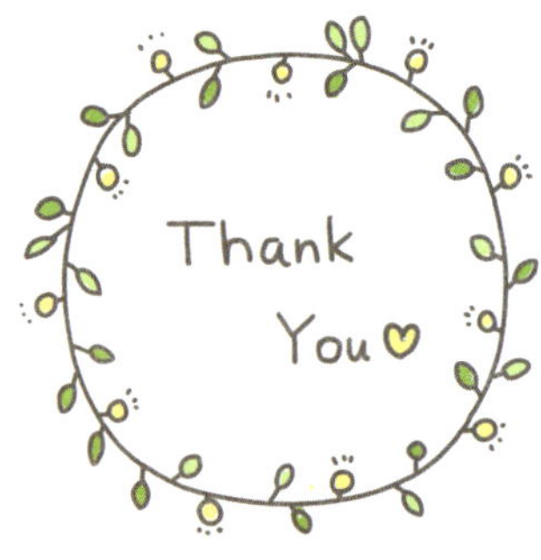

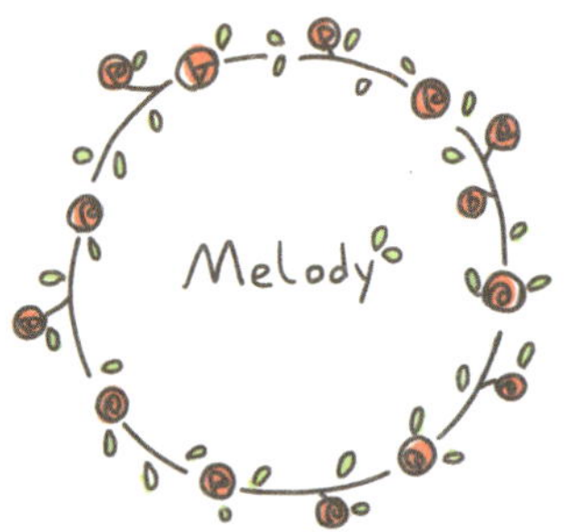

半圆花环

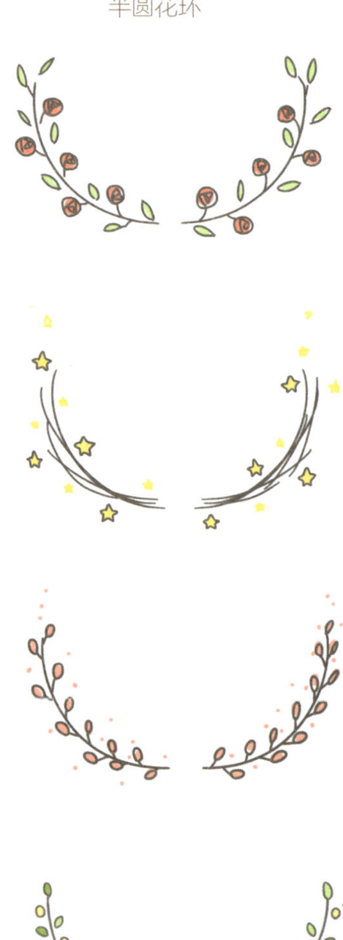

画花环和花边的顺序是一样的！

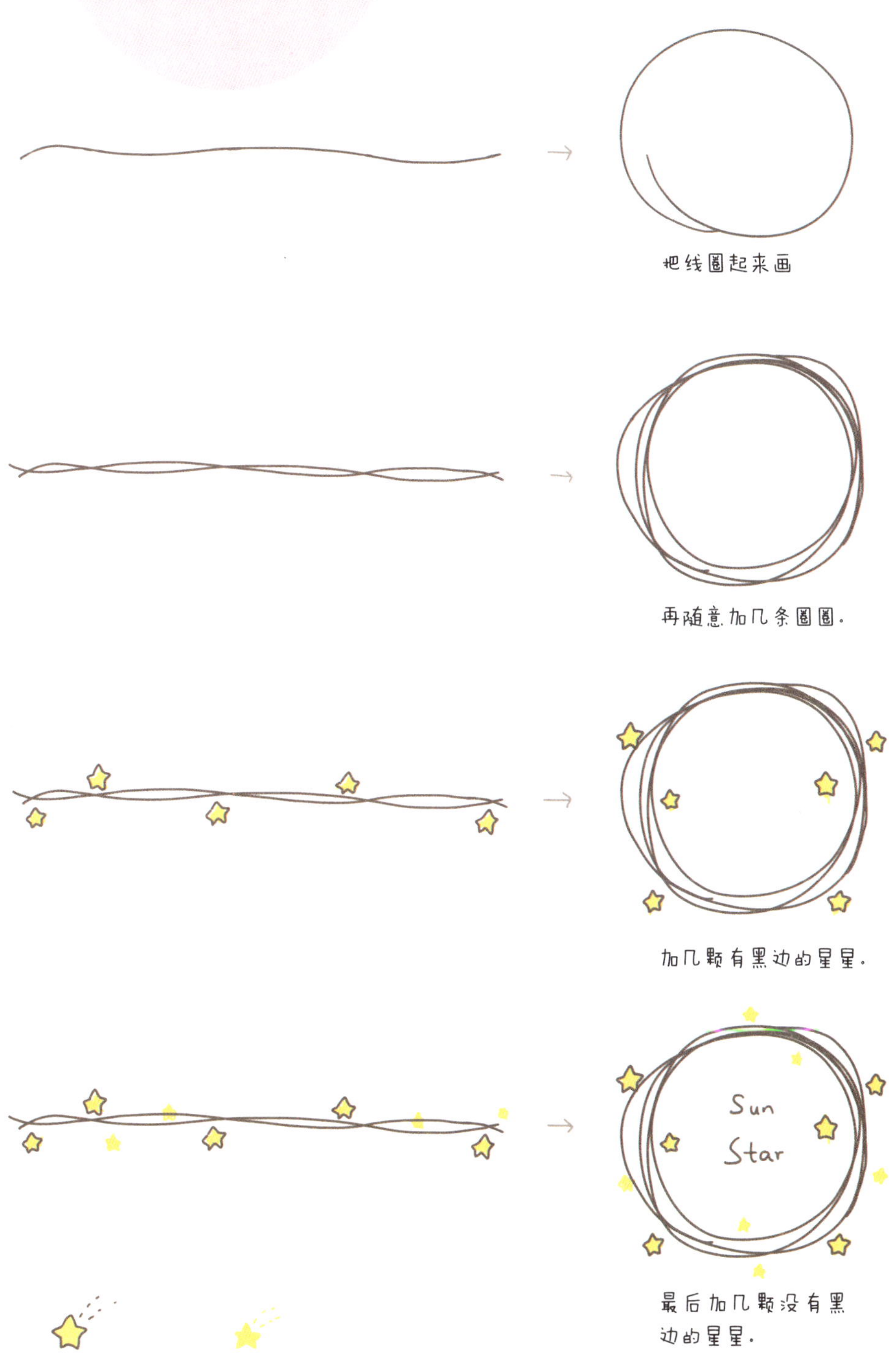

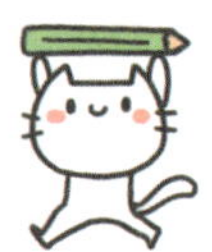

自己动手试一试吧！

用下面的花边画出花环标签。

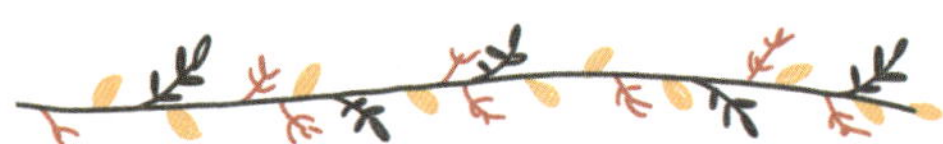

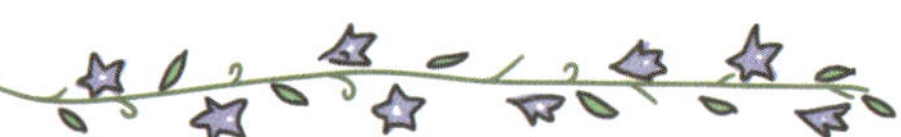

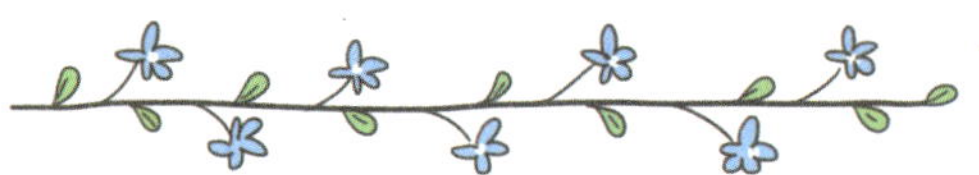

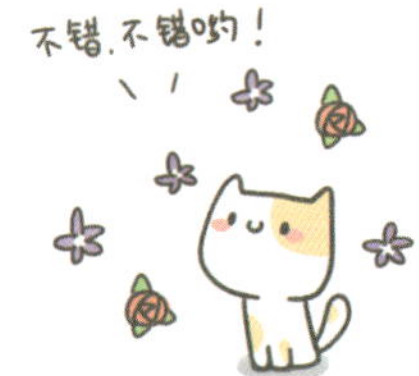

用硬卡纸制作手作

亲手制作书签、明信片还有留言卡吧！
手作和手绘结合是一件幸福的事情。

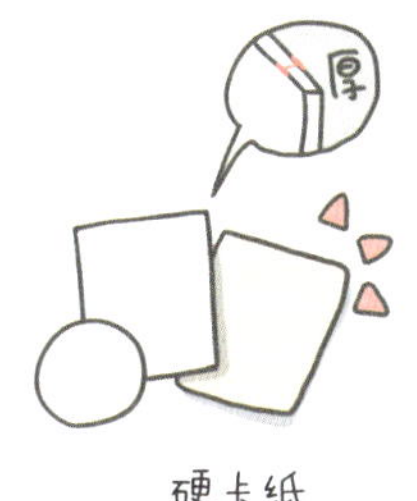

硬卡纸

文具店或者网店都能买到的硬卡纸，非常适合DIY各种卡片。不要买得太厚，一般书签的厚度就可以了！

节约

合理利用材料

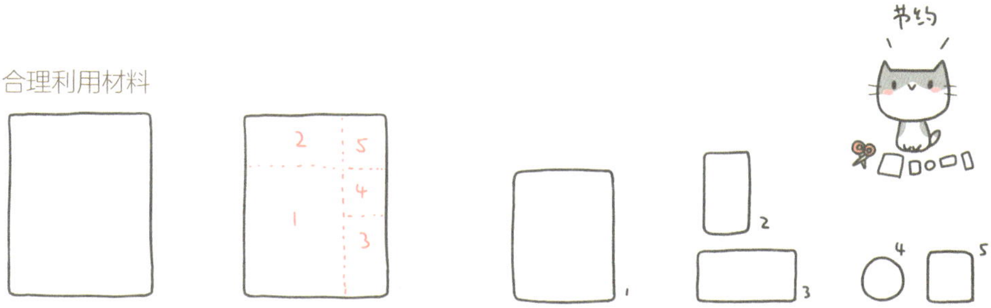

硬卡纸如果不是合适的大小，可以剪裁一下。

设计好布局再剪。

明信片大小

书签大小

留言卡大小

剪裁

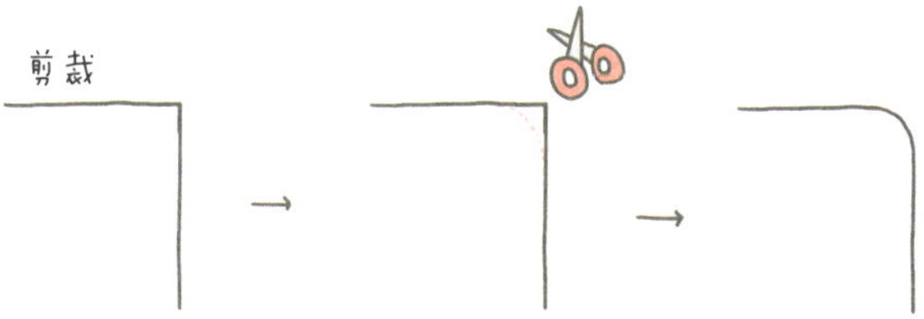

练习一下，把尖角剪成圆角吧！

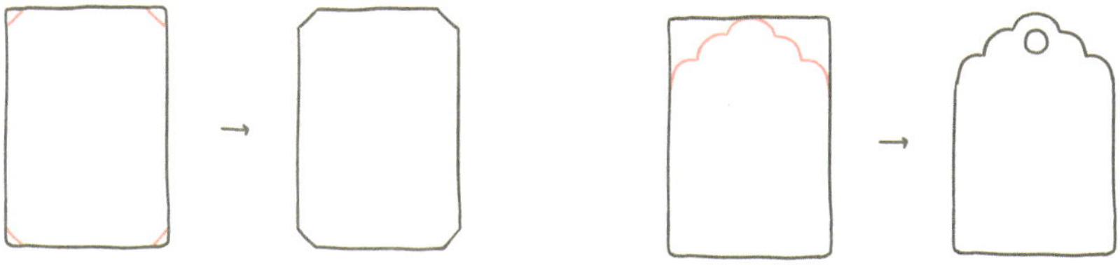

可以制作成自己喜欢的形状。

卡片旋转着画

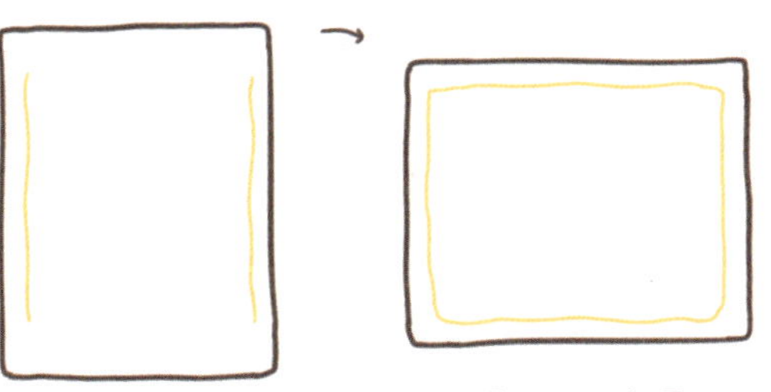

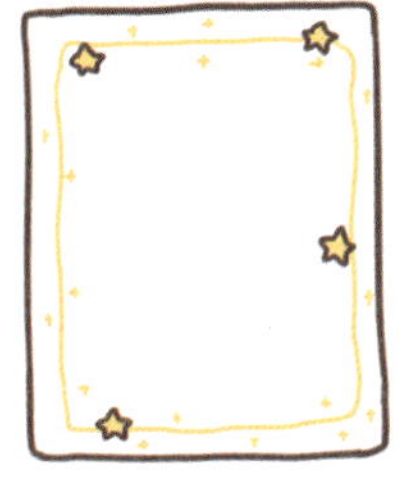

画的时候，找到顺手的方向画。

旋转画纸作画，是非常重要和实用的技巧，可以让画画事半功倍！

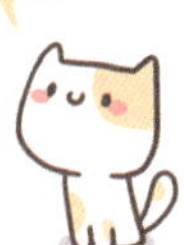

特殊对称图形

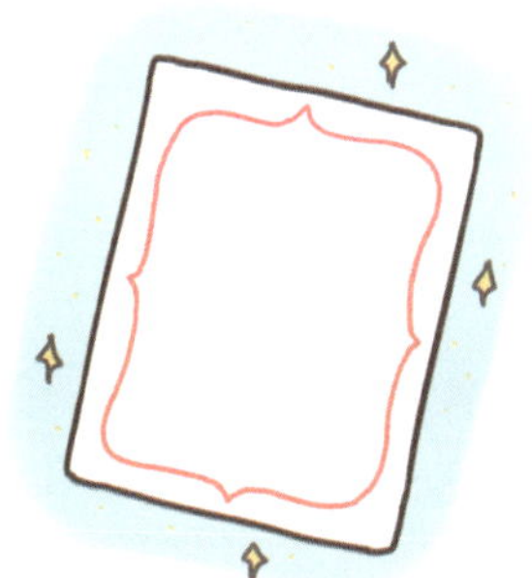

先画上下左右 四个尖角再画 连接起来。

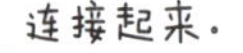

不要尝试一笔画出 类似图案，很容易画歪。

花环的生长方向

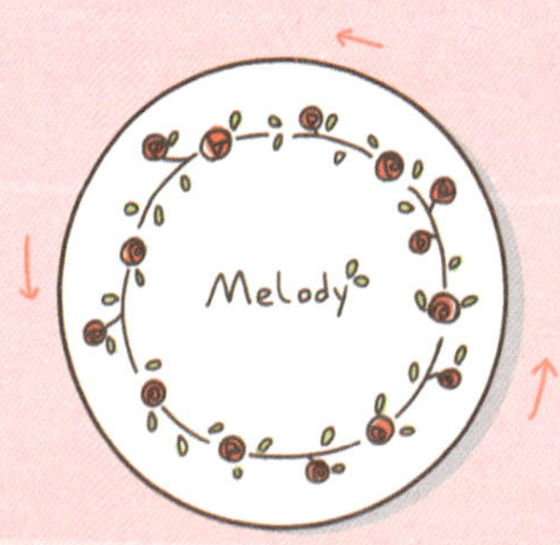

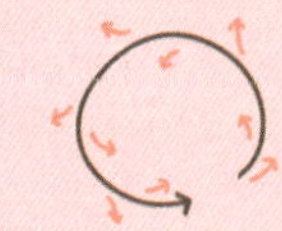

画圆形花环时，上面的花和叶子是朝一个方向生长。

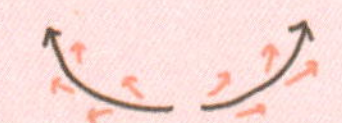

而画半圆花环时，是朝两个方向生长。

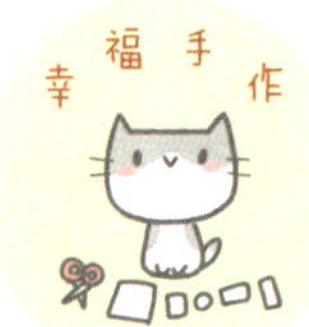

制作一些独一无二的书签和小物品，幸福感会飙升哦！

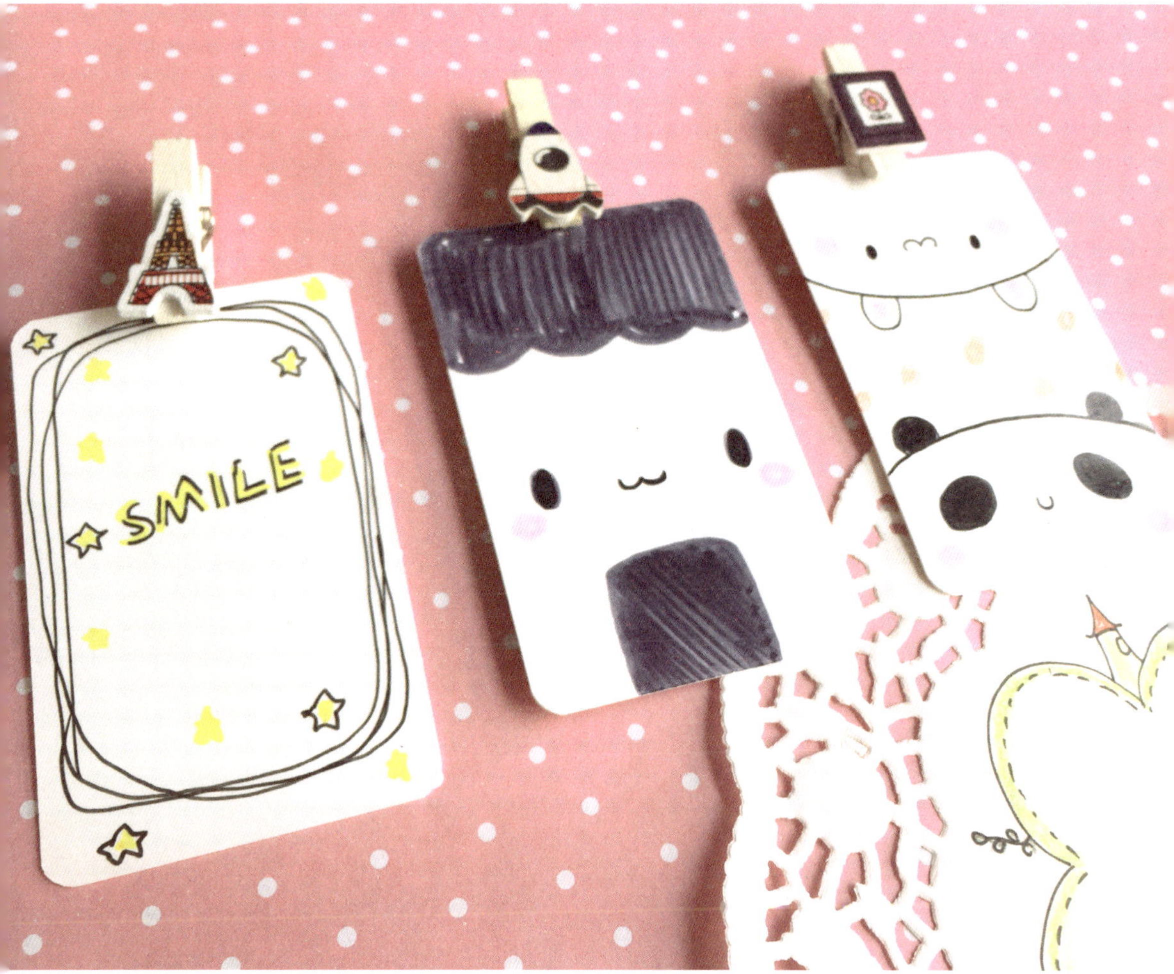

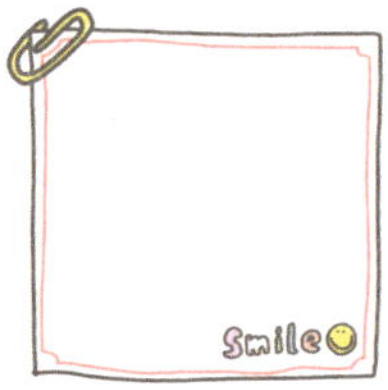

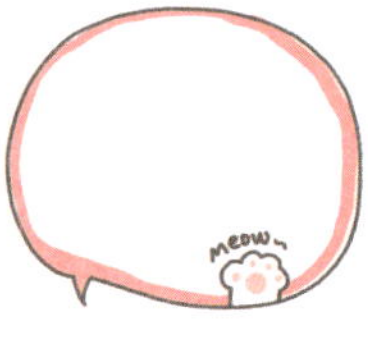

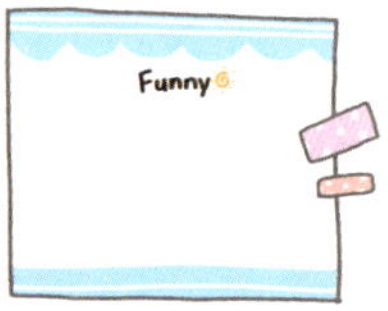

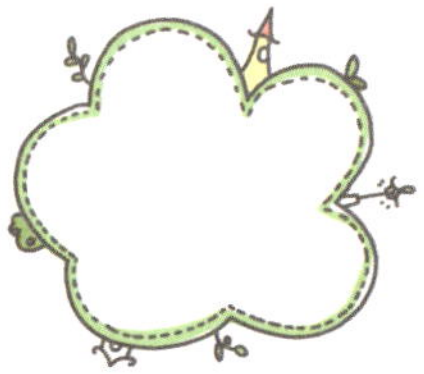

手帐月历

把单调的日历画得更好看，
还可以把每天的日程画进月历。

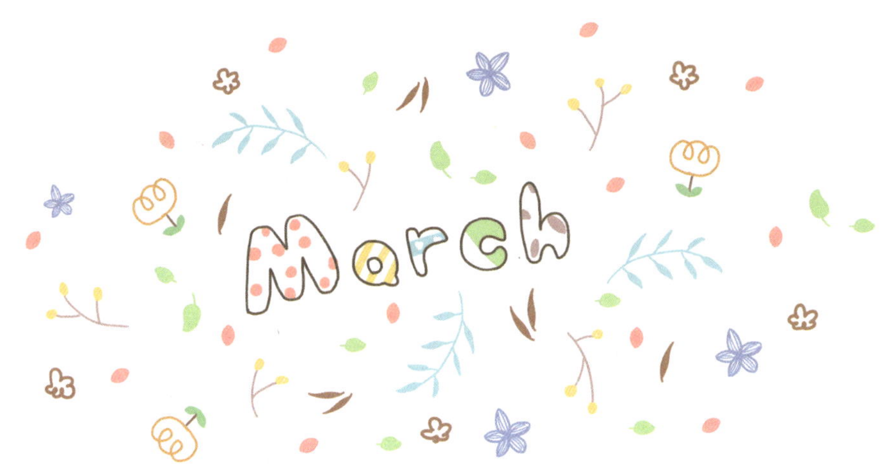

MON	TUE	WED	THU	FRI	SAT	SUN

花花月历

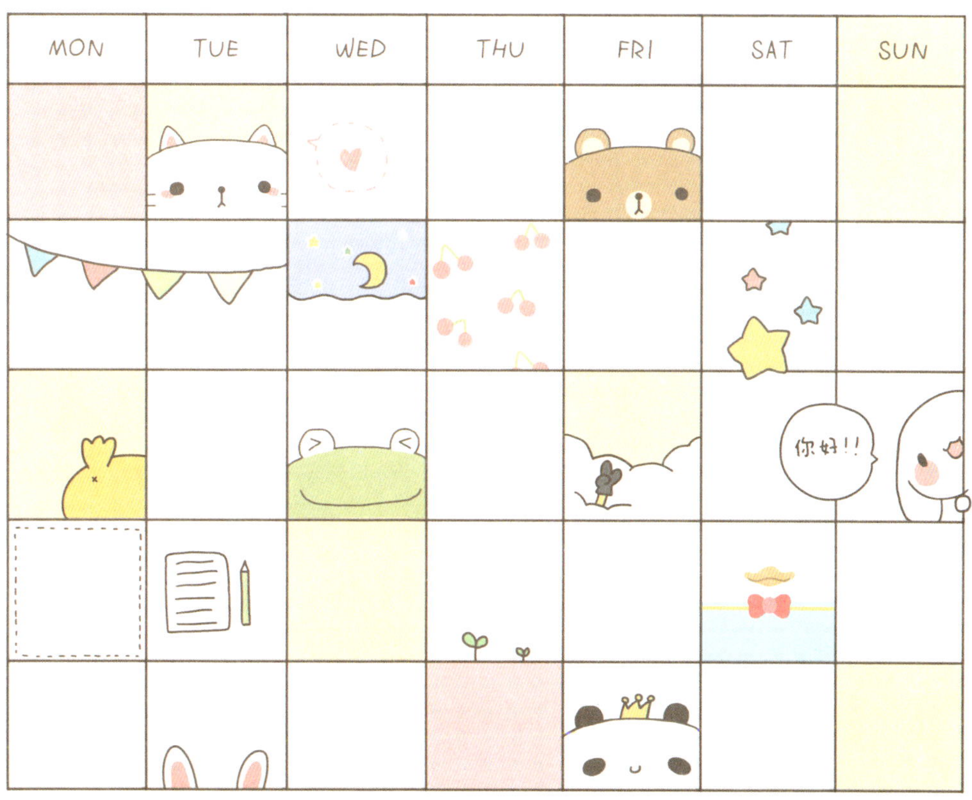

萌月历

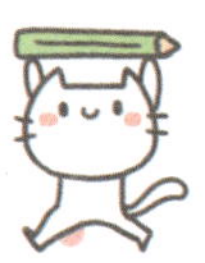

喜欢的绘画工具

这里介绍的工具，是菊长个人比较喜欢的几种，用起来会让画画更愉快呢！最重要的是大家要找到适合自己的画笔。

彩色铅笔：辉柏嘉
很方便的上色工具，画出来很有手绘的感觉，分为油性和水溶性，两种都可以试试哦。

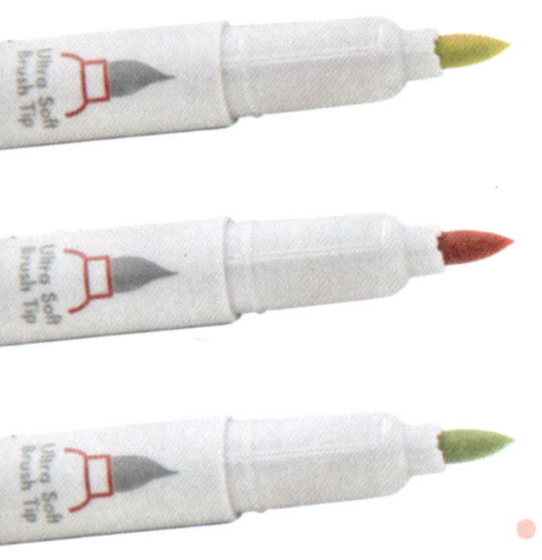

彩色中性笔：POLOT JUICE
颜色鲜明，抗水性强，适合绘制彩色的线条，也可以小范围上色。

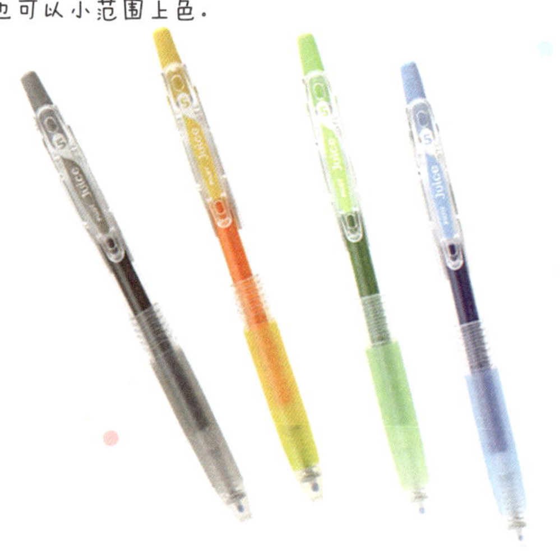

马克笔：美辉
又叫记号笔，同样适合上色，但是透水性强，要注意选择纸质再上色。可以和彩色中性笔配合使用，和彩色铅笔形成两种不同风格。

签字笔：三菱 UB150
出墨细腻稳定，拿在手上也很舒服，适合用于手写文字。

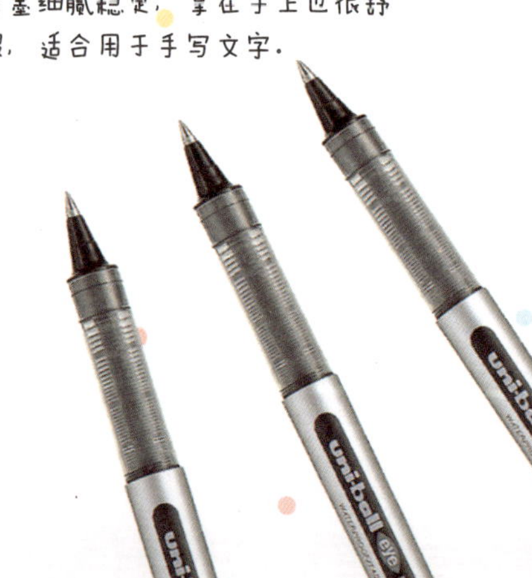

勾线笔：樱花
笔头有多种不同的粗细，防水性能好，特别适合手绘勾线条。

附录
更多的萌画素材

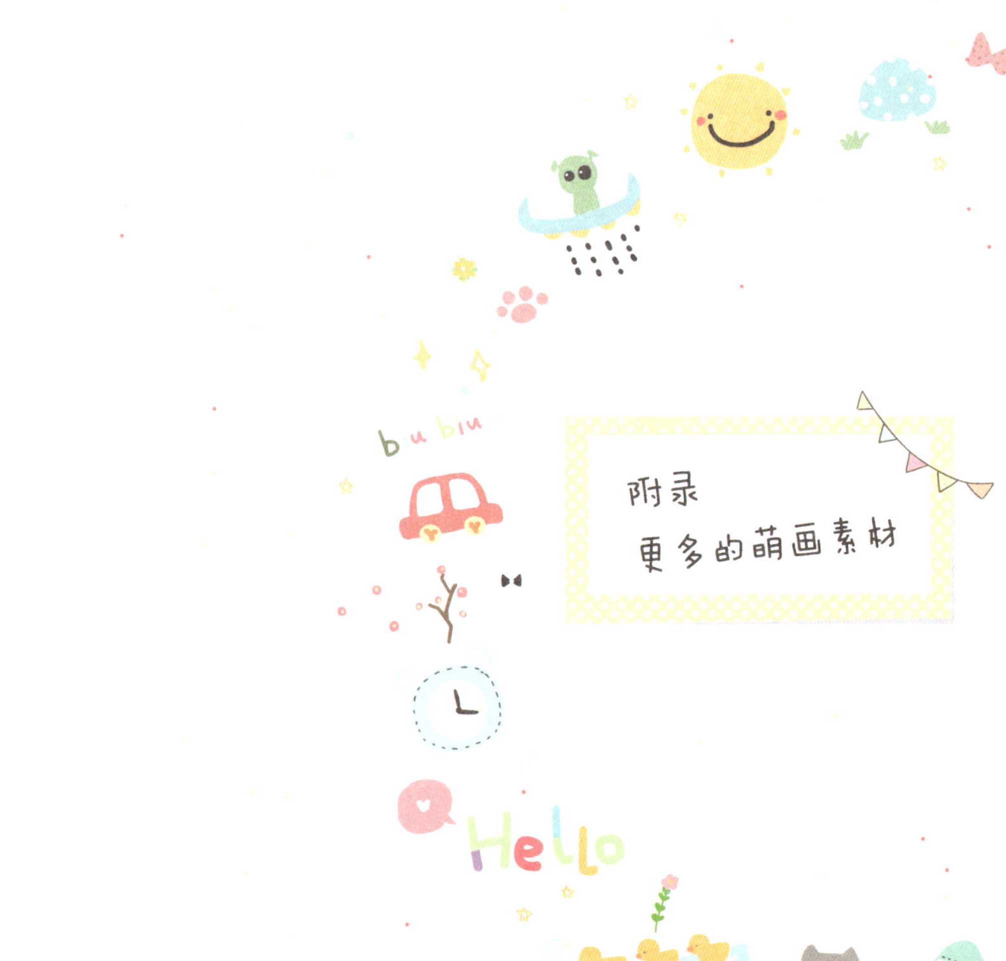

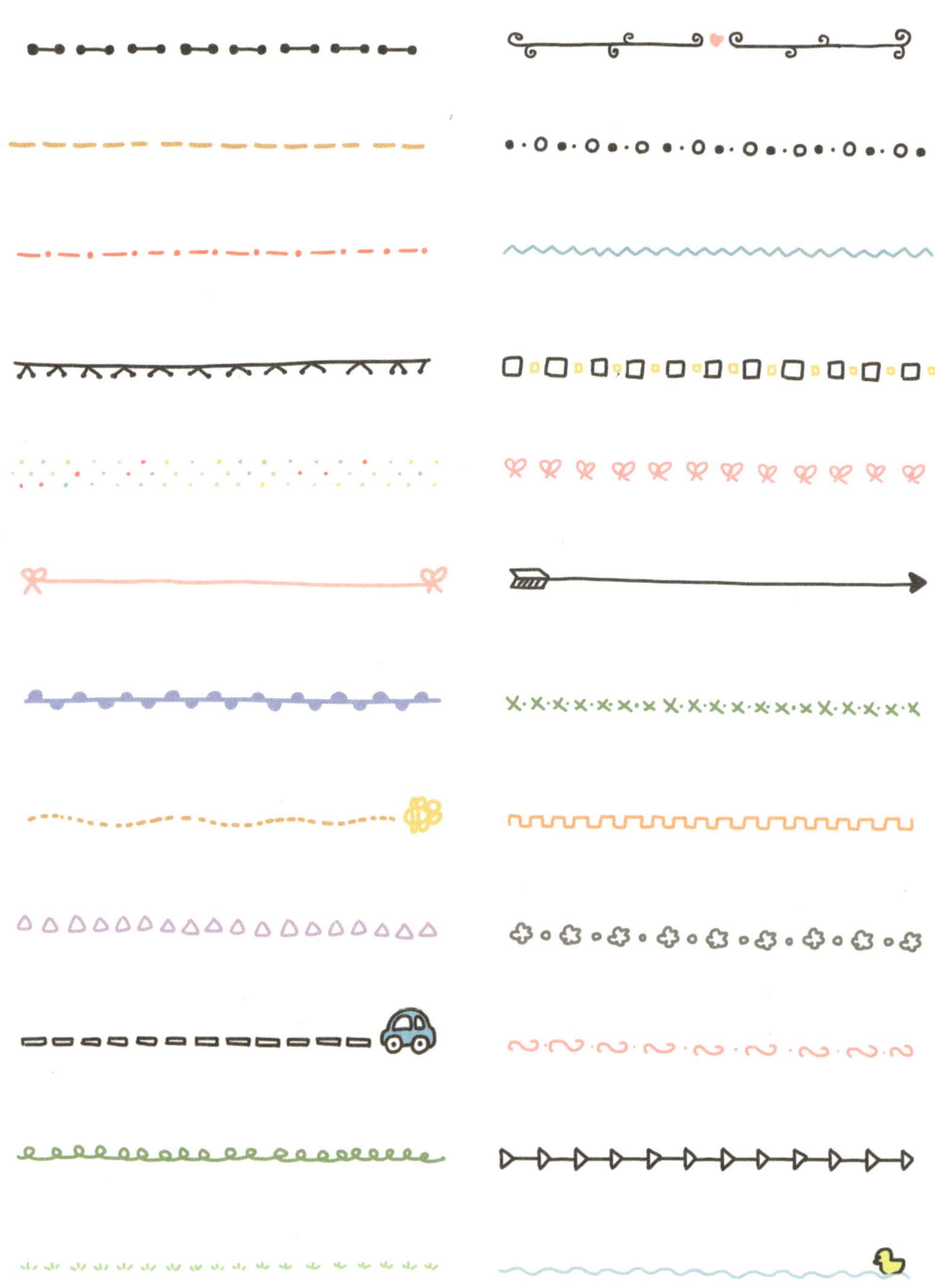

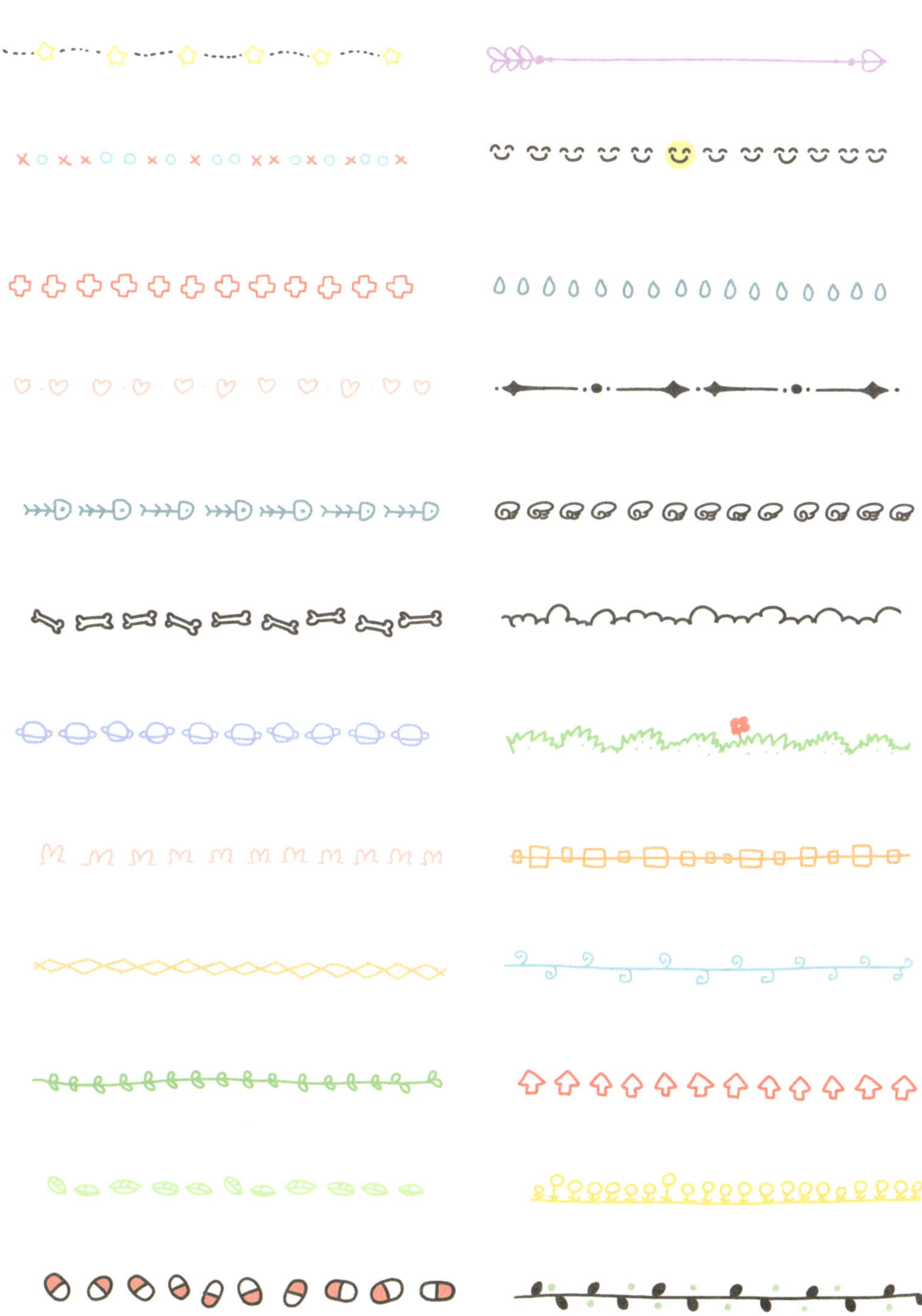

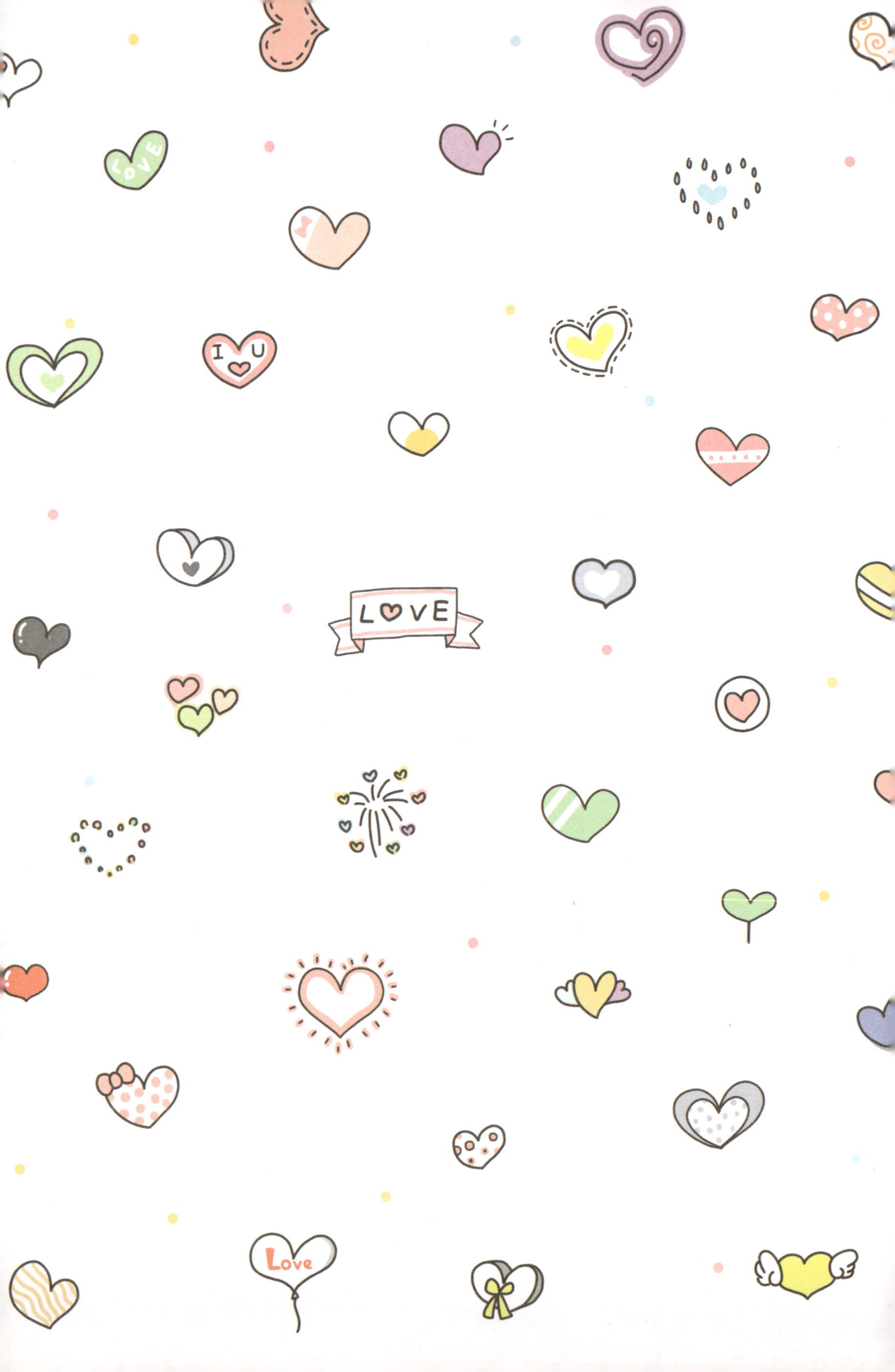
LOVE
I U
LOVE
Love

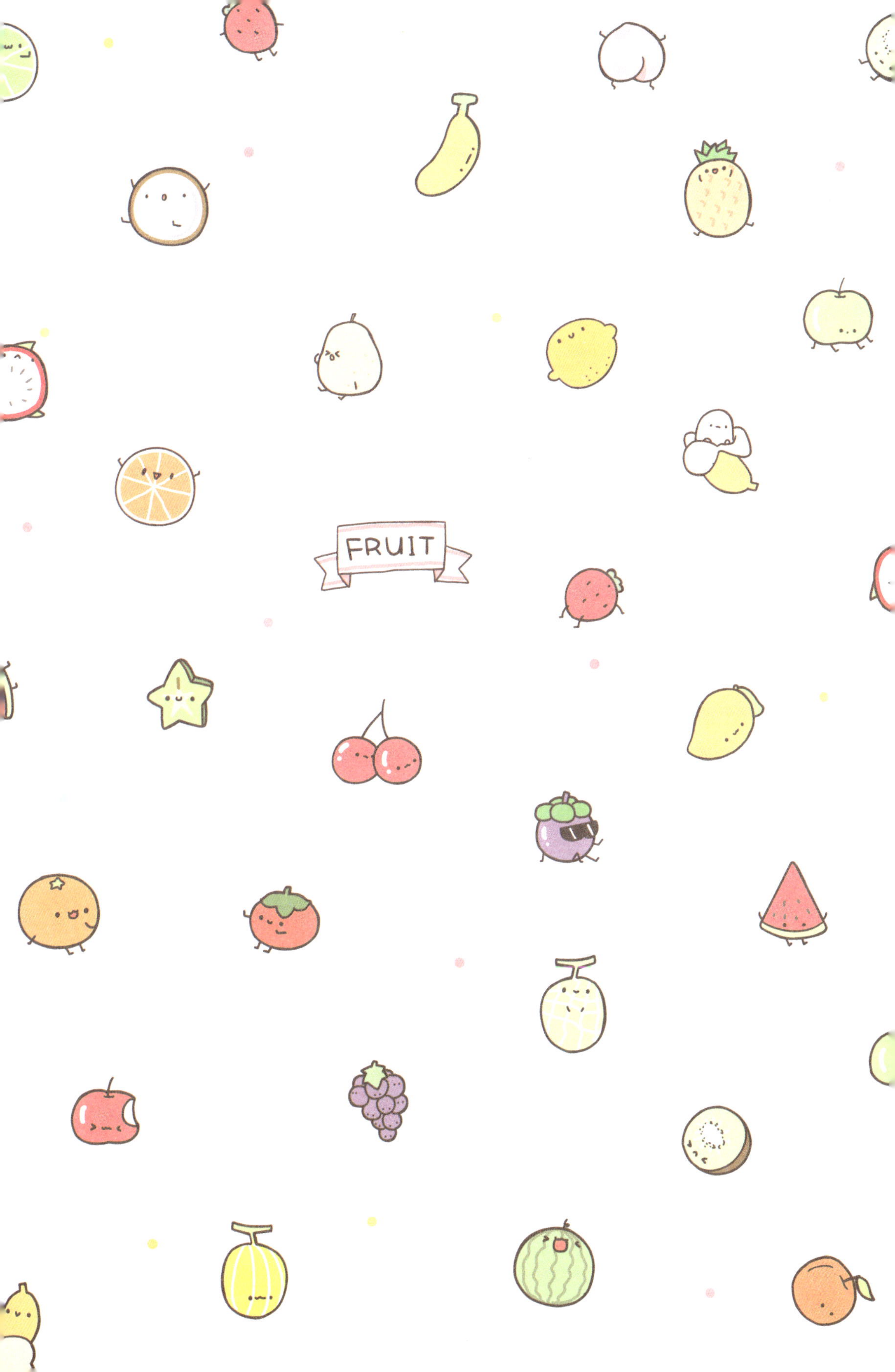
FRUIT

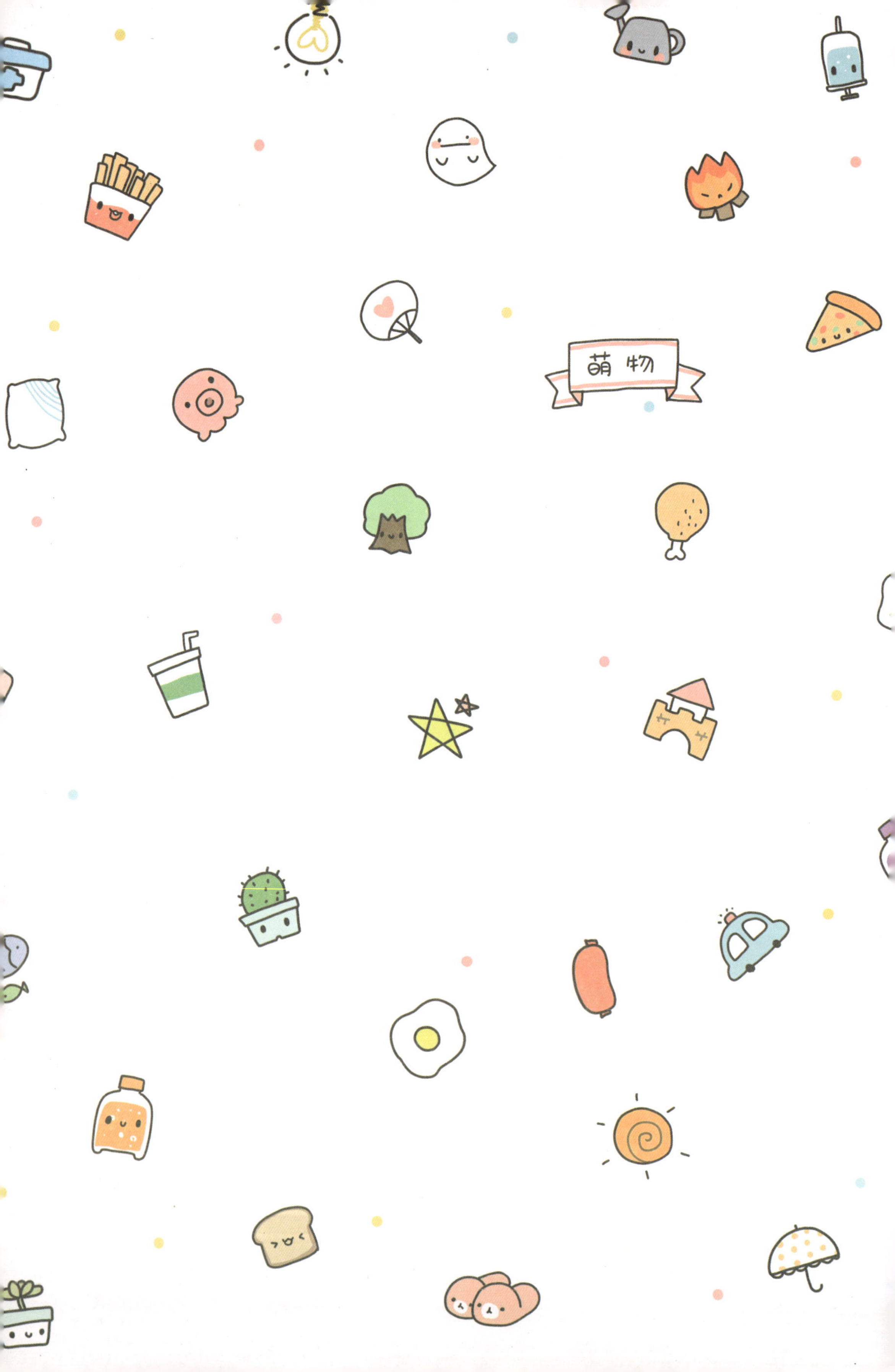
萌物

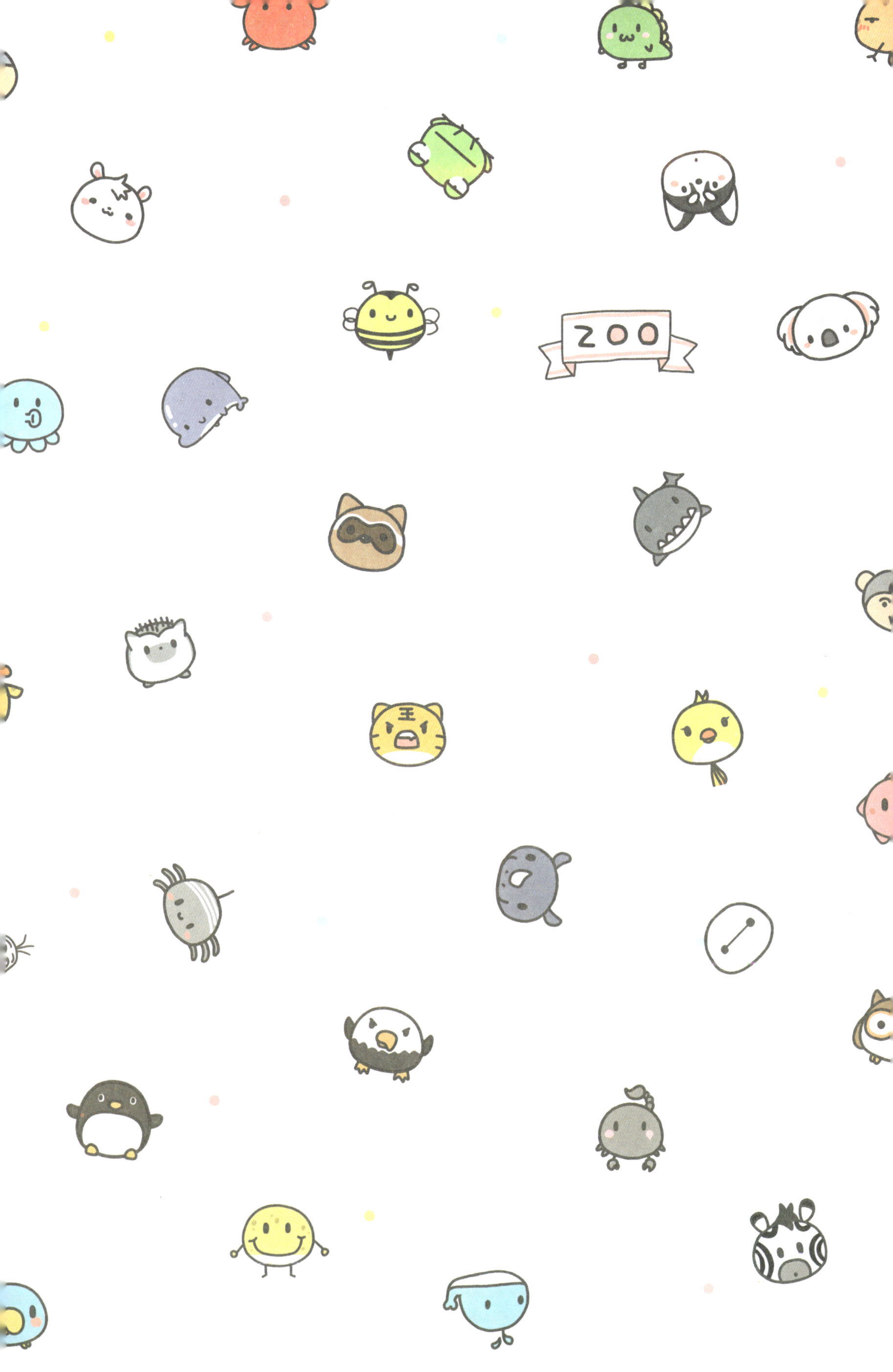
ZOO

不忘初心

感谢大家阅读到这里！
希望书里萌萌的东西能让你感觉到幸福，
顺便萌生想画画的想法，
这就是这本书的初心！